"百年暨南文化素质教育讲堂"丛书

闻道

WENDAO

第五辑

主编　夏泉

副主编　麦尚文　罗发龙　甘　宇

GUANGXI NORMAL UNIVERSITY PRESS

广西师范大学出版社

·桂林·

图书在版编目（CIP）数据

闻道. 第五辑 / 夏泉主编. —桂林：广西师范大学出版社，2016. 11
ISBN 978-7-5495- 9208-1

Ⅰ. ①闻… Ⅱ. ①夏… Ⅲ. ①演讲—世界—选集 Ⅳ. ①I16

中国版本图书馆 CIP 数据核字（2016）第 290335 号

广西师范大学出版社出版发行
（广西桂林市中华路 22 号　邮政编码：541001
网址：http://www.bbtpress.com）
出版人：张艺兵
全国新华书店经销
广西金考印刷有限公司印刷
（南宁市高新三路 3 号广西印刷工业城 11 号厂房　邮政编码：530007）
开本：787 mm × 1092 mm　1/16
印张：16.5　　字数：225 千字
2016 年 11 月第 1 版　　2016 年 11 月第 1 次印刷
定价：40. 00 元

序

夏　泉

世界是一个万事万物相互关联的有机整体,亚马逊雨林一只蝴蝶偶尔振动翅膀,也许两周后就会引起一场美国得克萨斯州的龙卷风。世界又是一条倏忽万变、流动的长河,万事万物都处在变动不居的状态。任何一个人都无法预料世界将发生的每一件事情。在这个相互关联又瞬息万变的世界,个人的认识能力实在有限,无法穷尽世界的奥妙。个人在这个浩渺的宇宙中,由于认知的局限性,有时会变得迷茫、焦虑乃至恐慌。

青年学子如何面对外界的无限性、复杂性和内心的不安、焦虑?我以为,首先应该有一种包容开放的心态,去聆听关于世界的各种不同理解的声音,了解不同人的不同意见,来拓展自己的视野以及丰富看待问题的视角和方法,即便起初对于不同的意见和观念也许有不解甚至不安。虽然这些不同的意见和观念会冲击自己习以为常的并给自己带来安全感和便利的价值观,但是一旦这些不同的意见和观念对世界进行了合理的解释,消除了自己对未知世界的疑惑,自身就会有一种豁然开朗之感,并获得自信心和安全感,甚至进入一种怡然自得的平和心境。

同时,要经常关注自己的内心,与自己的内心进行对话,明心见性,用灵性感悟世界,带着感情处理世情。在当今世界,理性主义和技术主义以无可置疑的优势统治着现代人的思想。人定胜天成为大多数人的世界观。在理性主义和技术主义的裹挟下,人们往往豪情万丈、怡然自得地享受着大自然赋予的一切以及制造出以满足欲望为目标的各种精致的物什。然而物质的丰盈并未带来心灵的安适，相反，灵魂日渐荒芜和干涸。灵魂为物欲绑架，成为物质的奴役，变得非常单一和扁平。与心灵对话，遵从内心的声音，让内心的声音主导自己的选择，从物欲的束缚中解放出来，让每个个体变得丰富而独特。

"百年暨南文化素质教育讲堂"是一方思想激荡的公共空间，一块心灵的诗意栖息地。来自世界不同领域的不同学者以不同的视角甚至不同的心境，解读世界和人生，让世界有不同的理解和不同的声音。在这方讲台上，嘉宾们或以强烈的家国情怀思虑国家的前途和未来，或以别样的视角解构人们的常识，或以渊博的学识经纬人生，或从历史深处求索人类和社会发展的路径；也有嘉宾在文学和艺术中浅吟低唱，在与心灵的对话中寻觅人类赖以生存的精神家园。

本辑《闻道》是"讲堂"的缩影。

广东美术馆协会主席、中山大学教授罗一平的《玩味：一种艺术的生活方式》，从玩味的视角分析中国画的发展历程。罗教授认为，中国画从以"无我之境"追求"图真"，追求"可观""可游""可行""可居"，转到"无我之境"的抒情，到后来转到"有我之境"的说理和写意。"玩味"一幅优美的艺术作品实则是玩味画家对所描绘对象的深入观察与深刻的感受，玩味画家们在作品中所熔铸、所寄寓的审美理想与情操。

美国加州大学圣地亚哥分校文学系系主任张英进教授的《鲁迅……张爱玲：中国现代文学研究的流变》中谈到，很多学者往往把鲁迅和张爱玲对立起来，"鲁迅代表男性，张爱玲代表女性；鲁迅代表英雄，张爱玲代表凡人；鲁迅代表斗争、革命，张爱玲代表和谐、恋爱"；同时，也有些学者将自己的意识形态和价值观投射到对鲁迅和张爱玲的分析当中，把鲁迅拉下神坛的同时把张爱玲捧上了神龛。张教授认为，鲁迅和张爱玲其实有很多共同之处，并不是"'从鲁迅到张爱玲'这一表述背后的单向历时发展逻辑"。其差异"可以是历时的，也可以是共时的"。

华中科技大学哲学系邓晓芒教授的《关于中西正义观的比较》，从中西文化的源头分析中西方关于正义观发展的历程以及相互之间的区别。他认为，在中国，"义"可以通"宜""友谊""仪"，即合适的、符合自然法则的为"义"，有规范、有礼仪为有"义"，但中国的"义"是一种外在要求，而"西方的正义观里面包含着公平或者平等"。西方的"正义"是一切内在美德的核心，"可以与神相通"，具有绝对性和超凡性；中国的"义"强调感性，西方的"正义"强调理性和客观性。

华中科技大学哲学研究所所长、国家治理研究院院长欧阳康教授的《中国价值观及其世界意义——民族复兴的文化学思考》，跨越百年历史，分析多个国家的兴衰之道和世界总体局势，强调一个国家选择怎样的价值观决定了这个国家会走怎样的发展道路和有怎样的发展结果，而中国的崛起显示了中国价值观的正确性以及在世界范围的示范意义。

南方报业传媒集团前董事长、暨南大学新闻与传播学院院长范以锦教授的《互联网改变了传播影响力格局》，分析了互联网背景下传统媒体受到的严峻考验以及新型媒体如何利用互联网大放异彩，探寻了传统媒体的转型之路。为青年学子了解互联网背景下的媒体生态提供了一个透彻的解释。

暨南大学国际关系学院庄礼伟教授的《美国战后婴儿潮一代的精神遗产：从克林顿夫妇谈起》，论述了美国婴儿潮一代"烧坏宇宙""颠覆一切传统价值和既有权威"的精神特质。美国婴儿潮一代具有很强的理想主义色彩：主张性解放，迷恋摇滚乐，吸食大麻，崇尚东方神秘主义，其目的是实现高洁的精神境界和精神追求，追求"想象力的夺权"。也正由于美国婴儿潮一代的理想主义情怀，才催生了"友爱、和平、自由、生态"等理念，也产生了不同主题的 NGO，如"绿色和平""无国界医生""大赦国际""无国界记者"等。这些"友爱、和平、自由、生态"等理念已成为现代人的主流价值观。

资深媒体人、凤凰卫视资讯台前副台长曹景行的《变局中的我们》，强调当今世界一日千里、变化万千。科学技术日新月异，并带来社会经济的重大变化以及人类生活方式和思想观念的变迁。同样，国际局势也风云万变、琢磨不透，不仅改变了国家之间的关系和各国的发展轨迹，也使世界上大多数国家卷入其中。这些变化对青年人的冲击更大，青年人甚至被称为“失落的一代”。在这个大变局中如何把握自己的命运是曹景行先生抛给青年学子的一个重要命题。

著名表演艺术家六小龄童先生的《苦练七十二变，笑对八十一难》，以其人生经历告诉青年学子成功奥秘，用对中华传统文化的满腔热情诠释爱国情怀的真义。

澳门理工学院中西文化研究所王五一教授的《理性与灵性》全面比较了理性和灵性，认为理性求共相，灵性讲悟道；理性崇尚生产，灵性崇尚分配；理性崇尚的是物欲，而东方灵性讲究的是清心寡欲，尚内乐；理性崇尚的是人我利益冲突，讲究自由竞争，财富是人生产的，灵性则强调人我一体，自利利他，万物皆备于我。作为理性集大成者的科学从一出现就主导着人类的发展逻辑，而灵性被认为是迷信的象征而被予以抛弃。然而随着时间的推移，以理性为核心的哲学思想开始拥抱灵性，出现了唯意志主义、浪漫主义和存在主义，并认为理性主义不一定是正确的。灵性讲求的“和合”成为解决人类危机的重要良方。

著名文学翻译家、中国海洋大学外国语学院林少华教授的《孤独的守护与超越》诠释了孤独对于个人和社会的价值，认为只有孤独才能使人在浮躁的物欲横流的社会保持一份清醒和安适，才能升华人的精神和灵魂。孤独是人类非常宝贵的精神财富，孤独是古今中外无数文学作品中的永恒主题。村上春树的作品里一直贯穿着孤独的这一主题，他对生命深处刻骨铭心的体悟，对个体灵魂细致入微的关怀，对本初自我的高度敏感，诠释了“守护孤独”的内涵。然而“小我”的孤独不能成为自私的代名词，应该放大为对人类的大悲悯。

互联网时代，很多人读文章时喜欢看文章后的评论和跟帖。因为这些评论和跟帖是对文章主题的探讨、质疑和升华，从中可以看到意想不到的观点。同样，本辑《闻道》的问答部分也非常精彩，有对主题的追问，有对嘉宾观点的质询，有对主题提出的独特观点，也有仅对嘉宾表示敬意，从中可以看到交流、交锋和交融。

但愿此辑《闻道》能给读者带去一份启迪和思索。

暨南园

2016年10月

目　录

艺术与人生

玩味：一种艺术的生活方式

罗一平

罗一平，美术学博士，教授，国务院特殊津贴专家，中国美术家协会策展委员会副主任，中国美术馆专业委员会副主任，中国美术家协会理论委员会委员，广东省美术家协会副主席，广东美术馆协会主席，中山大学教授，华南理工大学客座教授，俄罗斯列宾美术学院客座教授，亚洲艺术家联盟中国委员会主席。

感谢暨南大学对我的厚爱，短短三个月之内，我两次受邀来到百年大讲堂做讲座。上次的演讲题为“我看到的、你看到的、他看到的——观看与观念的对话”，是以西方现当代艺术理论讲述“观看”与“观念”的关系，其中涉及一部分中国传统文化中关于观看的理论，暨大希望将上次讲座没有深入展开的传统文化和传统艺术做一个更深入的专题讲座，于是我就报了今天的讲座题目——“玩味：一种艺术的生活方式”。

今天的讲座以中国传统绘画为例展开。与西方绘画强调即时性的审美判断有所不同，中国传统绘画的精妙是慢慢地玩味出来的，它就像我们潮汕人喝茶，慢慢品味它，品出它不一样的人生味道。

如果我们将一幅中国传统绘画和一幅西方现代绘画或者西方的油画放在一起，第一眼会觉得西方油画更具视觉冲击力，与现实更贴近，无论是宗教题材、历史题材还是肖像画，跟生活的本来面貌都比较接近。而中国的传统绘画讲究笔墨，讲究诗意，讲究意境，讲究情调和情韵，似乎跟我们当下的生活有距离，其实不然，它只是以另一种方式和我们当下的生活联系在一起。传统绘画就像格律诗,如七言律诗、五言律诗,它和当下的生活的关系需要你慢慢地玩味,把玩它的平仄关系,把玩它的情韵、味道,玩味它的节奏转换,玩味它的音律关系。通过慢慢地玩味,你会发觉在这个词、这个句子、这根线条里,原来可以玩味出这么多东西。回过头来你再观看西方的作品,就会觉得中国绘画和我们的心性更近,但是它不是一眼就能感受到的,而是需要你调动所有生活积累、文化积累去跟它对话,去与它碰撞,这样你才能玩味出作品与当下之间、作品与你之间以及作品自身的美妙意味。其实你在玩味艺术的时候,已经进入一种非现实的生活方式中,因为艺术本身是和生活有距离的,艺术是一种贵族似的精神,是老庄哲学的"逍遥游"。你在玩味艺术的过程中,也在感悟自身的生活。在玩味中,你的生活方式、生活态度也在发生变化。今天的讲座,我将以王国维的"无我之境"与"有我之境"作为线索展开对艺术的玩味。同学们都知道,艺术是创造美的,艺术品是以一种美的语言、美的形式、美的格调来感染我们的。我现在向同学们提一个问题:美是什么?大家能否用一句简练的话回答?

(现场回答:"靓""赏心悦目""很舒服"……)

广东人往往用"靓"来代替"美",如靓女、靓仔,这件衣服很靓,这款发型很靓等。但是当我们说这个人很靓、这款发型很靓、这件衣服很靓时,其实是在说这个人漂亮、这件衣服漂亮、这款发型漂亮。漂亮是不是美?美和漂亮是有区别的。漂亮的事物能让人赏心悦目,但赏心悦目只是一种审美感受而不是美。

从古希腊的柏拉图、亚里士多德到 18 世纪、19 世纪的康德、黑格尔,他们都追问过美是什么。柏拉图说美是一匹母马,美是一朵白云,美是一个女人……最后他认为这些都不是美,它们只是美的现象,而不是美本身。现在如果我要你们用一句话回答美是什么,这确确实实是非常困难的。今天我们要讲的是一个事物如何让我感受到它是美的,我们是通过什么样的方式、什么渠道、什么手段去感受美的。

中国先秦时期的哲学家公孙龙有个著名的命题"白马非马",我又要问同学们:"白马是不是马?"(几乎全部同学都回答:"是!")那好,如果白马是马,黄马是不是马?黑马是不是马?公马是不是马?母马是不是马?如果说它们都是马,那么,马在哪里?公孙龙提出"白马"是一个概念,"马"是另一个概念。"马者,所以命形也,白者,所以命色也。命色者非命形也,故曰'白马非马'。"(《公孙龙子·白马论》)。"白马非马"的命题说的是共相和殊相的问题,"马"是一个抽象的名词,是"共相",白马、黑马、公马、母马等是"殊相","共相"必须通过"殊相"才能显现出来。因此,作为共相的"马"这一抽象名词一定要通过白马、黑马、公马、母马等具体的形质表现出来。美也同样如此,美是共相,只有通过各种各样的事物对共相的分有,才能以不同的美的形式、美的现象显现出来,成为我们的审美对象。

我们感受美的方式是玩味。东汉时期的许慎著有一本《说文解字》,他在书中说:"美,甘也。从羊,从大。"后代学人将其总结为"羊大为美"。"美"字为上下结构,由"羊"和"大"构成,羊大,大而甘,甘而肥,肥而美。这是说,美的快感是要让外在的事物进入你的口腔,让你慢慢地品嚼,让它成为你身体内的血液,在你体内循环,化成你的精神,成为你的生命意识,这就是美!这种美不是视觉的感受,视觉所感受到的是事物的形式,是漂亮,漂亮只是美的外衣,美的内在意蕴是犹如把大而肥、肥而甘的羊肉放入口腔慢慢咀嚼、慢慢玩味才能感受出来的,所以许慎说"羊大为美"。在中国传统文论中,我们现在天天谈到的"美"这个词其实是很少出现的,代替它的字是"品",古人评价一人或一物是否美,是以此人此物是否经得起"品"、经得起玩味作为标准,故有"诗品""茶品""人品"等;评价艺术作品是否经得起"品",则有"能品""妙品""神品""逸品"等。

"品"字由三个"口"组成,三口成"品"。潮汕人爱饮茶,饮茶就是将简单的东西复杂化。本来不就是喝一口茶嘛,丢下几片茶叶,再冲上水喝就是了,但是潮汕人非要将喝茶玩得有味道,玩得有意蕴。潮汕人喝茶,茶室要雅,要有兰香,有琴音。在这种雅室里,三五好友坐下,主人拿出珍藏的好茶,冲泡好后巡回倒入一个个茶杯中。潮汕人迷醉于玩味茶水等倒入每一个茶杯的过程,他们称之为“关公巡城”和“韩信点兵”。在这种过程的玩味中,潮汕人让手、心、意、茶、色、香、乐、味、情连为一体,进入一种眼、耳、鼻、舌、身、意都渗于其中的游戏中。当茶水入杯后,杯中的茶色像琥珀一样透亮,散发出一种或浓烈或清淡的香味,这种色与香生成了一种诱惑,让你忍不住想端起茶杯把茶送入口中。那这杯茶的茶色和香气是美吗?不是!它是漂亮!漂亮是作为一种外在形式吸引着你,让你对它一见钟情。一见钟情是审美的前提,只有当一人或一物让你一见钟情后,你才会接近她,关注她,审视她,研究她,从而喜爱她。依着“三口成品”的品评体系,当你对这杯有着琥珀一样透亮的茶汤一见钟情后,请不要急于将它一口喝下,而是慢慢地抿上一口,把它停放在舌尖上,这时的茶汤带有自然生命的气息,它在你口腔里陈述着自己的生命主张,让你感到一丝微苦的生涩。你不必排斥它,而应用舌尖慢慢地玩味,调动你的生命意识去和这口茶对话,当你的生命意识越来越强时,茶汤的生命气息就会慢慢融入你的生命意识,在你的舌尖上由“涩”而变“甘”。“甘”,是茶汤进入口腔后玩味到的第一个境界。随后,你再将这口茶慢慢地由舌尖送往舌中部,同时调动你所有有关茶的文化、茶的历史进一步地和它对话,你可能会想到了陆羽的《茶经》,想到苏东坡关于茶的禅语,想到了不同时代的文人、禅师和茶的对话,这口茶开始升华为一种厚厚的历史感和文化感,茶汤在你的口腔中慢慢地由“甘”变“厚”。“厚”,是你玩味到这口茶的第二个境界。当你把这口茶送下咽喉的一刹那,没有了历史,没有了陆羽,没有了苏东坡,没有了禅师,“甘”也好,“厚”也好,都不存在了,有的只是一种人生的通透,此时你玩味到了这口茶汤的第三个境界——“醇”。这时的你,忍不住将茶杯往桌上一放,背往椅子上一靠,手往桌子上再一拍,说:“好茶!”一杯茶,三口品,三种境界——“甘”“厚”“醇”。这就是玩味。潮汕人玩味的不仅是喝下这口茶,他们还玩味这杯茶由叶变汤、由汤入口、由甘变厚、由厚化醇的整个过程，并把这个过程视为一种艺术的生活方式和人生境界。

苏东坡《琴诗》说："若言琴上有琴音，放在匣中何不鸣？若言音在指头上，与君何不指上听？"琴音是在琴弦上？琴音是在弹琴者的指头上？苏东坡没说答案，他是让你去玩味。我们常说"诗外有诗""画外有画""字外有字""音外有音"。我又要问同学们：画外真有画吗？音外真有音吗？如果有，画外画你见过吗？音外音你听过吗？我们没见过！也没听过！但我们能玩味到它的存在，它就是"意境"。意境是一种作品形色之外的能让你经久玩味、挥之不去且不忍割舍的味道，这种味道让你对作品的感受更丰厚，对作品的认知更深邃。孔子说："闻《韶》，三月不知肉味。"(《论语·述而》)就是这个意思。

王国维写了一本书《人间词话》，说的就是意境。他把意境分为"无我之境"和"有我之境"。何为"无我之境"？他引用了陶渊明"采菊东篱下，悠然见南山"，元好问"寒波淡淡起，白鸟悠悠下"的诗句，让你慢慢品嚼、慢慢玩味。陶渊明"采菊东篱下，悠然见南山"的诗句，读来就像是喝白开水一样的平淡，但是当我们闭上眼睛，在心中吟诵时，脑海中会浮现出一幅非常清晰的画面：一位老人在东篱下采菊，当他抬起头时，巍峨的南山悠然地横陈在他的眼前。这幅图画是这样的写实，以至于我们相信，只要受过一点点的绘画训练，我们自己就能够把它画出来。陶渊明没有将他采菊东篱时的具体心情告诉我们，但是当我们身处不同情境，以不同心境读这句诗时，仿佛都能看到陶公手拈菊花悠然向我们走来，从而让我们觉得，这些诗句就是为自己而写。故王国维说，"无我之境"是"以物观物，故不知何者为我，何者为物"。

在绘画中，"无我之境"的一个重要特征是"图真"。"图真"是北宋艺术家玩味自然，化外在世界为自我内心世界的一种重要方式。"外师造化，中得心源"是隋、唐、五代艺术家为求"图真"提出的著名命题。"外师造化"是走进自然，以自然为师，观察、揣摩和玩味自然山水的四季变化，看“真山水之烟岚,四时不同”,“春融怡,夏蓊郁,秋疏薄,冬黯淡”,体味“春山淡冶而如笑,夏山苍翠而如滴,秋山明净而如妆,冬山惨淡而如睡”的意蕴,玩味自我与山水融为一体、浑化为一,我身即是山川,山川即是我身,见“春山烟云连绵,人欣欣”,见“夏山嘉木繁阴,人坦坦”,见“秋山明净摇落,人肃肃”,见“冬山昏霾翳塞,人寂寂”(郭熙《林泉高致·山水训》)的心境变化。

在力求“图真”的路上,山水画在隋唐时期分为两支发展:一支是以隋代展子虔和唐代李思训、李昭道父子为代表的青绿山水画,注重“形”的意义,以青绿着色,讲究细节的真实并富有装饰意味;一支是以唐代画家吴道子和诗人兼画家王维为代表的水墨山水画,他们认为水墨颜色最符合自然的本性,最能体现物象的“真”。王维说:“夫画道之中,水墨为上;肇自然之性,成造化之功。”他们的作品基本上用水墨勾勒渲染,注重意境的营造,用淡墨的情韵和秀润的墨法,将自然山水表现得如烟似雾、变幻多姿,体现山水自然灵动的情感。王维的“图真”,不仅注重物象具体可感的“形”,更注重意念中的“神”,以及建立在“形”“神”之间似乎可触摸又飘浮不定的“气”。在王维看来,物理事物的形之所以能有生命,是因为有“气”洋溢于“形”之间,他在注重对现实山水的客观描绘的同时,强化了心中山水意象的作用,将以图表现物象形态的“真”和以气韵、笔墨求物象精神的“真”结合为一体,写“形”必求“气韵”,气韵即成,形象生动有神。

“写其真,得其神”是五代与北宋期间衡量作品价值的重要标准。五代山水画家荆浩隐居太行洪谷山,北宋山水画家范宽隐居华山、终南山。他们终日在岩边林畔徘徊凝想,朝观暮察,为山水传神,终于画出山川云烟惨淡、风月阴霁之景。范宽说:“前人之法,未尝不近取诸物。吾与其师于人者,未若师诸物也;吾与其师诸物者,未若师诸心。”“师诸物”即师法山川,“师诸心”即山川为我所用,“发山川之精微”就是对景造意,求其气韵,创意自我,自为一家。“师诸物”可出“真境”,“师诸心”方得“神境”。

可以说，北宋山水画家普遍的“图真”精神，使作品中的山川形貌通过“师造化”而达“形似”，通过“得心源”而获“神似”。

五代花鸟画家黄居寀非常注重画出物象的真实，《竹石锦鸠图》（如下图）通过真景和笔墨的结合来创造意境，精细地观察自然，这一审美心态体现了北宋初期重视对花鸟画、山水画的物理、物情、物态具体把握的

（五代）黄居寀 竹石锦鸠图

现实主义精神。北宋画家赵昌重视写生，时人称他为“写生赵昌”，他认为要创造出生动自然的艺术形象，必须先掌握“图真”的能力。只有在写生的基础上，对客观物象进行认真细致的观察，才能够将物象经过陶铸，化为胸中的审美意象，创作出充满艺术趣味，蕴含深层次审美意义的作品。“图真”往往与叙事性联结在一起，北宋崔白的《双喜图》（如右图）选择一个事件将发而未发，变数将生而未生这一最为诱人的情节，并把它定格在一瞬间——野兔回望，喜鹊惊起，草木飞动。画面情境如同山雨欲来风满楼，充满了心理张力与视觉张

（北宋）崔白 双喜图

力。李迪非常注意对物象的传神刻画,他的《枫鹰雉鸡图》(如下图)选取猛鹰窥视锦雉,以将扑出而未扑出之际的这一瞬间来刻画动物的心理活动,将鹰的凶猛矫健和锦雉的仓皇奔逃进行对比处理。

(北宋)李迪 枫鹰雉鸡图

“可观”“可游”“可行”“可居”是评价一件“图真”作品优秀的基本准则。合于“可观”的作品,一定品相好、气格高。就像潮汕人品茶,茶的品相一定要好,如果茶汤浑浊,我看到它不想喝了,还有后面对甘、厚、醇的玩味吗?品相好能够让你“一见钟情”,引起观看欲望,进而走入画中“可行”“可游”。合于“可行”要求的作品必定是山川安排合于物理的真实,山脉走势合于自然规律,山路可行,水路通畅,空间开阔辽远。合于“可游”要求的作品必须有深厚的人文气息,经得起反复玩味,“山不在高,有仙则名。水不在深,有龙则灵”,泰山有泰山的文化,黄山有黄山的文化,有文化“可游”,以至观画者不愿走出画面,这就是“可居”。也就是说,可供观望与行走的自然山水属于物理与功能方面,“可游”和“可居”的山水才是理想的境界。山水画家的任务就是将自然山水的真实完美地表现出来,以满足人们对“可游”和“可居”山水进行实地游历的心情。隋唐五代与北宋诸大家的山水绘画都注重营造一个可供观者进入画面游玩与长期居住的理想胜地,使那些没有条件去这些胜地的人,通过山水画有如亲临,甚至听到猿啼鸟鸣的声音。因此他们的山水画讲究造境,“远山一起一伏则有势,疏林或高或下则有情”(董其昌《画禅室随笔》)。画面往往

“层峦叠嶂,如歌行长篇,远山疏麓,如五七言绝”(沈颢《画麓》)。其实,画家们如此处理山水,是诱使人们改变观看自然的角度与立场。如苏立文(Michael Sulivan)对范宽《溪山行旅图》的评价所言:“要让观者感到不是自己在看画,而是真实地站在峭壁之下凝视大自然,直到尘世的喧闹在身边消逝,耳旁响起林间的风声、落瀑的轰鸣和山径上嗒嗒而来的蹄声为止。”[苏立文(Michael Sulivan) *Symbols of Eternity: The Art of Landscape Painting in China*]

(南唐)董源 龙宿郊民图

南唐画家董源的《龙宿郊民图》(如右图)营造了一个可供观者进入画面游玩与居住的理想胜地,再现了江南山峦物理的真实:峰峦起伏,山路隐显;水波浩渺,蜿蜒回转;风清日暖,春意盎然。现在我们以“可观”“可游”“可行”“可居”来“品味”这幅作品;首先“可观”,作品品相好,笔墨清润,山川映目;“可行”,山水合于物理的真实,有路可循,沿画面左下方小路“行”入画面,杂路边树林中隐约见一松树挺立。儒家哲学是“比德”的哲学,视山水为不简单的自然物,它和人的品性相似。孔子说“智者乐水,仁者乐山”,“智者”之所以“乐水”,是因为从水中看到了和自己道德品质相通的特点“动”,因为才智与思维如同水一样活跃、进取、流动不止;“仁者”之所以“乐山”,是从山的形象中看到了和自己道德品质相通的特点“静”,因为有仁德的人宽厚、沉稳,如同山一样坚定稳重。儒家视松树为自强不息的君子的象征,松树虽然生长的土壤非常贫瘠,但它没有抱怨环境的恶劣,而是努力适应环境,往深处扎根,往宽处拓展,吸取滋养,茁壮、挺拔地生长。我们在玩味着松树自强不息的君子品性的同时,也在不自觉地玩味着自己。物我合一后的我们走出松林后获得了一种释然与升华，此时，春风为我吹，山花为我开，自然的气息尽纳意念之中。不知不觉间，天已傍晚，朋友在茅舍已准备好酒肉，我们就着酒菜，共话桑麻。第二天，天放亮，我们登高望远，春风拂面，吹去肉体的世俗尘埃，江水浩荡，洗净我心灵的污垢，我的精神获得了一种升华，当我走出这幅画面时，已与先前的我不可同日而语，是一个新的我。

“可观”“可游”“可行”“可居”的物理空间，必然与“远”联系在一起，山水本是有形质的，但是“远”突破山水的有限的形态，使人的目光伸展到远处，通向抽象的“无”，而极目远望的“无”又烘托了山水形态的“有”。“有”和“无”、“虚”和“实”的统一，表现出宇宙的一片生机。

“远”的视觉空间强调了对自然物的观照必须有深度和广度，为此，唐宋艺术家提出了山水画的透视法则“三远法”：“自山下而仰山巅，谓之高远。自山前而窥山后，谓之深远。自近山而望远山，谓之平远。高远之色清明，深远之色重晦，平远之色有明有晦。高远之势突兀，深远之色重叠，平远之意冲融而缥缥缈缈……高远者明了，深远者细碎，平远者冲淡。”（郭熙《林泉高致·山水训》）“三远法”是要让观画者走得进画面，空间感随着对画面景物“仰、窥、望”的时间进程，由低转高、由高转深、由深转向更远的视线，获得一种流动、节奏化的诗意，在“远望之以取其势，近看之以取其质”的观看中，以林泉之心进入“可游”“可居”的理想境界。“三远法”是山水画发展成熟的一个标志，它既使北宋山水画多具“文学性”，形成了“可观”“可行”“可游”“可居”的审美特征，又在方法论方面为中国山水画家的创作实践提供了空间处理的表现方法与透视法则，也在画境的表达方面体现出中国人体悟自然和表现自然的独特方式。

“三远法”的要义是“散点透视”。“散点透视”是以一种流动的视野，通过对自然山水的步步观、面面看，以流动、转换的视角使自然山川在艺术家心中生成一种节奏化的诗意，这种诗意既有视觉所见的空间真实，又有心灵之眼所生成的意念空间的真实。“散点”透视的要点是“散”，它是“步步看”“面面观”“前顾后盼”“左看右看”的“移动视点”，从前山转后山，处处是景，步步生情，画家把所见景物放到一个画面中，就呈现出多种不同视域的景物。

“散点透视”对画家的视域无疑是一大解放，它使画家可根据自己的创作意图，从更广阔的视域范围去摄取景物，使画面所表现的景观体现更多的角度、更多的层次。使山水画家们胸中自有丘壑。他们在描绘山水时不只是表现自然本身，而更是寄托自己的心境。他们面对自然中的山水物象，不是被动地摄取，而是立足于画外之意，求味外之味。

王维的《终南山》一诗就是由散点透视构成的自然空间和心灵空间。

太乙近天都，连山到海隅。
白云回望合，青霭入看无。
分野中峰变，阴晴众壑殊。
欲投人处宿，隔水问樵夫。

这是中国山水画典型的“步步看”“面面观”的观察角度和表现方法，从多种视点反映了对象的全貌，在相当程度上体现了时间与空间的交融。第一句“太乙近天都”属仰视；第二句“连山到海隅”为俯视，两句都是远看；第三句“白云回望合”是从山里出来时回头看，也属远看；第四句“青霭入看无”是走进山里看，属于近看；第五句“分野中峰变”；第六句“阴晴众壑殊”都是站在高处看，属于俯视；最后两句“欲投人处宿，隔水问樵夫”是写下山后的情景，为近景，乃点睛之墨，它断然将前六句所写置于背景地位。这首杰出的山水诗非常好地解释了中国的散点透视，所以后人评价王维“前世本画师”，苏东坡说王维“诗中有画，画中有诗”。

沿着王维《终南山》所构成的散点空间，我们走进李成的作品《茂林远岫图》（如下图）。《圣朝名画评》说：“李成之笔，近视如千里之远。”这种画面空间效果的产生，是由于他“散点透视”的“全景”空间处理方式。“散点”在空间中的处理是通过移动的视野将视线范围之外的景物收入画面，将立体空间内发生的一切处理成平面。“散点透视”的作品往往表现为长卷形式，随着目光推移，时间流逝，渐次展现为广阔的空间。李成

（北宋）李成 茂林远岫图

是全景构图的巨匠，他将当时画坛上刻意写真的态度转为既求真实，又能概括的灵活做法。他一改那种从近处对山水进行直面观察的方式，紧紧扣住一个“远”字做文章，正如郭熙所说：“山水大物也，人之看者须远而观之，方见得一障山川之形势气象。”在表现方式上，他的构图多以“自近山而望远山”的“平远”为主，兼及“自山下而仰山巅”的“高远”和“自山前而窥山后”的“深远”，力求在画面上做到“真山水之川谷，远望之以取其势，近看之以取其质”，空间感觉不为物所障，而是流动、转折，由低转高，由高转深，由深而转向更远。

北宋中后期，“唯摹”成为通向“图真”的不二法门，这是因为五代宋初山水画已高度成熟而达到了一个高峰，那些取得了杰出艺术成就的大家的作品，成为人们争相模仿的范本，如郭熙总结的那样，“齐鲁之士，唯摹营丘；关陕之士，唯摹范宽”。“唯摹”的结果就是画面语言和图像的程式化，而那些唯摹作品中表现出来的真实，已不是现实的真实，而是程式的真实。宋初之后摹李成、范宽的画家很多，许道宁是其中的杰出者，他的临摹已超越了形似而达到了神似的境界。说来让人难以置信，许道宁最初是一个在长安以卖药为生的民间药师，出于绘画的天性，他“每见人寝陋者，必戏写其貌于酒肆，识者皆笑”。为了吸引顾客，只要有人来买他的药，他都会画一幅画奉送。这很像现代促销的手段，也算是许道宁在经营中的一大创举。后来他的画名气越来越大,“遂游公卿之门,多见礼待”,得到了世人的认可,于是,就有了所谓“李成谢世范宽死,唯有长安许道宁”的高度评价。一个时代开始了只重临摹,“真实”的意义就发生了变化,被临者所倚重的山川自然的真实,已被临摹者以风格化的“真实”所替代。许道宁的《渔父图》(如下图)虽依然是表现出全景式山水

(北宋)许道宁 渔父图

画的气势,尽管他将人物与生活内容融入自然之中,描绘了山壑间小桥、河流、潺潺流出的溪水,还着意表现了河中渔民的生活内容,但与那些追求“可行、可观、可游、可居”美学观的画家不同,在这幅作品中,笔力劲硬的奇峰峭壁没有给观者留下可以进入画面深入游历的可能性,那些植物稀少、缺乏生命力的峭壁,只构成了一个苍茫的意象,流畅的线条体现出来的也只是一种形式趣味。

(南宋)马远 踏歌图

到了南宋,北宋时期绘画的宏大气象没有了,艺术家开始玩味山水的某个角落的味道或半边山水的臆想。南宋的山水画更像北宋山水画的一个局部,他们在这个局部中玩味细节,玩味情调。他们的情

调由诗构成，在意于“画外有画”“诗外有诗”“音外有音”。南宋山水画大家马远、夏珪的作品被称之为“马一角”“夏半边”，他们所表现的自然比之北宋更为风格化，他们的山水画不是机械地如实反映客观物象，而是力图在发掘自然景物特点的基础上，大胆地摈弃一切非本质的东西，但却不忽视富有表现力的细节，将美妙动人的物象进行精粹的章法经营，构成诗一般的画境，令人观之触景生情，玩味不尽。他们追求的不是自然的真实，而是诗性的真实，他们创作的全部意图，就是把山水画成一首让你观后难以忘怀的诗。对他们来说，自然本身可以是一种诗意的提示，画面表现的山水之象完全可以称之为“诗意”。南宋画家善以“一枝”来抒写“满园春色”，叶绍翁曾有“春色满园关不住，一枝红杏出墙来”的佳句。他们的花鸟小品多为“折枝”，往往撷取一枝一鸟，来拓开无限的空间，使诗画的境界臻于高妙。《海棠蛱蝶图》（如下图）便是仅仅截取了海棠一枝，加上一只蛱蝶的上下翩跹，便使旖旎的春光流泄于满幅画作。

（南宋）夏珪 雪堂客话图

（南宋）佚名 海棠蛱蝶图

以上讲的是“无我之境”。“无我之境”注重对自然景物真实的描绘，以“散点透视”构建画面宏大的叙事结构，以细节和诗意求真、求情、求韵、求味，通过刻画自然本来面目和自我心灵图景两相印证，从而让观者超越自然人的自我而达到一种理想自我的境界。

关于“有我之境”，王国维说是“是以我观物，故物皆着我之色彩”。

他引用了欧阳修的诗句“泪眼问花花不语，乱红飞过秋千去”做提示。“我”声声问花花不语，因花而有泪，因泪而问花，人伤心，花恼人，片片飞向秋千去。诗句清晰地告诉我们这是一种感怀岁月流逝、青春难驻的伤感意象，作者也很清楚地表明自己很郁闷，很忧伤。这种郁闷、忧伤的情绪具有强烈的感染力，以至我们在读这一句诗时忍不住跟着郁闷、忧伤起来，泪眼纷纷。“有我之境”是作者直接在作品中表明了他的情绪和情感，这种情绪和情感直接感染了我们，打动了我们，使我们与作品中的作者——“我”产生共鸣。

由宋朝及元朝，中国文化发生了重大变化。先秦以来，中国知识分子恪守“学而优则仕”的准则，学习的目的就是进国家庙堂做官。儒家哲学指明了一条通过自我修身进入国家庙堂的途径：修身、齐家、治国、平天下。就是说学习是修身的必要前提，修身的程度可以通过治家来检验，在家孝敬父母，敬重兄长，夫妻和睦，关心弟妹，关爱子女，在国就能忠于国家，尊重上司，同事和睦，关心下级，关怀百姓，就能通过治国而平天下。然而这一先秦以来几乎是所有知识分子期望用以施展远大抱负的途径，到了元代却没有了。元代是外族统治，统治者将人群分为四等，汉人（尤其是南方汉人）是最末一等，“南人”不可以在朝廷做官。这些元代的知识分子饱读诗书，但儒家哲学倡导的国家庙堂进不去，当官无门，只好返身山林，在老庄哲学的引导下做逍遥游，把满肚子的学问用来画山水、填词。可以说，元代的画家都是大知识分子，宋人种下的“文人画”的种子在元人这里开出了最美丽的花，结出了最丰硕的果。元代的填曲者都是文人，元曲成就了元代文学的高峰。元代的知识分子不像宋代画家受过很好的绘画技法训练，但都能写一手好字、做一手好文，他们的文学修养很高、书法修养很高，掌控线条的水平很高，他们的作品消解了北宋画家那种难以把握的空间处理，强化了书法线条的抒情性、表意性、音乐性和哲思性，强化了作品的情感和音乐的韵律。他们用书法线条写出自己的情，写出自己心灵的悲伤、忧愁和不得意的情怀，写出自己的落寞感。北宋可观、可行、可游、可居的“游观山水”美学开始转向笔情墨趣的“抒情山水”,由“无我之境”强调空间“远”的意境转为“无我之境”的“抒情”,由“空间山水”转为以线条书写品性的“情韵山水”。五代、两宋时期的山水画,不管什么图式、什么皴法,都围绕一个目的——真实地画出眼中所见之景,或画出由眼中之景所转换而成的理念中的主观风景。五代至北宋时期,中国山水画的发展历程是由“图真”到“范式”,北宋至南宋时期,则是由“范式”到“图式”,发展历程虽不同,但有一点相同——都是“画”山水,只是有的用再现的手段,有的用表现的方法。以元代大画家赵孟頫为代表的山水画不是“画”出来的,作品中的山水符号是用书法线条“写”出来的。赵孟頫的伟大之处,就是将“画”山水转换为“写”山水,使“游观山水”向“抒情山水”转化。赵孟頫不但将丹青和水墨、师古和创新、高逸的士大夫气息与闲逸的文人气息融为一体,而且使造境与写意、诗意化与书法化的手法在绘画中得到调和与融会贯通,为“元四家”(黄公望、王蒙、倪瓒、吴镇)以诗意化、书法化来抒发隐逸之情的逸格文人画的出现,奠定了坚实的基础。

赵孟頫的《鹊华秋色图》(如下图),画面上只有笔、墨、色的游戏,那细细柔柔的线,淡淡的或青或绿的颜色,所透出的是淡淡的诗意,令人有点忧伤、惆怅,似乎又有些向往。其山峦的画法越过了宋唐,以晋人的意味表达自我的情思与复古的美学追求,以及对山水的玩味。但这种玩味并不像魏晋名士一样将归隐山林视为生命的澡雪,它透出的实是淡淡的无奈。

(元)赵孟頫 鹊华秋色图

元代画家钱选放弃了南宋盛行的画法，追求更高古的情调，他的作品有隋唐和六朝山水画的表现形式，但画面的空旷感、勾勒及设色的严整性和法度感，又是六朝和唐代山水画所不及的。在他的作品中，自然山川已经只是一个可供作者编排挪用的符号，“真山”的物理特性已经荡然无存。没有了真山，剩下的就是自出己意。钱选的“己意”和赵孟頫一样是“复古”，所谓“复古”就是以唐人或晋人的笔墨来写自己心中的山水。他的山水画《幽居图》充满了装饰趣味，宋人的“远”已被“趣”所替代，山峦的画法越过了唐宋，直接以晋人的空勾无皴来表达自我的情思与复古的美学追求，以及一个隐居文人对山水的玩味。但这种玩味并不像魏晋名士一样将归隐山林视为生命的澡雪，它透出的实是淡淡的无奈，尽管画得像世外桃源，然而，从画卷后他的自题诗以及画卷中人物的活动，我们可以感受到他的心并没有在“幽居”。

中国山水画发展至北宋，建立起宏大的叙事结构，要求在作品中真实地再现作者所描绘的自然母体，在画面上呈现全景式的宏观构图。这种宏大的叙事结构，历经南宋小景山水，进入元后发生了重大的变化，经赵孟頫推动，元代山水画家将其发展成为一种抒情结构，削弱了北宋山水中物象的真实性，把线条功能的书写性提高到至上的位置，突出了画面中“线”的作用，强调了“线”本身所具备的除了表示形体之外而相对独立存在着的审美价值，对线条空间独立的抽象之美更为重视。“元四家”之一的黄公望，其代表作《富春山居图》（如下图）以“写”代“画”，使山川的具

（元）黄公望 富春山居图（局部）

体性从属于线条的抽象性，在作者的“挥运”过程中紧扣线条的流动，以线条表现情感、韵致、趣味，画面既有以枯笔淡墨的轻松舒展拉出的长线，又有讲究运笔时手腕、手指相互配合，腕转指动而生成的松灵活泼且具有使转意味的短线。作者在执管运行当中，心亦不在一丘一壑如何贴近自然物象的原生状态，而全神贯注于线形在运动中一笔一画的自然生发，在中锋侧锋、长线短线、干线湿线、浓线淡线、单钩复钩、细笔阔笔以及各种长短点、浓淡墨点、横点、竖点、斜点、双钩、夹叶点等有对比、有节奏的运行中，进入一个抽象的、有如室内乐演奏的情感世界。因此，比之北宋绘画的宏大结构，元人山水画更显得感情细腻、含蓄，更为讲究发挥每根线条的运行技巧和表情的“潜力”，也更为讲究每一根线条的独立性、个性化及其表现力。同时，在画面中对各种线形组合的节奏关系又更加精雕细镂。在整幅作品的把握中，元人山水画更能把散布在画面的各个物象符号和复杂多样的线群，组合统一在多样化的复调音乐的曲式结构中，体现出高水平的操作线条能力以及心和手的配合默契。

晚明大画家、大书法家董其昌的山水画（如下图），用线性的书写旋律，将宋人建立在“三远”基础上的“可游”“可居”的物理空间，转义成一种二维的音乐化的时空境界，他“观形想声”或“听声类形”的美学实践，使山水画创作和观赏成为一种流淌不息的程序性体验，从而导引出一种

（明）董其昌 岩居图（局部）

独特的"抚琴动操,欲令众山皆响"的音乐美感。董其昌不以"远"为目的,只以一片山峦重叠连绵,小树亭阁烟云缥缈的图像结构以及"远山一起一伏则有势,疏林或高或下则有情"的心理结构,加上流转灵动又不失浑厚华滋的线性结构,谱就一曲曲低昂俯仰、转瞬飘瞥,动中流外,潜波滂沛的旋律节奏,演奏出一种幽旷的山水意象。

(清)朱耷 花鸟山水册

清初画家朱耷(八大山人)为"清初四僧"之一,人生饱经世道沧桑,先为儒生,再入佛门,又进道家,对儒、释、道都有深入的研究,形成了自己特有的艺术风格。八大山人曾为禅宗"宗师",禅宗和道家都讲求"悟","悟"的本质是求"道"。禅宗和道家对"道"的认识不同,禅家认为"道"是要从对立的事物中看到统一,从而否定对立。道家则认为"道"的特征是既对立又统一。八大山人的态度倾向于道家,认为事物是阴阳矛盾的统一,阴阳总是在不断地互相作用,运转变化,形成万物生生不息的生命轨迹,这就是"道"。他在自己的艺术实践中运用了这个原理,作品布局注重地位与气势的对比与和谐,内部空间注重形成收敛之势,山体处理通常聚集在画面的中间部位,盘曲向上延伸,外部空间则呈现扩展之态。八大山人有意突出画面外部空间,在纸的边缘地带留下了许多空白,使其与密实的山体形成疏密虚实的对比,以达到强化空间节奏的目的。而这种空间节奏的形成,正是事物阴阳两极矛盾对立、统一的结果。

在董其昌的倡导下,明末清初的山水创作多为以禅喻画,作品气息力追"南宗"。"清初四僧"以"僧人"对艺术的独特感悟,提升了中国山水画对"禅境"理解的高度,他们潜心于禅理,湛怀息机,万缘俱寂,冷眼静观世象,从一微之尘而思接大千世界,因而特别能得"澄怀观道""解衣盘礴”的个中三昧。

清代“扬州八怪”之一的金农,时代与他们相近,画风多受其影响,一种“老僧补衲”般的“静气”深深贯注于笔墨中,作品简淡而意远,透出一种“欲令诗语妙,无厌空且静。静故了群动,空可纳万境”(苏东坡《送参寥师》)的禅境。这种禅境得之全在“静气”,金农的“静气”有多层次的境界,体现在笔性上是以“拙”写“静”。“拙”是“静”的一个极深层次,金农用笔凝重老健,既见工巧,更显重拙。以这种“拙”的笔墨表现的物象,俯仰自得,深含宇宙间静谧之妙。金农的“静”还体现为布局的从容,物象安排宽博通畅,虚实之间绝无浮躁乖张,表面上冷峻而不觉枯槁,静穆之中隐寓情意,淡而实腴,外虚内盈,既不是宋人的叙事结构,也不完全是元人的抒情结构,构成的画境是一种“禅境”,平和、宁静,充满了人性的真实,令观者既抖拂了世尘的喧嚣,又感受到禅境的静美。

(清)金农 梅花三绝 册页

不管是“无我之境”,还是“有我之境”,我们玩味一幅优美的艺术作品,实则是玩味画家对所描绘对象的深入观察与深刻的感受,我们玩味的是画家们在作品中所熔铸、所寄寓的审美理想与情操。就像我们玩味潮汕人的那一杯茶,玩味它,才能够领悟到它的甘、它的厚、它的醇,在玩味甘、厚、醇的三种境界中,你也进入精神大自由、大欢喜的境界,你也就玩味、品评了自我的人生。

我的讲座就到这里。谢谢大家。

现场提问 1:听完您今天的讲座,我觉得是三天不知肉味,非常荣幸。

前段时间看到美国艺术教育家埃尔金斯写的一本书《绘画与眼泪》，里面探讨的就是人们在艺术里流泪的故事。作者有一个观点，认为学院派的这些教授或者是专家们，可能是因为接受了很多理性知识，所以在面对作品时更多是以理性分析作品，而不是以直接的感情感受它。请问罗教授，你有没有曾经在一幅作品面前流过泪的经历？

罗一平：我阅画无数，让我感动的作品很多，流泪的作品并不多。但在2001年，我在广州赖少其的家里见到他近百幅遗作时流泪了。因为凡是伟大的作品，都必定有巨大的精神冲击力，在它的面前，你一定会感到震撼，感到自我的渺小。这是一种可遇不可求的神秘的精神体验，它能让你哭泣，让你的血液和你的思想在那片刻间凝固，而你的精神、你的灵魂却被它抽取出来，被它引导着进入一个极高的境界。看这样的作品，无法不流泪。当晚我就写了一篇文章《他与神灵交谈》。

现场提问2：我是今年研一新生，来自国际关系学院。在听讲座的过程中我有一个小的困惑，请您简单讲一下中国传统绘画当中的"图真"和西方绘画中的写实有什么联系和区别。

罗一平：其实"图真"就是西方的写实绘画，只是中国绘画的"图真"既有西方写实绘画对形的高度要求，在此之外，还讲究神韵，讲究意境，更注重作品所绘对象后面的意蕴。西方写实绘画的最高标准就是要画得像，《蒙娜丽莎》成为人文主义精神的最高代表，就是因为画得很像、很传神，画出了人文气息。法国新古典主义大师安格尔能够将衣服的质感、头发的质感、皮肤的质感，包括这个人情绪的质感都画出来，就像神灵附着在他的手上，使他的作品能够画出常人达不到的真实。晚清有一位中国理论家对西方绘画有一个评价，认为它们只是匠，是器，没有中国画的韵和气。文化的差异会导致观看的方式和体味的方式不同，绘画材料和工具的不同也形成了中西绘画不同的走向。

现场提问 3:我是来自文学院历史系的大一新生。平时我们在博物馆或者是美术馆欣赏画作的时候,如果我们能和那幅画产生一些共鸣,品味到它的神韵时,是因为我们了解作者的一生,知道他一生的跌宕起伏,所以才能与他产生这样的共鸣,才能玩味这幅画,而我们看到的更多的作品是我们并不了解的画家的作品,如果是这样我们该怎样玩味和欣赏这些画呢?

罗一平:你可以完全不用知道作者是谁。我们在展厅时总会被某一两张画所感动、所吸引,远远看过去根本不知道作者是谁,但这些作品能吸引你马上走到它们面前,那是作品本身在召唤我们,而不是作者在召唤我们。这个时候你完全不用去了解它们是谁画的。看中国元代以前的绘画和现代写实性的中国画,就去看作品是否"可观、可行、可游、可居",是否能令我进入画面流连忘返,如果能,它就是好作品。某件作品被艺术家创造出来后,它就是一个物体,没有生命,生命是作为观赏者的你给的,而不是作品给你的,所有的作品都是你创造的。走进美术馆,你只要带着"我来了"的自信,调动你的知识和情感与作品对话,作品与你的对话越久,就表明你跟这件作品越有缘、越合拍。在看抽象艺术作品时,你可以找它的构成感和音乐感,调动自己音乐的感受和它碰撞。

现场提问 4:我没有什么问题,就是有一个不情之请,下次您来的时候,能不能将广东美术馆的镇馆之宝给我们展示一下?我们非常感兴趣。

罗一平:我们刚刚结束了一个展览:"甲午·甲午——中国百年强国梦",展出了广东美术馆的360件原作,有很多是20世纪不同年代的老画家创作的,也有当代艺术家创作的,是一个很精彩的展览,有很多镇馆之宝。

鲁迅……张爱玲：中国现代文学研究的流变

张英进

张英进，美籍华人，美国加州大学圣地亚哥分校文学系系主任、杰出教授，上海交通大学人文学院访问讲席教授，斯坦福大学博士，密歇根大学博士后。曾任美国的中国比较文学学会主席，富布莱特基金会中国研究员。编著英文书籍《中国电影百科全书》《中国比较文学论文集》《民国时期的上海电影与城市文化》《影像中国》《中国电影史》《当代中国的另类电影文化》《全球化中国的电影，空间与多地性》等，另出版中文书籍《审视中国》《电影的世纪末怀旧》《多元中国》等。

非常高兴有机会到暨南大学，我上次到暨南大学做演讲是 2009 年，一转眼好几年过去了。这次有机会到更大的讲堂——“百年暨南文化素质大讲堂”做讲座，跟大家交流学术信息，我感到非常荣幸。

我就不多做铺垫，直接开始进入今天的话题。大家看今天的标题，“鲁迅”和“张爱玲”当中我使用了省略号，我是想让大家重新思考两个比较出名的中国现代文学作家的关系。先看一下这种说法。“从鲁迅到张爱玲”，这个说法表示了我们对中国现代文学不同的认识。大家如果了解中国现代文学的学术发展，应该就会知道张爱玲长期被排斥在我们的文学史之外。原因是什么呢？我今天不多做解释，我要解释的就是，当我们重新将张爱玲引进文学史的时候，对我们来说有什么更值得思考的部分。

将张爱玲引进学术研究，基本起点是在 20 世纪 90 年代初，相对比较迟。大家如果了解张爱玲的话，张爱玲在 20 世纪 80 年代中期以后才重新进入国内。到90年代,一下子发展非常快,形成“张爱玲热”。与此同时,张爱玲进入研究学者关注的视野。最早的时候是严家炎,他当时是北大中文系系主任,到美国洛杉矶加州大学做客座教授,开了一门课,这就是“从鲁迅到张爱玲”,由此来界定中国现代文学从民国初期到1949年的发展。在这之后,就是李欧梵,他当年在洛杉矶加州大学任教,同时继续开“从鲁迅到张爱玲”的课程。随着研究的发展,这两位作家相继演绎成针锋相对的两种意识形态、历史观念、文学理论、性别取向和人生态度。

“从鲁迅到张爱玲”,不仅仅表述了中国现代文学的课程设计,而且指涉了中国现代文学研究的流变,以及20世纪90年代以来社会价值取向的逆转。换句话来说,流变背后有它的价值逆转。

回头来看,最早推出张爱玲在文学史上重要性的是胡兰成。1944年胡兰成在上海的《杂志》期刊上发表《评张爱玲》一文,很清楚地将鲁迅和张爱玲这两位作家并列起来。这个并列很有意思,跟我刚才提到的两位学者的描述比较接近。胡兰成这么说,“鲁迅之后有她。她是一个伟大的寻求者”。1944年,张爱玲还相当年轻,出名不久,一下就被奠定为“伟大的寻求者”。从张爱玲的作品中,胡兰成提出一个很重要的价值取向,他说“文学从政治走回人间……寻求……自由、真实而安稳的人生”的途径,从此铺垫了“鲁迅=政治、斗争,而张爱玲=人间、安稳”的二元对立的文学价值观。一开始鲁迅和张爱玲被相提并论时,就已经揭示出后面价值取向的不同。

真正将张爱玲引入中国现代文学研究的是夏志清。1961年夏志清发表英文版《中国现代小说史》,它是最早在北美介绍中国现代文学的专著,是一本比较有影响的专著。1971年出了英文版第二版,1999年出了第三版,第三版是第二版的再版。1979年中文版被翻译出来,慢慢进入大陆学界,产生了相当大的影响。大家基本上都认为,夏志清在1961年出版的《中国现代小说史》的英文版,为日后的“张学”奠定了基础。2000年,夏志清在香港开张爱玲研讨会,欣然接受“夏公”荣誉的时候,自称

“十分感动,并十分感激”,不禁问道:“不知怎么地历史的发展就站在我这一边。这是怎么一回事呢?”大家想一想,夏志清这句话如果是对你们提出的,你们怎么回答?

我们要分析一下,夏志清说的是什么“历史”?谁的“历史”?他“这一边”包括了什么人?与他相对的又是哪一边?历史发展如何想象成“站在”某一个人那边?我们知道历史是大历史,怎么会站到某一个人一边?他这一番话非常自信,这是 2000 年。他问这一句话的方法,使我想起了张爱玲比较著名的一篇小说《倾城之恋》。类似的“无知”在《倾城之恋》结尾的“奇迹”:“在这不可理喻的世界里,谁知道什么是因,什么是果?谁知道呢?也许就因为要成全她,一个大都市倾覆了……跟着是惊天动地的大改革……流苏并不觉得她在历史的地位有什么微妙之点。”换句话说,这是张爱玲在用叙述为流苏的历史地位做一个探索。流苏不觉得她在历史地位中有什么微妙之处,学文学的就会知道,当一个人说他不重要的时候,这背后是什么意思?你说了你不重要,证明你是重要的。这种反问的口气,跟夏志清说的不知道怎么一回事其实是一样的,夏志清知道是怎么一回事。

将这两段联系起来,夏志清的问话似乎是要重新确定他的历史重要性,夏志清本人观点的历史重要性。张爱玲做得比较聪明一些,她首先否定不重要,然后再来暗示其实这个人也许有一点历史的重要性。在座的应该读过《倾城之恋》,在小说结尾中流苏做了一个什么动作?这句话之后,她站起来,将蚊香往旁边踢了一下,完全是个非常小的动作。但是张爱玲的描写让我们似乎看到一个演员的表演,她做了一个非常不重要的动作,微妙不微妙都是在张爱玲的描写之间。为什么我要提这样两段话呢?这两段话其实暗示了不同的两人在历史中地位的确定。

我们知道张爱玲在她后面的文章当中承认流苏“不过是一个自私的女人”。看过胡兰成书的朋友也知道,胡兰成曾经记录过张爱玲说她自己是一个自私的人。我在这里将两个“自私”联系在一起,可以从白流苏在历史上的不重要和张爱玲在历史上的不重要联系在一起,一个是虚构的小说人物,一个是历史当中的小说家。我这么表述,从她(张爱玲/白流苏)的角度,不知怎么地历史的发展就站在她(小说家/虚构人物)那边,于是在小说中香港继上海之后沦陷,在"兵荒马乱的时代"里成全了"一对平凡的夫妻"。这是小说中的范柳原和白流苏,我们知道现实生活中是胡兰成和张爱玲。其实张爱玲在说白流苏时,一半也提到了自己。

历史和个人的位置怎么摆,后面还有不同的评说。我再举一个例子。柯灵在1984年发表《遥寄张爱玲》,他那个时候还不知道张爱玲是不是还活在世上,因为张爱玲已经隐居很久了。文中感慨评说:中国现代文学史几十年,"偌大的文坛,哪个阶段都安放不下一个张爱玲;上海沦陷,才给了她机会"。因此,他寄希望于历史和时间:"往深处看,远处看,历史是公平的。张爱玲在文学上的功过得失,是客观存在的,认识不认识,承认不承认,是时间问题。"柯灵对历史有一个坚信,认为历史是时间,历史会给张爱玲一个说法。他当时很自信,但是我想柯灵在1984年也没有估计到历史发展的结果会是什么。柯灵的文章发表不到十年,柏林墙倒塌,张爱玲仙逝,后冷战时期却给了张爱玲更大的机会。柏林墙倒塌,这是夏志清所说的"历史站到我这一边",大家回过头看夏志清的表述,就可以发现其实不是历史站在他这一边,而是他站到历史一边,他认为他是跟历史同步,所以他觉得自己有眼光。

对历史其实也有不同的理解。再举一个例子,一位网名为"小满"的"张迷"在网上一篇文章中忍不住坦言:"张爱玲以其惊世的天才,义无反顾地以踏实庸俗的姿态反传统,到头来成了先知,讥讽了历史。张爱玲留给我们的,不单单是她一篇篇苍凉华丽的小说散文,一段段感人至深的文字,更直接挑战我们的文学观,逼迫着我们从硬要文人与国家治乱同生死的封建思想中解放(原谅我用这个词)出来,还以文化人平淡自然的面目,活得更有个性和尊严。"这段话里有一些词我们必须再梳理一下。他分析的历史是指大历史,讥讽的历史是大历史。显然这位所谓笔名为"小满”的“张迷”,在价值取向上比较接近夏志清,但是他对历史的指向和夏志清不同,他和夏志清所说的历史是两个历史。平淡自然的价值观和胡兰成在 1944 年一开始提到的非常接近。而有个性和尊严,为什么我提出这几个词呢?因为这几个词都是被建构出来的,它的价值在不同历史时期、不同的人建构了不同的个性和不同的尊严。什么是尊严?“小满”的历史(“国家治乱”)与夏志清的历史(后冷战时期)所指完全不同,但前者也许继承了张爱玲的“先知”的部分观点,包括“尊严”一词,在 2000 年确实得到了夏志清的认可:“我认为张爱玲是近几十年来最有尊严的中国人。”什么叫尊严?他没有做任何的定位。夏志清不是一个很好的理论家,但是是很好的评论家,所以没有办法确切定位什么叫尊严。因为他不是很好的理论家,所以他受到理论家的质疑。

下面我们来分析一下刘再复。2000 年在香港举行的“张爱玲研究研讨会”上,刘再复大概是唯一的所谓唱反调的人,与整个会议的主要观点不太相同。刘再复对夏志清捧张爱玲、贬鲁迅的一贯偏颇提出异议,认为不但“《中国现代小说史》的政治标准太显露了”,且几十年后“可惜夏先生没有完成……必要的自我关照与自我批评”。刘再复在回应夏志清以及夏志清支持者的观点时,他提出的首先就是夏志清的政治标准。大家如果看过夏志清的《中国现代小说史》前言,就可以清楚地知道他在冷战时期的立场。

刘再复对鲁迅和张爱玲两个人的对比是这么描述的。刘再复说:“鲁迅虽然绝望,但他反抗绝望,因此,总的风格表现为感愤;而张爱玲感到绝望却陷入绝望,因此在风格上表现为苍凉。鲁迅看透人生,但又直面人生,努力与人生肉搏,因此形成男性的悲壮。张爱玲看透人生,却没有力量面对人生,结果总是逃避到世俗的细节里,从而形成特殊的女性语言。”以我个人的观察,刘再复比较准确地代表了 2000 年前后大陆学术界的观点,也就是对鲁迅和张爱玲的评价,但是这里面有刘再复自己的价值判断,大家可以看得出来,他显然比较倾向于感愤和苍凉的不同、悲壮和世俗的不同,所以形成了不同的价值取向。

刘再复的另外一段表述更有意思,这个表述是针对2000年的已经非常成型的张爱玲热,许多学者都表示自己是“张迷”。针对“张迷”现象的出现,刘再复进行了这一番表述。刘再复说:“我曾经进入鲁迅的神话之中,经过几十年的努力,好容易才扬弃了鲁迅的复仇情结和‘一个也不宽恕’的情结,从神话中逃往出来。现在可不能再陷入另一种神话之中。”大家都知道鲁迅在20世纪30年代跟当时大量的作家有过“笔战”,批评过许多当时的作家和学者,临死之前鲁迅有一句话“我一个也不宽恕”,也就是说他的立场非常坚定。鲁迅神话就是过去将鲁迅认定为斗士的这样一个形象。刘再复非常清楚地看到20世纪90年代已经形成的另外一个神话,这就是“张爱玲神话”,他对这个神话持批评的态度。

在20世纪90年代鲁迅“去神话”的过程中,“张爱玲神话”却迅速取而代之,这也解释了我刚才所说的——为什么在学术界出现“从鲁迅到张爱玲”,我后面也会做更多的分析为什么说这个表述不太合理。在刘再复的表述中,我们可以看到,“张迷”如水晶先生、陈炳良、郑树森……

李欧梵在20世纪80年代中期出版了两本研究鲁迅的英文书籍:一本是自己的专著,一本是自己编的论文集。接近15年之后又出版了《上海摩登》,张爱玲成为了标志性作家。我们在李欧梵的学术研究中,也看到了所谓从鲁迅的“铁屋”到张爱玲的“上海摩登”,代表了当时的轨迹。

现在我们来分析一下这个轨迹背后所掩盖的一些现象——“现代小说之父”与张派“祖师奶奶”,主要是想梳理一下中国现代文学研究学科史方面的一些问题。海外的华文文学界似乎有这么一个默契,即“张学”领域至少每五年必须举办一次大型国际研讨会,然后编撰论文集流传于世,这在当时成为一个任务。研讨会1996年在台北第一次举行,由杨泽编辑《阅读张爱玲》。2000年10月在香港岭南大学召开研讨会,由刘绍铭、梁秉均、许子东编辑《再读张爱玲》。2006年9月在香港浸会大学又开了一次研讨会,由林幸谦编辑《张爱玲:文学,电影,舞台》,很明显可以看到张爱玲研究已经超越了原来文学的界限，进入了电影和舞台等不同的艺术媒体。2011 年，原定在华东师范大学举办会议，后来移至香港浸会大学开会。估计 2016 年应该会再开一次会议，具体在什么地方现在还不太确定。

郑树森在 2000 年举行的研讨会上有这样一段话："要是没有夏公在四十多年前对张爱玲的定位，肯定没有后来创作上的'张派'、研究上的'张学'、读者群中的'张迷'。"另外一位学者许子东也表示赞同："可以说，没有夏志清就没有今天张爱玲的文学影响。40 年过去了，海内外新撰现代文学史数百种，但夏著仍是权威版本。"我的提问就来了，夏志清的《中国现代小说史》是不是权威版本？我觉得这是值得商榷的，它在 20 世纪 80 年代初确实有很大的影响，但是作为学术专著，还是有许多的缺漏，我们不能因为当时它在美国的创建，就不考虑其他的缺点了。所以，我对"权威版本"的所谓权威性提出疑问，也希望在座的有兴趣的思考一下这种"权威版本"的说法。

在夏志清的《中国现代小说史》出版的当年，即 1961 年，一位汉学家普实克就对夏志清以及他的研究方法提出了质疑。普实克批评夏志清的小说史充满了"教条精神，忽视人的尊严"。到 2000 年，夏志清将张爱玲当作最有尊严的作家，所以我要说尊严是一个被建构的概念，大家不要认为尊严讲的是一回事，其实讲的是完全相反的两件事。普实克继续批评夏志清，认为夏不懂"科学的"方法，"无法正确地评价一个时期的文学功能与任务，无法掌握和阐释文学的历史作用"。文学的功能、历史的作用，夏志清所代表的英美新批评的研究方法虽然把文本与社会、历史割裂开来，但也带有意识形态色彩。普实克所代表的社会历史研究方法，实质上是代表了马列主义文艺理论观。普实克是捷克非常出名的学者，也是比较早在英文学界推进中国现代文学研究的一位学者。有些人不太了解，总认为夏志清是第一位，其实夏志清之前还是有其他人。

夏志清和普实克当时进行了论争。1961 年普实克在欧洲一本杂志上发文批评夏志清，1963 年夏志清同样在这本杂志上回应了普实克的批评。夏承认自己之所以无法接受“一塌糊涂的作品”，是因为“坚持文学标准”，而不是出于他个人的“政治偏见”。

夏志清采用的范式是新批评范式，新批评范式在当时的美国，也就是在 20 世纪四五十年代成为美国大学界最有影响的一种文学研究方式。这种范式采取的是细读作品的方法，然后将作品所谓的人文精神、艺术价值彰显出来。因为这套方法非常好用，所以影响了大批文学研究者，这个影响是指从 20 世纪 50 年代到 60 年代，但是 60 年代中期以后，新批评迅速退出美国的学术界，到了 80 年代初已经完全脱离了主流文学研究。我们只有了解了这个流变，才能知道夏志清所代表的方法后续有什么发展。而且后续的发展，跟我们所了解的不太相同。

夏志清 1963 年的回应刻意将“具体的、现实主义的、各具人性的文学表现与抽象的、理想主义的、人物刻板的描写”相对照，认为前者才具有文学“品德”，后者根本就不值一提。我这里觉得比较有意思的是，夏志清使用了现实主义，但是他使用的现实主义和我们所了解的现实主义又不相同。我要强调的是，同一个词不一定表现同一个东西。很明显，他将现实主义和理想主义相对应，前面讲的现实主义是指张爱玲所代表的世俗的现实主义，不是我们所讲的社会主义的现实主义，或者是批判的现实主义。他所讲的理想主义，又回到了我们当时所讲的“五四”时期或者“左翼”的这些作品，他把它叫理想主义，然后把它说成是抽象和刻板的。夏志清从自己确定的，或者自己认为新批评研究所确定的文学品德这个观点，回过头来看中国现代文学，他认为中国现代文学整体上水平欠佳的原因是大部分作家“对人类过分的焦虑”，换句话来说，他认为中国现代文学过于操心国家兴亡，所以文学水准不高。

其实夏志清自己所推崇的新批评方法并不如其所言是“科学的”或“超然的”，因为我们非常清楚地知道后续的研究中，新批评方法完全是建立在美国特有的一种意识形态建构上，完全建构了一套所谓的美国文学精神，这个建构并不完全是新批评，也不是他自己所说的“超然的”。因为这个比较复杂，我不作具体的分析。

我们对比一下20世纪50年代和80年代，这个时候我们将鲁迅引进来进行一番对比。1950年以后，传统的文学史将鲁迅视为中国现代文学“伟大的奠基者”“现代小说之父”。为了解构这一传统，海外学界便将张爱玲尊称为“祖师奶奶”，认为她影响了港台、大陆几代的“张派”作家，而且辈分似乎比鲁迅还高一档。最早发表在报刊上使用的词是“祖师爷”，等于张派作家的“祖师爷”，后来转了一下，性别不对，改成“祖师奶奶”。“祖师奶奶”和“小说之父”，张爱玲似乎辈分还高了一辈。给出这些词的都是非常著名的学者，所以提醒大家，他们不会随便用词。

张派作家是王德威力推的一个说法，王德威分析了台湾许多作家，然后在20世纪80年代，大陆有一些作家将类似风格的作家都列为张派作家。为什么要用张爱玲命名？其实张爱玲所代表的写作，很多东西不是她首创，之所以以她命名，这在文学史上值得商榷，而且如果是这样，对于张爱玲自己承认对她有影响的晚清民初的这些作家，我们怎么处理？换句话说，如果将张爱玲当作“祖师奶奶”，这个“祖师奶奶”前面还有辈分更高的，为什么没有得到命名？这些都是我们需要进行探索的一些问题。按这条思路，我们再回过头来看王德威对张爱玲在中国现代文学史当中地位的评说。

王德威提议：20世纪中国文学的发展，从鲁迅的“呐喊”到张爱玲的“流言”和“私语”，结果“给我们很多的启示”。随便说一下，“启示”是张爱玲很喜欢用的一个词。大家在看这个表述时就会觉得很精确，呐喊、流言、私语都是一种言说的方式，我后面也会分析，这些言说方式背后也掩盖了一些其他问题。王德威继续确定了张爱玲作品所谓的“三种时代意义”。他是这么确定的：“第一，由文字过渡到影像时代”；“第二，由男性声音到女性喧哗的时代”；“第三，由‘大历史’到‘琐碎历史’的时代”。但是我主要想质疑的是这样表述背后的修辞。“由什么到什么”，“到什么”这后面的部分似乎是比前面的部分要更好，所以所谓的时代意义就显现出来。我们后面也会分析“由什么到什么”并不确切。

王德威对张爱玲的评说是“她的颓废琐碎，成了最后与历史抗颉的‘美丽而苍凉的手势’，一种无可奈何的姿态。正是在这些时代‘过渡’的意义里，张爱玲的现代性得以突显出来”。强调的是时代过渡。通过刚才的这些分析，我们看到了一个很清楚的对比，而且是二元对立的对比，“鲁迅和张爱玲”。我还是使用引号，我不接受“从鲁迅到张爱玲”这种说法的确切性，我更强调的是在文化史上的交错或者一种错位。

我们可以列出对应的两种价值，从刘再复提出的男性和女性，鲁迅代表男性，张爱玲代表女性；鲁迅代表英雄，张爱玲代表凡人；鲁迅代表斗争、革命，张爱玲代表和谐、恋爱。“和谐”这个词，也是在张爱玲自己的小说中提出来的，因为张爱玲说她不喜欢斗争，她喜欢和谐，她的说法是人为了和谐而斗争，但是大家如果看张爱玲的作品，可以看出斗争远远大于和谐，这是很明显的。

鲁迅代表的是精神、力量、悲壮，张爱玲代表物质的、身体的、一种苍凉的美学风格。我们知道鲁迅是批判国民性、解剖自我，张爱玲更强调写作上的参差对照以及价值判断上的模棱两可，张爱玲基本上不作很清楚的价值判断。鲁迅所代表的，用他自己的话来说是“哀其不幸、怒其不争”，立场很坚定；张爱玲所代表的，这也是我发现网上“张迷”最常提到的张爱玲引言“因为懂得，所以慈悲”，张爱玲成为大慈大悲、关心人世生活的姿态，但是这个姿态和鲁迅很不相同。

我为什么不太同意王德威的三种时代意义的表述呢？他的意义表述我刚才提到了，是从什么到什么，我把它界定为一种历时的表述，也就是历史发展的表述，掩盖了共时的现象。因为很多情况下，我们可以看到是同时存在，同一个时期存在着不同的东西，但是由于我们的研究只关注某一个方面，到了很久以后才又回到了原来的语境，又发现了其他的东西，然后把它描述为从什么到什么。

与王德威不同,我并不认为"从鲁迅的呐喊到张爱玲的流言"是对中国现代文学发展的确切表述,原因不仅仅是鲁迅所代表的除了"呐喊"以外,还有"彷徨"。鲁迅第一本小说集是《呐喊》,第二本小说集是《彷徨》,后面的散文集《野草》,给大家的印象都很不相同,从这些小说集的标题可以看出,并不是一贯与时俱进或者引领时代潮流,这不是我们现在才有人提出的,而是当时的学者、批评家已经提出来的。

说到张爱玲部分,张爱玲之前,如"五四"时期,早就有一批女作家控诉父权非人性的"隔绝"(冯沅君),宣泄"或人的悲哀"(庐隐),颠覆男性主体(丁玲),强调身体政治(白薇)。这些都远远在张爱玲之前已经将她所描述的很多题材写出来了。我在这里要说的,不是张爱玲出现了以后才有所谓的女性喧哗,其实在张爱玲之前已经有女性喧哗了,所以将女性喧哗作为张爱玲的时代意义,我认为不确切。

再回到鲁迅。我刚才已经提到《呐喊》和《彷徨》,当时比较年轻激进的"左翼"批评家或者革命文学理论家,20 世纪 20 年代末已经在批评鲁迅,鲁迅创作前后不到 10 年就已经被完全推翻。早在 1928 年,钱杏邨就宣布"鲁迅终究不是这个时代的表现者",针砭鲁迅的"保守性" 和"小资产阶级的恶习性" ,称他是"一个个人主义的享乐者""是革命的旁观者",继而严词宣判:"鲁迅的出路只有坟墓,鲁迅的眼光仅及于黑暗。"当时还有另外一个口号,"阿 Q 的时代已经过去"。话又说回来,现在我们见到鲁迅所代表的当时现代文学的开端,其实在短短几年内已经受到更年轻的作家、学者、批评家的挑战。

我们知道,由于日本占领了东北,20 世纪 30 年代初成立了"左联",请鲁迅作为领袖人物,像钱杏邨这样的作家、批评家就收到了不要再批评鲁迅的通知,所以大家不再批评鲁迅了。如果是文学专业的同学都应该了解这个过程。

为什么说从"呐喊"到"流言"的说法不准确呢?"呐喊"这个词其实可以有不同的理解。我在读博士的时候,我的一位导师翻译鲁迅的小说集，他当时怎么翻译《呐喊》的呢？权威版本使用的是“Call to Arms”，可以理解成“武装行动起来”，火药味很浓，也就是我们当时所认定的鲁迅形象，“呐喊”就是让大家拿起武器走上战场，我们一般都是这么认为的，认为鲁迅就是这样的硬汉子。还有比较中性的翻译：“大声地叫喊”。但是我的这位导师翻译出来后，一开始我不能理解，他使用的是“Cheering from the Sidelines”，译作“在场外助威”，后来想想没有错啊，我们是将呐喊助威合在一起讲的。但是这里有很大的差别，助威是在场外呐喊，不是拿起武器参与，所以有场内外的区别。我在这里分析的，“呐喊”因此跨越了场内场外之分野，同时指涉在场与不在场。这里的不确定性正如鲁迅后来在《野草》中塑造的“影”，鲁迅说它“不愿彷徨于明暗之间”，不愿意去天堂，不愿意去地狱，也不愿意去黄金世界，而选择“不如彷徨于无地”。这跟“Cheering from the Sidelines”还比较接近，因为这个“影”确实没有上战场，而且它不愿意进入任何的空间，不愿意上天堂也不愿意下地狱，它就在边界之间彷徨，换句话说，它在界限前后游移不定。大家知道，“影”这个形象是鲁迅在20世纪30年代所塑造的。

这里就出现了“既不……也不”的问题，就是说既不属于这个也不属于那个，这与“呐喊”的形象已经很不相同。这个表述跟我们后面所看到的张爱玲的价值取向有很大的相似之处，因为我们过去总觉得这两个作家不相同，包括我刚才所提到的一大批批评家都认为鲁迅和张爱玲有不同的价值，其实从这个方面来分析，鲁迅和张爱玲接近。鲁迅在界限前后、场内场外彷徨，这就进入了游戏历史的概念。

正因为张爱玲喜欢“参差的对照”，即所谓的葱绿配桃红，不是大红大绿，红又不那么红，绿又不那么绿，这是张爱玲强调的，是她的写作美学方法。但是她又有“不彻底的”人生哲学，她所有的小说人物没有一个是彻底的，唯一一个比较彻底的就是《金锁记》的七巧，因为太彻底了，所以张爱玲在后来又重新改了，将七巧原型改成不那么彻底的另外一个女性形象。我们可以看到，从参差的对照到不彻底的人生哲学，从美学到人生哲学，与其说张爱玲“最后与历史抗颉”，不如说她无处不在与众说纷纭的历史“游戏”。游戏的母题赋予张爱玲的作品以多种阅读的可能，因为她游戏，所以产生了很多可能。我刚才提到张爱玲小说叙事，最后描述白流苏站的时候用脚将蚊香踢到旁边，这是表演、游戏的姿态，这个姿态可能进入作品，也可能在作品之外，可以内外呼应。如果知道张爱玲游戏的机制，我们就更能够理解为什么张爱玲跟后面这些所谓张学的学者对她的评价其实有一段距离。

张爱玲早在 1944 年就为后世的“张迷”设置了提醒：“一般所说‘时代的纪念碑’那样的作品，我是写不出来的，也不打算尝试。”换句话说，她不愿意被历史给定在一个位置上。张爱玲很早就知道自己不愿意在文学史上立一块碑，但是我们知道夏志清为张爱玲立了一块碑，夏志清在中国文学史上把张爱玲建构成一块时代的纪念碑，其小说史也被誉为“开拓性的纪念碑式的著作”。这是后世对夏志清作品的评论。

张爱玲就这么游戏历史，即游戏了当年时代纪念碑式的文学，因为她不愿意进入当时主流的文学写作，《黄金时代》的萧红是被引入了纪念碑式的作家，但是后来很快也因为种种原因被遗忘了，现在又被提出来。张爱玲游戏了当年时代纪念碑式的文学，也游戏了时代纪念碑式的文学史撰述传统——因为她自己不愿意承认这种合理性，更游戏了后世某些批评家在赋予她“时代意义”的同时赋予自己“时代意义”。提前设置了这方面游戏的机制，怎么理解呢？我们可以用另外一个概念来表述。这个概念我把它当作是历史之外。张爱玲戏弄同时也超越了文学批评领域根深蒂固的二元对立思维。她既拒绝书写“血的文学”去“见证历史”，这个历史是发展的历史，又抵制文学不能反映现实的“反证历史”倾向。张爱玲大量地描写了世俗生活，确实也表述了历史。我以为，游戏的机制让张爱玲自在地游弋于历史边缘。她并不完全甘心停留于历史之外，或者说不可能停留于历史之外，因为大家知道当时的大历史是战争的历史。张爱玲对当时的历史描述是这样的：人们在这个时代被时代拉得往下沉；她的另外一个表述:这个时代文明会受到更大的灾难。这方面的描述,关注张爱玲的朋友大概都了解。因为她不愿意停留于历史之外,而不时地双向进出于历史既定的各类边界,在不停往返跨越的同时创造出新的意义,一种反纪念碑式的意义。

这里有两个概念。纪念碑的概念,如果你立了纪念碑,意义就固定在那儿了。张爱玲不愿意写纪念碑式的作品,更愿意留下足够的空间进出于不同的边界,这是一种游戏的姿态。如果大家关注张爱玲研究,游戏的姿态可以解释张爱玲在创作中经常出现的现象,不停地重写自己的作品,将小说改编为舞台剧、改编为电影,将电影剧本改编为小说,将中文改为英文,又将英文改为中文,将短篇小说改为长篇小说,反正不停地改,其实这也是在不停地游戏不同的艺术媒介。这些跨界和游戏机制直接联系在一起,跨界很明显是要跨越二元对立。

林幸谦的一句评语颇为中肯:"张爱玲离去后,遗留下她的手势:跨越了女人与男人、百姓与专家、悲壮与荒凉,乃至完成与启示。"换句话说,她跨越二者,之前我们只使用一个,就像刘再复的表述,张爱玲代表女性,不代表男性,但是林幸谦的表述认为她跨越了二者,两个都有。无疑,张的手势是游戏的手势,而她的游戏表演,对一味追求张爱玲神化的"张学"专家和"张迷"们来说,既是一种先设的引诱,也是一种后设的讽刺。把你引进来之后,再讽刺一番,让你得到满足之后又发现你被游戏了。这个机制非常有意思,如果关注过张爱玲小说的朋友应该知道,小说集《传奇》有一个版本的封面就出现了晚清仕女带着小孩,同时窗口冒出一个没有面孔的所谓"现代人"。画中出现了两个机制,传统仕女在过自己的家庭生活,而现代人在看,所以同时展现了故事的两个层面。

回到游戏的概念,在 1947 年《传奇》再版序言中,张爱玲描述了一个凄凉彻骨的世界:"将来的荒原下,断瓦颓垣里,只有蹦蹦戏花旦这样的女人,她能够夷然地活下去,在任何时代,任何社会里,到处是她的家。"张爱玲一开始的创作就有一种很明显的焦虑感,大家都知道她很出名的一句话"出名要趁早",为什么?因为她知道文明要毁灭,不早的话就没有机会了。她一直想到的就是毁灭的概念,但是问题是:毁灭之后会出现什么?"她能够夷然地活下去,在任何时代,任何社会里,到处是她的家。"张爱玲将女性塑造成为唯一能幸存于文明毁灭之后的形象,而且这个形象第一是女人,第二是戏子,然后强调任何时代、任何社会,到处是她的家。这个"家"是很有意思的一个概念。

我为什么要讲游戏机制呢?因为大家在评论张爱玲的小说时一直觉得她苍凉,所以苍凉是与张爱玲联系在一起的。但是在苍凉之外,她还有另外一套写作风格。我写过一篇论文谈张爱玲的电影剧本,尤其是她在1950—1960年写的香港电影剧本,写的全部是喜剧,营造的是完全不同于她小说世界中的另外一个世界,在那个世界里真的是女人占了主角,而且结局并不悲伤,基本上都是大团圆。所以说张爱玲有另外一个创作世界,如果我们只关注她的小说,就只看到了一半,张爱玲其实已经设计了这个游戏,我们如果完全被她引到她的小说世界,就只看到了一个苍凉的手势,但是如果看她的电影剧本,可以看到她有其他更多的创作和更欢快的部分。欢快的同时,在她的剧本创作中,也经常对父权、社会提出批评。

2000年香港浸会大学的研讨会结束时,组织了一个非常温馨的怀念活动,当时的说法是"怀念晚餐":将张爱玲小说当中所描述的一些菜肴做出来,让大家完全进入"品尝"和想象张爱玲的空间,而且点着蜡烛,你们可以想象那个温馨的程度。周国正在介绍香港浸会大学的温馨怀念活动时提醒大家:"或许张爱玲泉下有知,会以她一贯的带些苍凉、带些冷嘲的态度,来看我们的自作多情。"这位学者比较聪明,或许其他学者真的会自作多情,认为自己已经进入了张爱玲的温馨世界。

自作多情的是一厢情愿的"张迷"们,包括张学的专家。对于不信神话的学者而言,张爱玲的启示不完全是"反证历史",正如鲁迅的启示不仅是"见证历史"。

关于省略号的反向思维,不要动不动就用"从什么到什么"进行描述,因为这样经常会掩盖其他的可能,或者更有意思的一些现象。我演讲的标题中用省略号联结鲁迅与张爱玲,目的之一是质疑"从鲁迅到张爱玲"这一表述背后的单向历时发展逻辑。因为从20世纪90年代到21世纪初有一个倾向,认为鲁迅过时了、张爱玲回来了。这个表述听起来就像是回到1944年,回到了胡兰成认为的鲁迅之后只有她,好像鲁迅已经过时了。这些表述的背后,都有它的价值判断,这个判断是建立在单向的历史发展的逻辑之上。如果我们想象有一个多向、共识的发展,我们就不会受制于单向的历史发展逻辑。目的之二是提醒我们注意二元思维的惯性。鲁迅与张爱玲的差别可以是历时的,也可以是共时的。我刚才也提到了彷徨这个概念和张爱玲的游戏机制。我们可以从二元对立以外的角度来重新阅读鲁迅、张爱玲和其他作家,重新思考中国现代文学的发展。我们一直强调二元对立,过去强调的是辩证法,但是其实不要让辩证被二元对立完全束缚,要想着在二元之外还有其他的多元,哪怕同一个作家,都可能代表了不同的价值。

我就以质疑二元对立作为我演讲的结尾,下面的时间我们可以进行互动。谢谢大家。

现场提问1:张老师您好,我是新闻传播学院的学生。夏志清的《中国现代小说史》有很高的地位,至今也是我们写文学史要参考的一本重要的书,这本书有一个重要的贡献就是他独具慧眼地发现了张爱玲独到的才能和她在文学史中的地位,可是我们发现他在评价张爱玲时,说张爱玲能够脱离意识形态,去发掘人性本身的东西。张爱玲在新中国成立之后,去了美国,在美国也写了几本小说,《秧歌》和《赤子之恋》。夏志清在评论这两本小说时也同样给了很高的评价,可是我们回过头看,夏志清本身是反对意识形态的,可是这两本小说带有很明显的意识形态属性。我们认为张爱玲是很有才华的作家,但是我们并不认为这是两部很好的作品。请问您怎么看待夏志清先生对意识形态的表述和评价,以及与张爱玲作品之间的矛盾关系？

张英进：这个问题很好！

我在梳理夏志清的小说史时说，为什么1961年第一版出来后马上受到普实克的质疑，普实克的质疑很清楚地指出了夏志清的意识形态。两位学者当时都打着科学和客观的旗号，我们知道科学和客观，在20世纪60年代还是重要的概念，在文学研究当中也是如此，但是到了80年代是不可能的。但是没有纯客观的文学批评，也没有真正的科学的方法，大家只是打着这个旗号进行自己意识形态的评说。

我们还要注意另外一件事情，夏志清本身的意识形态非常清楚，他将张爱玲推荐出来的时候，这位同学刚才提到一个非常重要的词"人性"。为什么提到人性？夏志清有两个意图，好的意图是想将张爱玲建构成一个可以与西方现代作家相媲美的作家，怎么做呢？人性，只要写人性，西方人就看得懂，所以他梳理出的一批张爱玲的作品都是讲到人性的。所谓的人性就是不受时代限制，不跟时代同步的这样个人的"天台"，赋予张爱玲这个形象。另外一个就是沈从文，也比较讲人性，他讲的人性跟什么脱离了呢？跟政治脱离了，是不受政治界定的人性，但我们知道没有不受政治界定的人性。所以我为什么说夏志清不是很好的理论家，因为他没有办法确定当时所代表的人文主义的理论，所以他用得比较成功的是他的文学批评方法。

现场提问2：我是文学院的学生。夏志清对于中国现代文坛的评价，认为中国现代文坛的水准不高，就是因为对人类过分的焦虑。请问您对夏志清先生这个观点怎么看？如果您赞同他这个观点，那么什么才是恰当的焦虑？如果不赞同的话，您对中国现代文坛怎么看？

张英进：这是非常尖锐的问题。

夏志清所说的人类过分的焦虑，意思就是说有一种怎么也消除不了的焦虑感，而且会不停地想。中国，这边指的就是国家和民族。这个词后来被使用得很多,他用来指的是“五四”时期作家们对中国焦虑的情感、情结,这种焦虑其实是从晚清开始。换句话来说,中国现代文学的兴起和民族兴亡是联系在一起的,这是大历史,没有人能够跳出来,但是有人试图找其他的方法游戏这么一个机制,我这里就讲到张爱玲是其中一个,但是张爱玲之前已经有人了,谁呢?了解晚清民初小说的同学就知道了,鸳鸯蝴蝶派。一直到“五四”运动,再到20世纪30年代,鸳鸯蝴蝶派都是市场上最受欢迎的小说类型。在鸳鸯蝴蝶派当时的创刊词中,游戏是一个很重要的词,他们一直打着游戏这个概念。后来为什么鸳鸯蝴蝶派受到批评?大家认为在国家危机时,不能不关心国家,不能只关心自我的游戏。现在大家回过头来看,其实他们代表另外一种现代性的概念。这个现代性的概念和“五四”的现代性概念不相同,他们通过站在中间的状态来引导大量的读者——当时的都市读者,尤其是当时很多从农村进入城市的读者通过这些小说来了解都市的“现代生活”,所以对读者来说,这应该说是启蒙的过程吧?但是启蒙的目的不是刚才所讲的,不是要第一个拿起武器呐喊的,而更多的是在旁边引导。回到对国家、民族的焦虑,夏志清的描述基本是准确的,每一个人都有这样的焦虑,大家如果看萧红的作品,也有焦虑。但是焦虑上升的层面不一样,是否上升到民族概念,或者是上升到市民概念,有不同的做法。最后能不能用焦虑来评判一个作品的成功,这是大家有争议的。我为什么要提出从鲁迅到张爱玲,并不是说原来我们认为鲁迅代表正统的文学价值,而现在被张爱玲取代,我一直不接受这个说法,我只是认为鲁迅和张爱玲同时代表了不同的文学价值,这些不同的文学价值在不同时期被建构成主流的文学价值,这个主流指的是学术主流,不是指当时的市场主流。我为什么在副标题使用了“流变”,我的观点就是我们必须知道流变,因为最后的价值取向好不好,不是批评家来做决定的,而是由读者来做决定的,读者选择了他们认同的价值,读者不再接受批评家强加于他们的价值选择。在这个意义上,我们可以看到不同的鲁迅和不同的张爱玲。我不可能回答你说哪一个作品真正好，因为我只是代表我的观点。

现场提问3：我是华南师范大学的学生，特别喜欢张爱玲，所以来听今天的讲座。《色戒》被翻拍为电影，我最近看到一篇文章，说里面的女主角王佳芝和王力宏所饰演的二哥完全不同，二哥有一种革命情怀，是在完成任务，凭着一股热血，但是女主角王佳芝是有一种艺术气质，她不将自己当作干情报的，而是将自己当作演员，就像艺术家一样，越演越投入，最终就喜欢上了易先生。可能张爱玲自己没有意识到，但是我自己认为《色戒》这部小说真的是对女性的歌颂，王佳芝不仅非常漂亮，而且非常有素养和文化，知道很多语言和知识，包括对事情的处理能力。您怎么看我这种观点？

张英进：张爱玲很多小说都在赞美女性，不单是《色戒》这部作品，包括她用凄凉的手笔来描写时也是如此。相对她笔下的男性人物和女性人物，我们知道张爱玲的同情都是放在女性身上。王佳芝只是一个小小的例子，并不是最主要的例子。

最近我刚刚完成另外一篇论文，提到了李安改编的《色戒》，这部电影在国内比较有争议，包括对王佳芝的描写，当然也有对易先生的描写。王佳芝的行为中，为什么她看到戒指之后要说快走，大家一直在争论，且争论不休。李安的合作者，一位剧作家，当时在推荐《色戒》时，他已经提到了你刚才说到的可能性，就是说王佳芝只有在扮演麦太太角色时才有可能找到真爱，但是他完全否定了，认为这不是重要的。他说了这么一句话：王佳芝做的是一个表演。回到我刚才所讲的游戏概念，这是一个游戏。因为游戏，从表演的角度来说，表演者知道观众要看什么，所以他表演给观众看，他知道观众知道他在表演，从这个角度他继续分析易先生和王佳芝。王佳芝知道她在表演，表演她爱易先生。易先生知道王佳芝不是王佳芝所扮演的麦太太，正因为他知道她不是，所以他更希望能够了解王佳芝。换句话来说，正因为他知道她不是她，所以他更想爱她。这是那位剧作家直接的表述。他这个表述就完全超越了我们原来对演员身份的认同,因为从表演的理论角度,身份是一个扮演的结果,就是你扮演的角色不是你的本性、不是你的本质。国内一直批评说因为她当时太投入了,她太投入是为我们投入,不是为她自己投入。汤唯所饰演的王佳芝最后对着镜头的眼神,是什么样的眼神?这个眼神是对观众的挑战,就像那位剧作家所说的,她知道我们在看她要表演什么,所以她对我们是一个挑战。这个挑战在更大范围内就是对我们过去所接受的爱国主义概念的挑战,这就非常复杂了。剧作家当时就说,李安之所以拍这部片子是要替张爱玲说话。从这个逻辑来说,李安认为他演绎出了张爱玲小说写不出的但本来想写的东西。可以说李安把它拍出来了,所以我们满足了,或者我们不满足了,我们非常愤怒,她是挑战了我们,所以有不同的反应。我觉得这个机制非常有意思。

现场提问 4:我是华南师范大学的学生。我是"门外汉",刚才您一直在强调不彻底,这个不彻底是在哪一个维度?如果说她是不彻底的,真正彻底的应该是哪些?能否举一个例子?

张英进:彻底和不彻底,是指人物,她的人物没有完全的好人,也没有完全的坏人。举大家比较了解的《红玫瑰和白玫瑰》吧,它里面有一个好人,但是我们知道这个好人也很不好,但是到最后,他突然想要再做好人,于是他又变成了好人。换句话说,张爱玲回到了夏志清所说的人性,她知道人性不是这么单纯的,没有纯粹的好人也没有纯粹的坏人,所以她不愿意写纯粹的。《倾城之恋》中,香港沦陷没有让白流苏和范柳原成为爱国者,没有像《色戒》里所写的人物那样拿起武器上战场,他们两个人安安稳稳地过着自己的日子,很无聊的日子。她不愿意将他们写成革命者,所以她就不愿意让他们彻底,这是张爱玲一贯的风格。

现场提问 5:我是暨大文学院的学生。您在讲座中说到丁玲,我有一些不同的理解。丁玲的《莎菲女士的日记》写于 19 岁，是站在 19 岁女性的角度写的，小说写的是一个女孩子的牢骚。后来她还写了《太阳照在桑干河上》和其他很多的小说。我觉得她后来慢慢地变得完全站在主流男性思维的角度去思考问题了，这是我的一点看法。您是怎么理解的？

张英进：对《太阳照在桑干河上》后面部分的理解我跟你没有什么不同。大家知道《太阳照在桑干河上》是在什么情况下写出来的，是在延安整风之后，那是完全按照主流的意识形态需要进行的创作，这个过程大家也知道，深入农村，体验生活，按照阶级斗争的主线写出了不同的人物。

回到你问题的第一部分，为什么牢骚就不好？道理很简单，在父权社会里，女性的欲望是不能被公开表现的，她敢于表现，这就是当时轰动的地方。而且在这个表现当中，男性成为女性的一个游戏对象，而且从一个 19 岁女性的角度，居然让男性成为她情感上的游戏对象。现在来看，我们类似的电视剧什么时候才出现啊？相当迟了，所以说她当时的突破非常超前，在当时的氛围中是非常有震撼力的。小说针对性非常强，能够将女性的欲望表现出来，而且是非常公开地表现出来。

现场提问 6：我是华南师范大学的学生。我只看过张爱玲的小说，以前我一直认为她是很苍凉的，但是您今天提到她的剧本、电影，认为是喜剧的，确实颠覆了我之前的观点，您用游戏进行了概括，我觉得很恰当。刚才您说到李安，用这样的思维来表现她这样的游戏态度，我觉得确实很好。

我的问题是，刚才前面有朋友提问说到《色戒》，认为张爱玲很多作品是赞扬女性。但是我认为不是这样，至少我看了之后，给我的主观感受是她的很多作品是对女性的贬责，我看了之后反正会很厌恶，这个女性并不会在我心中产生很美好的情感，而是会很厌恶她，将女性很不好的方面呈现出来。

张英进：赞扬可能不是一个很好的词，赞扬是相对的词，在面对男性和女性的情况下，张爱玲可能更同情女性。我基本上同意你的观点，我不太同意像林幸谦所代表的一批学者，将张爱玲当作是女性主义作家，我觉得女性主义太强了一些，她关心女性并不一定就是女性主义。当然有一些例子，比如林幸谦提的例子，包括张爱玲经常丑化男性，而且描写了一些男性形象，包括肢体上的伤残都有，所以他认为这是女性主义的表现。我认为这不太确切。赞扬不赞扬是相对的，回到刚才的问题，张爱玲不彻底，模棱两可，没有完全好的人，没有完全坏的人，张爱玲描写的人大部分还是比较丑陋的，有各种各样的，但是怎么说呢，向善的、善良的正面形象是比较少的，大部分还是比较负面的。这是她的小说部分。如果大家有机会的话可以看看《六月新娘》这部电影。看了它，你大概就可以知道张爱玲喜剧的路线。一位女性，马上要结婚的女性，同时跟三位男性的游戏，而第二天就要举行婚礼了，电影讲的就在这个时候的故事。

现场提问 7：我是暨大文学院的学生。刚才同学们都谈到了张爱玲，对张爱玲比较感兴趣，但是好像没有人谈鲁迅。您在讲座时提到两者之间的对比差异，他们的书我都看过一些，但是我实在是发现他们两个人之间有很多的相似性。比如说，他们两个人在讽刺这一块都很擅长。张爱玲讽刺很厉害，有时候说话真的是很“走心”，但是又让人觉得无可奈何。鲁迅也是一样，虽然说鲁迅让我们觉得在政治上观念很强，其实鲁迅这个作家在写人、写人性时，刻画是非常深刻的，有时候那种伏笔会让你拍案叫绝。其次他们都是才情型的作家，都非常聪明，在文学上都非常有天赋。再次，他们都是江浙人。您对他们的相似之处有怎样的看法呢？

张英进：很高兴，终于有人提了鲁迅方面的问题。张爱玲和鲁迅，两个人确实有很多相似之处，传统的阅读中鲁迅的形象完全是文学斗士，“俯首甘为孺子牛”的这种形象。但是现在我们回过头想想，鲁迅作品也有大量“不彻底”的人物，而且都是比较负面的形象。这一点跟张爱玲很像，就是你刚才所讲的讽刺。鲁迅是一个很重要的人物，要揭露国民的劣根性,张爱玲不愿意上升到那么高,但是实际上她写出了大量国民的劣根性,或者人性的劣根性,所以二者有很多的相似之处。这些相似之处,一旦我们意识到了,就可以回过头来理解为什么我们过去的建构当中出现了很多差误,我要强调的是,我认为这些差误的原因还是因为过去传统的观念,到现在为止还是传统占主导地位的二元思维模式。我们喜欢将一个东西分为两个部分,然后进行一番论述,听起来非常合理,就像刚才我说了王德威的那句话,从“呐喊”到“私语”,但现在都“私语”了吗?现在还有“呐喊”的。我们不要老是用线性的历史思维,要关注共性、多元的存在。这就是我刚才所提到的为什么使用省略号,因为二者之间有各种各样的联系,建构之后我们就会知道建构后面表现的是不同的价值判断,所以提醒我们自己在进行表述时,要能够更确切一些。

主持人:今天的讲座就到这里,谢谢大家。

文化与思索

关于中西正义观的比较

邓晓芒

邓晓芒，著名哲学家、美学家和批评家。华中科技大学哲学系教授，华中科技大学德国哲学研究中心主任，《德国哲学》主编。主要研究德国哲学，也研究美学、文化心理学、中西文化比较等，创立“新实践美学”和“新批判主义”，积极展开学术批评和文化批判，介入当代中国思想进程和精神建构，在学术界和思想界有很大的影响力。代表性著作《思辨的张力》《文学与文化三论》《新批判主义》《实践唯物论新解》等。

很高兴能够来到这么美丽的校园跟大家谈一谈我的一点研究体会——关于中西正义观的比较。

我今天讲的正义观的比较，不是全面的比较，而是中西正义观起源上的比较，它从哪儿来？中国和西方都有这一观点，在源头上有共同的地方，但是也有不同的地方。共同的地方是都讲正义，对不义都是很鄙视的，但是在理解上有不同的地方。我说的“比较”，主要是在共同正义观的基础上，区分出来他们有哪些方面是不同的。

首先，我从中国的角度来考虑正义观的问题。中国的哲学理论，一般来说起源于先秦时期，义的概念也是如此。“正”“义”这两个字连起来写作“正义”，多半是在中国现代才流行起来的。在中国古代，通常不连用，而是单用一个“义”，不太讲“正义”。儒家讲得最多，耳熟能详的就是“君子喻于义，小人喻于利”“杀身成仁，舍生取义”。但是偶尔也有“正义”两个字连用的，比如说荀子讲过“正利而为谓之事，正义而为谓之行”。“正义而为”，就是把“正”和“义”两个字连起来用了，但是显然“正”字是用作修饰“义”的附加词，它不是天然附在“义”上的，而是说这话的时候附上去的。也就是说“正利”和“正义”对照着来用，“正利”就是正当的利，而“正义”就是行得正，即按义的规范去做，那么就行得正。

通常我们讲到正义，就推敲这个“义”字，中国古代讲的“义”是什么？许慎的《说文解字》里面关于“义”字说得非常简单，它是繁体字，“義，己之威仪也，从我羊”。“义”这个字从繁体字来看，它底下是一个“我”字，上面是一个羊字，从“我”从羊，代表我的那种威仪，头上戴一个“羊”，于是显得很威风，我估计这跟古代的祭祀有关。古代中国人靠羊获得肉食，然后在祭祀的时候，巫师就戴一个羊头跳舞。羊头在头上很有“范”，有一种威仪。在古代，“义”和“仪”是互通的，但是对今天的人而言，“义”字已经不单纯只是威仪的意思了，训诂大师段玉裁说“义之本训谓礼容各得其宜”，不是威仪或礼仪的意思，也不是仪仗队里仪表的意思，而是事情要做到位，要合适。所以“义”的意思就是“仪”，就是合适、合宜，跟“义”的意思在古时候是相通的。

管子说过：“君臣父子人间之事，谓之义”“义者，谓各处其宜也。”实际上讲的是君臣父子、人间之事，人就是指人伦、君臣关系，特别是上下级关系、君臣和父子之间的关系，这里头有“义”。人间之事谓之“义”，而“义”就是各处其宜，是各方面都要处在一个相宜、合适的位置上。我们经常说这个人不懂礼仪，因为某些场合里，人站的地方、坐的地方有固定的位置，比如说餐桌上排座次，排座次的人可能会说，你坐这里不合适，坐那边比较合适一些。各处其宜，指每个人都处在他合适的地位，合适的位置。

《中庸》里面说：“仁者，人也，亲亲为大。”“亲亲”就是孝，对你的亲人要孝，要讲孝道。“义者宜也，尊贤为大”。义跟仁不太一样，仁是讲孝道的，而义是尊贤为大，谁是贤人，谁有智慧，那么他为大。所以这里面是有区别的。

这里讲的“义者，宜也”，戴震说“义者，人道之宜，裁万类而与天下共睹”，为人之道，有一种道叫合适，怎么做才合适？有了这个“人道之宜，裁万类而与天下共睹”，你用这样一个“宜”作为标准，就可以裁万物。以人道之合宜来裁决万物，这就是中国的天人合一，人与人之间的关系，所遵守的合适的法则，可以用来裁决万物，而与天下共睹，就是得到天下之共识。所以讲这个“义”，是通“宜”的，同时又通“友谊”的“谊”。“谊”的意思也是指人与人关系中的合适，一种适宜。比如说我们两个人友谊很深，我们就跟别人介绍“这是我哥们，我们很合适”。所以天人合一的宇宙观就是把人道的原则推广于万物，所以“裁万类而与天下共睹”。

还有一个学者朱舜水也讲过“义者，万物自然之则，人情天理之公”，义是万物的法则，万物自然之则，又是人情天理之公，就是人道，人与人之间的情感关系，这种天理在人情之中，天理即人情，天理之公就是义。

讲到自然万物之则，人情天理之公，就需要一定的为人处世的知识，你才能够掌握，你才能够达到对“义”方面比较有智慧，知道什么样的情况才是合适的，所以经常在一些群体里面，有某一个人在这方面懂礼，事情就会经常由他来安排。比如说我们一桌人去吃饭，有一个人比较懂这一套，他就知道安排谁在正席，安排谁在旁边，客人怎么坐，主人怎么坐，买单的怎么坐，这些都有一套规范，在这方面也有为人处世的知识。在农村也是，在祠堂里、族里开会的时候，或者是举行什么仪式的时候，经常需要一个有知识、有文化的人来喊礼，他读过“诗”“书”，读过《礼记》。

关于“义”，是建立在这一套为人处世的知识上，也就是“世事洞明皆学问，人情练达即文章”。要世事洞明，人情练达，这是一门学问，非贤者不能。所以为什么刚才讲的“仁者，人也，亲亲为大；义者，宜也，尊贤为大”。贤者就是读书人，在乡下就是读书人为大，可能他年纪不大，但是他读过书，作为文化人，他可以到庙里面去，他可以规定程序。

仁和义的关系中，孔子比较重仁，孟子比较重义。因为孔子比较立足于自然亲情，所以孝、悌这些都很自然。孟子也讲，但是他更希望通过讲道理把这种自然的情感推而广之,使它成为天下之真理大道,孟子在这方面下功夫比较多。其实两者是相通的,“亲亲为大”也好,“尊贤为大”也好,其实是一致的。孟子讲的道理,是一种为人处世的知识,它跟一般的社会学知识、人类学知识不一样,它是一种情理。我们讲社会学、人类学,都是要用逻辑推理的。但是这个“理”,主要是情理。情理立足于人的“情”字,人的心就是情,这个孟子讲得比较多,比如说孟子讲“羞恶之心,义也;恭敬之心,礼也;是非之心,智也”,仁义礼智都建立在情感上。而情理一旦合适,就叫作合情合理,合情合理就是我们所理解的“义”,也就是“宜”“仪”,我们理解的意思是这样的。

“义”按照孟子的说法建立在人心、内心的情感上,所以孟子跟告子论辩的时候,他反对告子的说法。告子说仁内义外,仁是比较内在的,义是比较外在的。孟子反对这一点,他认为仁和义都是“非由外铄我也,我固有之也”,即仁也好,义也好,都不是外力加给我的,而是我固有的,天生就有。“义”取决于我们主观的一种心情,一种感受,也就是我心里觉得合适的、合宜的,就叫“义”,取决于我心里是否觉得合适。所以孟子认为仁与义在这一方面是一致的。尽管如此,要把仁和义相比,我们还得承认,义相对而言更加注重合适的外在效应,它成为衡量人行为的外部标准。我心里之所以觉得合适,还是因为我觉得这个行为也适用于他人,对他人也合适,所以有一种客观性。义固然出自于我心,但是人同此心,心同此理,还是有一种客观性。出自我心的做法,我认为也和别人的内心必然相适合,凭我的主观做出客观性的判断,也能被别人所承认。义跟仁比起来有这样的特点。

因此和“仁”相比,“义”带有一种外部要求的味道,这是没法否认的。比如说,由“义”所引申出来的一系列的词汇都表明了这一点。“仗义”“义不容辞、义重如山”,这些“义”字都是一种外部的义务、压力、责任,实际上还可以派生出一些别的含义,例如假借的或外来的,如“义父”“义齿”,可见“义”本身的意思并不是内心的主观个人感觉。虽然是内心主观感受到的,但是所感受到的是客观的标准,或者用通俗的话说是人心中的一杆秤,它是不能改的,秤上面有刻度,它是刻定的,所以可以用这杆秤去衡量这个,衡量那个,别人都承认的。人心都有一杆秤,每一杆秤的刻度都是一样的,所以这方面有一种外部的客观性。

比如说孔子的《论语》里有这样一句话,“君子之于天下也,无适也,无莫也,义之与比”,这话是什么意思?钱穆先生的解释是,不要特别去规定做什么。“君子处之于天下也”,即君子面对天下事的时候,不要特别规定干什么,或者特别规定不干什么,“无适也,无莫也”。但是有一条普遍的法则:只求合于义便从。要看特定场合是否合宜,钱穆特别主张“仁偏在宅心,义偏在应务”,就是应当的义务,应当完成的要务。“仁似近内,义似近外”,仁看起来比较接近于内,义比较接近于外。

我比较认同钱穆的解释,由此可以看出,“仁”“孝”都是一个系列,孝悌是仁之本,“孝”“悌”“仁”这样一系列的概念,它更加偏重于内心的情感;而“义”和“礼”“宜”的概念,更偏重于外部的行为规范。甚至这种行为规范更偏于外部的政治制度设计,它遵从义和礼;而内心的仁是个人道德问题,但是真的要建立起一种政治制度,必须要借助于义和礼,礼义是建立各种制度设计的原则。所以人们通常讲“父子有亲,君臣有义”,孝、悌、亲是仁之本,君臣之间虽然无亲,但是它是由孝悌、由父子有亲的原则外显推广而来的礼和义。所以在这方面来说,义和仪的确有意思相通的地方,它们都是外在行为规范。社会在政治方面已经很糟了,没有规矩的原因要追溯到人心,但是表现出来的就是礼仪被破坏了。

上面讲的主要是儒家对“义”的理解,这是中国传统文化的正统的理解。对“义”的理解还有墨家,也是从继承儒家开始的。墨家也讲义,其创始人墨子,最初就是孔子的信徒,后来他背离孔子,另创“墨家”,墨家当年的影响力不下于儒家,后来衰落了。但是他对“义”的理解基本沿用了孔子的观点。只不过在孔子那里,义和利是对立的。而墨子不是这个意思,他把义奠定在利的基础上。墨子也讲义,但是是以利为基础的,这跟孟子是格格不入的。孟子说只要有仁义就可以了,墨子认为要讲利,带有某种功利的倾向,墨家跟儒家的区别就在这里,墨家比较重功利。

义在这里代表了某种功利色彩,所以墨子写了一篇文章叫作《贵义》,“万事莫贵于义”,即万事里面义是最高贵的,凡是不利于民生的就是不义的。但凡不利于民生的比如说国家和民生之间互相攻伐,“处大国则攻小国,处大家则乱小家,强劫弱,众暴寡,诈谋愚,贵傲贱……是谓天贼”,这是孟子看不惯的。如何避免这种互相攻防?墨子提出两个办法:一个是兼爱。就是大家都要互相关爱,如果大家都献出一点爱,这个世界将多么美好,这是带有理想主义的。带有现实主义的,他主张要“立仪”。在儒家那里,义经常变成了礼仪,变成了外部形式,但是墨家那里的“立仪”就是建立规范,仪就是规范。墨子认为“天下之所以乱者,生于无政长”,天下之所以大乱,就是由于政治上没有一个长官,所以导致“一人则一义,二人则二义,十人则十义,其人兹众,其所谓义者亦兹众,是以人是其义,以非人之义,故交相非也”,就是每个人都抱着一个“义”,我认为是合适的,也是正当的,二人则二义,十个人有十个义,众说纷纭,互不相让。每个人抱定自己的义去攻击别人的义,贬低别人的义。“故交相非也”就是互相之间打来打去,彼此互相否定,互不相让,这是天下大乱的原因。所以他提出的药方就是“一同天下之义”,即把天下之义都统一到一个义上。“天下百姓皆上同于天子,天子又总天下之义,以尚同于天”,天子说什么是义,那你就认了,上同于天子,不要唱反调。而天子又总天下之义,天子把天下之义总括起来,以尚于天。天子代表天,天子也不能随随便便地“总天下之义”,而必须“尚同于天”。以天上的天义作为他的标准,这时候天下就能够大同,即一统天下之义了。

所以,墨子是“反天之意,谓之不善刑政。故置此以为法,立此以为仪,将以量度天下之王公大人卿大夫之仁与不仁”。天之意也,就是天意。天是有意志的,所以天的意是出于天意。把天意作为自己的法,并且立此以为仪,就是以天意为仪,“将以量度天下之王公大人卿大夫之仁与不仁”,即用这样一种仪量度天下王公大人卿大夫的仁和不仁,他们的仁和不仁都要由这个“义”加以衡量。在这里,墨子特别强调义和外在的仪的同一性,义就是仪,但是仪不仅仅是表面上和形式主义的礼仪,而是一种标准、一种规则,义就是一种规则。所以墨子主张“言必立仪”,你的每一句话都要符合你的规则,你要把仪立起来,说话要有准则,不要信口开河,你说什么话都要从仪出发。

“立仪”有三个标准:

第一,上本于古者圣王之事。就是回顾以往的古代圣王他们所做的事情,作为自己的一个标准。看自己的言行是否符合他们的行事原则,因为古代圣王当时是非常受尊重的,圣王做的事情都是有标准的。

第二,下原察百姓耳目之实。你不要书呆子气,不要仅凭书本,还要接触现实。什么是现实?下原察耳目之实。老百姓耳闻目见那是最现实的,要关注现实,不要沉迷在故纸堆里,必须要有现实感,懂得老百姓在想什么、看到了什么、感受到了什么。

第三,观其中国家百姓人民之利。如果你以这样一种语言,把它规定下来,把它变成一种行政、刑法和政策,用来治国平天下,那么你观其中国家百姓人民之利,就看他给国家和人民是否带来了好处。这是我们讲的实践是检验真理的标准,最后是不是给老百姓带来好处,给国家带来好处。

三个标准都是外在的,墨子一个字也没有提到主观内在的恻隐之心、恭敬之心、羞恶之心。甚至于儒家看作义之根本的仁与不仁,在墨子这里都被反过来说,要由这种外在的仪或者是“三表”来加以度量。表现了儒家的仁义关系在墨家这里遭到了颠覆,儒家把仁看得更加内在,义是仁发之于外的表现,而墨家认为,一个人的内心是仁还是不仁,要由义的表现加以衡量,这就把关系颠倒过来了。

这是墨家和儒家的区别,尽管如此,就义本身而言,其外在方面代表着“仪”:规仪、立仪。墨家和儒家的理解是有重合之处的。所以墨家跟儒家并不是完全冲突的，墨家虽然讲利，但是它那个利是国家人民的利益，不是个人私利。墨子是主张个人牺牲的，他是反对个人主义和自私自利的，所以这方面跟儒家的理解有重合之处。尤其对于义的理解方面，虽然后来被儒家正统的理解笼罩、掩盖了，但是两千多年来，墨家“义”的观点在民间始终没有断绝，反而成为底层“侠义精神”的重要来源。我们看的武侠小说里面的内容有儒家的，但是也有很多是墨家的侠义精神、平等精神以及利益要分配平等，这跟儒家是不一样的。这是儒家和墨家的对“义”的不同理解。

法家和道家则公开反对讲仁、义。法家韩非子说“上古竞于道德，中世逐于智谋，当今争于气力”，也就是说当时哪个的力气大，他势力就大，军事力量就强。所以在现实中要讲仁义根本行不通，已经到战国时代了，互相之间打得你死我活，还讲仁义是不现实的。他认为世人都讲仁讲义不顾现实，导致大则国亡身死，小则地削主卑。“施与贫困者，此世之所谓仁义；哀怜百姓不忍诛罚者，此世之所谓惠爱也。夫有施贫困，则无功者得赏；不忍诛罚，则暴乱者不止”，世人以为仁义就是这样的，看到贫困的加以施舍，世人所谓的惠爱就是可怜老百姓，不忍杀他、罚他，但是你对他施舍，你看到他贫困觉得可怜，施舍给他，那他是无功得赏。你硬不下心来，对暴乱不忍杀戮，那暴乱就不止了，也没有东西可以震得住了。

所以，法家的结论是“吾是以明仁义爱惠之不足用”。法家强调严刑峻法，虽然它自身来自于天道、天理，但是并没有道德上的正当性，即不讲道理，只讲实用，完全是功利性、实用性治国的技术，就是操作的办法。道家从另外一个角度证明这个世界之所以如此糟糕，因为大讲仁义道德，而败坏了人的自然本性。道家是强调人的自然本性，要任其自然的。你讲仁义道德那都是虚伪的，比如说老子讲“大道废，有仁义；智慧出，有大伪”，所以大道都废了，你还讲什么仁义呢？智慧出，就有大伪。“绝圣弃智，民利百倍；绝仁弃义，民复孝慈；绝巧弃利，盗贼无有。”把圣人的智都断绝掉，把它抛开，那么老百姓就得利；把仁义弃绝，不要在那里滔滔不绝讲仁义道德，老百姓自然就会孝敬、慈爱。礼是最表面、最肤浅的，“夫礼者，忠信之薄，而乱之首”。到了礼这一步，就说明忠信已经非常薄了，已经失去诚信了。所以道家是不讲仁义的，非常反感仁义，认为讲仁义讲的都是假话。可见在先秦时代，真正讲仁义，并且深入到了义的概念过程的只有两家，一个是儒家，一个是墨家，而且主要是儒家，墨家可以看作附带的，墨子本来就是从儒家中分出来的。

我们现在看看西方文化。古希腊很早提出了“正义”的概念，梭伦改革的时代提出的“公正”，可以翻译成“正义”，也可以翻译成“公道”，主要是为了调节人与人之间的财产关系，一切损害私有财产的行为，都可以看成是不道德和不公正的。它跟中国儒家不一样，儒家君子言义不言利，墨家虽然讲利，但是主要讲国家人民之大利，而梭伦改革主要是讲私有财产。损害私有财产的行为就是不道德的、不公正的。当时贵族和平民是对立的，梭伦立法就是为了恢复双方的公正，认为双方都要克制自己的欲望，不要太过分。所以梭伦的公正，就是要使氏族贵族集团和平民集团两个政治集团双方都不占优势，保持一种平衡。所以他说自己制定法律秉承着无贵无贱，一视同仁的原则。

比梭伦稍后的一个哲学家，阿那克西曼德，把这种公正放在时间中，作为一种宇宙次序来考察，类似于中国把天地万物都看作是有义的、有人情天理的。阿那克西曼德认为，“万物由之产生的东西，万物又消灭而复归于它，这是命运规定了的。因为万物在时间的次序中是不公正的，所以受到惩罚，并且彼此互相补足”。这里谈到了“公正”“不公正”。在希腊文里，公正就是 δικη，δικη 这个词，也就是希腊文化中的“狄克女神”，狄克女神就是正义女神，她是正义女神忒弥斯与宙斯所生的女儿，她的母亲也是正义女神，生了三个女儿，其中狄克是正义女神，其他两个女儿分别是命运女神和秩序女神。狄克直接继承了她母亲的职务，即正义女神。

这跟中国古代把义理解为万物自然之则、人情天理之公是共同的。但是有一点不同，就是他这里是不讲人情的。人情天理之公，而狄克这样一个正义女神是不讲人情的，而且她强调的是惩罚，正义带有一种惩罚性、否定性。西方的正义女神有一个经典的形象：一手持天平，一手持宝剑，后来还加了一块蒙住双眼的布，因为正义女神不看人，只对事，所以她要蒙着双眼，不管你是谁，你是天子，是贵族，还是平民，表示“无贵无贱，一视同仁”的意思。梭论讲的保持平衡相当于阿那克西曼德讲的彼此互相补足。现代中国其实也吸收了这种理念，在法院门口也可以看到这个形象：一手持天平，一手持宝剑。西方的正义观里面包含着公平或者平等，而这一点是中国古代的“义”所不强调的。虽然也讲要公平，要一碗水端平，但是儒家讲的“义”是以差等和名分为前提的。中国古代的义有它特定的内涵，并不是什么东西都平均就是义了，比如说儿子和父母如果要打起官司来，就不能一碗水端平了，一个是儿子，一个是父母，儿子要让着父母，包括兄弟打官司，弟弟都要让着哥哥，包公判案也是这样的，他有一条原则，族里的族长，尊贵的人，你要跟他打官司，你得吃点亏。但如果兄长跟弟弟打官司，那么弟弟要吃点亏，这才叫作公平。包公的正大光明、公平的形象，主要是体现在他自己不贪，但是他判案的原则其实是不公平的，是有等级、名分的。在这个前提下，被审判的两个人如果名分和等级都一样，在这个前提下才能谈公平。

墨家讲“侠义”：路见不平，拔刀相助。但是墨家公平的含义并没有确立成一种游戏规则，而是停留于一种内心的道德冲动和个人原则。内心道德冲动主要是体现为一种舍己利他，即路见不平，拔刀相助，冒着生命危险去救人，即使那个人跟我素不相识，我也可以去救他。像墨子所讲的“摩顶放踵以利天下”，戴着斗笠，打着赤脚去为天下奔波，相当于我们今天讲的毫不利己，专门利人。但是这个东西没有制度化的可行性，你不能把它制度化，它只是一种个人的道德冲动，不像古希腊的梭伦改革确定了一套法律。在梭伦后，雅典民主政治开始定型了，并且成为希腊地区政治体制的成功典范，人们至今一讲到希腊的政治体制，就会讲到雅典的民主制。雅典民主制是当时大家公认的成功的典范，而希腊哲人们也开始热衷于探讨正义的本质和原理，比如说哲学家兼数学家毕达哥拉斯，他认为万物的本源不在于火，也不在于气、不在于水，而在于数、数量，所以他探讨正义的本质就是“4”和“9”，认为它们分别是第一个偶数和第一个奇数的平方，就是2和3的平方，即第一个奇数是3(1不算)，第一个偶数是2，2×2=4，3×3=9，如果说要保持平衡的话，这两个数是最平衡的。我们今天听起来觉得很荒谬、很可笑，但是这代表了一种倾向，即西方的正义和法制精神、法律精神倾向于一种量化。

另外一个哲学家赫拉克利特，他认为正义的本源是火。他从正义和非正义的矛盾斗争关系来看待正义。“如果没有非正义的那些事情，人们也不知道正义的名字”，“正义一定会击倒那些说谎言和做假证的人”。所以他说，“应当知道战争是普遍的，正义就是斗争，一切都是通过斗争和必然性产生”。所以这相当于否定性正义感，就是与非正义做斗争，这种否定性正义观，跟刚才讲的阿那克西曼德关于不公正受到惩罚是一脉相承的，也是西方正义观和中国传统正义观明显的不同之处。

在中国，不义也必须受到惩罚，但是这并不被看作义。比如法家，严刑峻法，赏罚分明，且主要是罚分明，赏倒不一定。但是这一套原则在法家看来不属于正义的原则，是为了维持政治稳定的一种技术手段。比如说韩非子讲“重刑者，非为罪人也”，重刑法并不是为了惩罚某个人，是为了“重一奸之罪而止境内之邪”，也就是杀鸡给猴看，完全是一种技术性的手段。“报一人之功而劝境内之众”，杀一人是为了制止其他人，而表扬一个人，也是让大家都向他学习。三国时期，军队没有粮食了，士兵吃不饱就闹起来了。于是，曹操把管粮的官叫到帐篷里，说要向他借一样东西，借什么东西呢？借他的头用一用，就把他杀了。然后把他的头挂在帐篷外面，说军队的粮食都让这个人贪污了。于是所有的士兵都安静下来了，把所有的怨恨都发泄到那个人身上，而那个人已经死了，所以军中的骚乱平息了，政局维持了稳定。但是儒家是瞧不起这一套的，孔子说“道之以政，齐之以刑，民免而无耻；道之以德，齐之以礼，有耻且格”。前面讲

"道之以政""齐之以刑"是针对法家的,法家运用政策、刑法使得老百姓能够行动一致、步伐一致,没有任何人敢犯规。"民免而无耻",老百姓不犯法,加上害怕,所以免于犯罪,但是无耻,不知羞耻。因为刑法、政策本来属于让人恐惧的手段,不属于道德性。与此相对应的,"道之以德""齐之以礼",用德和礼使大家步调一致,这时候有耻且格,大家心里面有了羞耻感,行为都符合格式。儒家强调的是道德修养,不主张以惩罚的手段使老百姓安分守己。所以儒家对于惩罚这方面没有什么招,一讲到儒家,顶多就是批评和自我批评,或者是和稀泥。大家要想免于犯规,就要加强品德教育,多看看古书,看多了,也许道德修养也就高了。

赫拉克利特主张通过与正义做斗争、惩罚彰显正义的光辉。另一个对西方正义观有影响的观点是把最高的正义和公正归之于神。"因为神的一切都是美的、善的和公正的,而人认为一些东西公正,另一些东西不公正。"既然人类的一切法律都因唯一的神的法律而存在,那么"神的法律随心所欲地支配着满足一切,也超过一切"。我们刚刚讲的墨家也敬畏神,相信天意,也相信有天意,主张以此为法度,度量天下老百姓的言行。墨子相信尽管人各有义,但是老百姓上奉于天子,就可以一统天下之义。但是墨子的这种天下之义还是人间世俗的,用天子的义等同于天下之义,天之义体现在什么地方?就是天子身上,你不明天意,那你就看天子是怎么做的,他就代表天,尚同于天子,就是尚同于天。而赫拉克利特的神的正义无人能独占,哪怕是天子、国王,也不能独占。人人心中都固有这样一种标准,所以这是神意。而且神意高高在上,世俗的一切都不能代表神,包括王侯、国王都不能代表天意。所以一切世俗的正义观念最后都要受到神的审视,神的正义高高在上。神义跟人义,在西方自古以来就是分裂的,是天人相分的。在人间尽管你认为很正义,但是有天意高高在上,盯着你、监督着你。

无论是儒家还是墨家,为了天下之义而建立起来的这一套专制体制,本身是正义的还是非正义的,并没有可质疑的余地。在他们看来这是天经地义、不容置疑的。包括墨家,你不要看它讲兼爱,它也是专制主义者,主张全国人民要统一于天子之下,这一套体制是正义的还是非正义的,在他们看来都不是问题。而西方把最高的正义归之于神,他们对世俗的政权就具有批判性的眼光,可以用神的眼光看世俗的政权。从古希腊到古典时期,以苏格拉底、柏拉图以及后面要讲的亚里士多德为代表,他们考虑的一个核心问题就是正义的问题。这是他们的哲学跟以往哲学很大的不同之处,他们已经把哲学讨论的中心问题转移到了政治哲学和正义问题。比如说柏拉图的《国家篇》,我们有的翻译成《理想国》,它的副标题就是"论正义"。如果《国家篇》就是论正义的,那么它批判了当时流行的各种正义观。这种流行的观点有四种。第一种观点,正义就是言行要诚实,要讲真话,并且借东西要还。第二种观点,正义就是把有益的东西给朋友,把有害的东西给敌人。第三种观点,正义就是强者和统治者的利益,强权即真理。第四种观点,正义就是订立契约,并且遵守契约。柏拉图或苏格拉底在对话中对上述的观点一个个地进行辩驳,从里面引出相反的结论或者是荒谬的结论。他不是直接地反驳,而是顺着他们的思路,从里面推出自相矛盾的结论。

这四种观点都建立在现实的个人利益上,前提都是私有制。它们的矛盾也正好反映出私有财产之下的种种矛盾,在私有制的前提下,人性被归结为自私自利的,甚至是损人利己的。在这个基础上谈正义,必然把正义看作个人谋取利益的手段;在这个意义上赞扬正义的人,都是着眼于通过正义所带来的好处,而不是正义本身。在苏格拉底批判上面四种看法后,听众就希望苏格拉底告诉他们,这些除了表面上能带来某些好处之外,对拥有正义者的内在有什么好处?也就是怎么样确定正义是因其自身的缘故而值得选择的?苏格拉底说,正义本身的问题要从大处着眼,就要从城邦着眼,再落实到个别人身上,考察个人身上的正义。首先谈城邦,就暂时把个人利益和私有财产抛开来,正义的问题首先建立在城邦利益上。城邦的利益,那就是国家的利益、大家的利益。

苏格拉底认为,一个好的城邦应该具有四种美德:一是智慧;二是勇敢;三是自制;四是正义。前面三种分别体现在构成城邦的三个等级:统治者、保卫者和劳动者。统治者要有智慧,保卫者要勇敢,劳动者要能自制。他们被形象地比喻成是神用金、银、铜铁造成的三种人,这三个阶层都是城邦所不可缺少的。一个城邦缺了其中任何一个都不行,如果缺了统治者的智慧,天下会大乱;缺了保卫者,就会被其他城邦消灭掉;缺了劳动者,就无法生存,所以三者不可缺少。最后还有一个正义,正义就是美德,苏格拉底说,每个人以各自有的智慧、自制和勇敢,为国家作出最好的贡献,也就是个人做分内该做的事,而不干涉别人,这就是正义的原则。正义的原则是前面三种人互相协作,每个人分工协作,各自为国家作出最好的贡献,达到三者的和谐,那么这就是正义的原则。所以正义的原则比前三者更高,是前三者的一种协调关系。

各方面和谐的社会,还需要有智慧的人,有智慧的人才能够做出这样的安排,所以他讲必须要有代表智慧的哲学家充当一个城邦的统治者,我们才能做到正义。因为这是一个智慧的问题,有智慧的人才能探索出,怎么样使智慧、勇敢和节制三者达到协调。苏格拉底提出"哲学王"的思想,认为要由哲学家当国王。这样一些说法,与中国古代"义"的规定十分相似,中国古代规定君臣父子的名分,在这个名分下,礼容各得其宜,各安其分,各定其则。每个人在自己的位置上,作出自己的贡献。所以苏格拉底这种说法跟中国古代的"义"有相同的地方,但是不同的地方就是礼容之仪或中国人的义,是基于人内心的自然亲情、良知和人情天理,是按照家族、血缘等级关系、辈分关系或者是级别关系,来确定宜还是不宜。什么样的安排是合宜的,要看家族血缘,你是父亲还是儿子、孙子,或者你是近亲还是远亲,近亲近到什么程度,或者远亲远到什么程度,这里头都有一定的宜和不宜的关系。

而柏拉图的正义,是基于城邦内部的社会分工,不是基于血缘关系。一个城邦要有智慧,必须要勇敢,还要有节制。所以这是一种城邦组织的技术性的操作原则,不是从血缘和官本位级别确定的。“哲学王”的思想在中国也有一种表现,就是相信作为天子的帝王应当是智慧的,是圣明的。我们经常听到“皇上圣明、天子圣明”,但是不能说只有智慧的人才能当皇上。我们说皇上圣明,只是一种权力崇拜的套话,并不是当作一个事实来说的。昏君永远是君,你不能反抗,你不能让一个更聪明的人代替他,那样就大逆不道了,所以这也是一个区别。柏拉图说,如果让最智慧的人当国王,这个城邦就会兴旺。他曾经一度想当国王,便跑到一个城邦去,那个城邦的国王是他的朋友,他劝国王把王位让给他,后来这个国王把他当奴隶卖掉了。他的另一个朋友把他赎回来后,他才回到雅典开办柏拉图学院,因为从政失败才开办学院。柏拉图自己的实践证明,“哲学王”的思想是实现不了的,人世多险恶,你想当国王,哪有那么容易,也不具有现实的可操作性。

因此,柏拉图退而求其次,如果“哲学王”的政治体制实现不了,那就试着实现民主制度。他认为可以把民主制度当作比较正义的制度进行设计。柏拉图的“哲学王”思想在理论上其实还是一种专制、一种人治思想,即由最聪明的人统治。但是在现实中他还是很清醒的,他自己也说,这一套方案在现实中不可行,在现实中可以做得最好的还是民主制度。这一套理想方案是他的设想,从大处着眼,从城邦着眼,来设想什么是正义。但是他并不满足于这样一种城邦的技术操作原则,城邦的善固然跟个人的私利没有什么关系,但是城邦的善还是呈现了城邦的共同利益,有一种功利性和实用性的考虑。我们说它是城邦的组织原则,城邦要运作起来,必须要有这三个阶级互相合作,这样大家才能得利。但是它仍是一种功利性的考虑,不是因为其自身的缘故而选择的,无法体现出他最初想要说明的正义,所以这个问题还是没有解决。因此,关键看正义的内在价值,而不是看它带来什么样的好处。

苏格拉底(柏拉图)认为,在个人的人性里埋藏了正义的根基,于是将正义的探讨转到个人灵魂中,但也不涉及个人私有财产,而是指个人精神生活。苏格拉底认为,每个人的灵魂都有三个部分:智慧、激情和欲望。这三个部分各有自己的作用,它们之间的协调、和谐使得灵魂能够主宰自己,保持健康、自由。这种自身协调本身就是灵魂的正义。城邦的正义和个人灵魂的正义是同构的,城邦为什么要那样设计?因为在个人灵魂里,这三个成分有一种互相和谐的关系,所以,相对于个人灵魂中的智慧、激情和欲望,城邦也应该按照智慧、勇敢和节制来安排。这种安排有一种个人灵魂和城邦国家的同构性,类似于中国人的家国同构性。但是二者有很重要的一个区别:西方的个人灵魂和正义的同构性是立足于个体灵魂的内部及各个要素之间的功能关系;而中国的家国同构是立足于家族各成员之间的血缘等级关系,是不一样的。对于一个人的灵魂的各个部分,如果他用理智来控制自己,用智慧指导自己的生活,这是最健康的。如果他陷于激情或者陷于欲望,都是不健康的,都会导致不好的后果。

苏格拉底的国家组织形式是他从个人的人性里推出来的。他强调个人的全面和谐,而不是强调一个家族各个成员的和谐,是一个人的智慧、勇敢和欲望之间要有一种和谐。所以从这个角度来看,正义不再是达到另外的目的的工具和手段,正义本身就是人性的要求,一个人要各方面协调。所以,正义就其本身而言就有价值,而不是为了达到别的目的或得到好处,那都是外在的。如果要说有什么东西可以使得正义本身值得追求,那就是这种人性素质的和谐,因为它代表一种健康的人性。

苏格拉底绕过了建立在私有财产之上的个人利益,谈论一种合乎人性的正义,把私有财产撇开了。正义具有了超于功利之上的一种稳定价值,摆脱了由私有制带来的各种正义观的自相矛盾性。通过柏拉图的解释,正义走出了黑暗的洞穴。

由此,苏格拉底又进一步提出,一种理想的正义的社会制度,它的前提应该是取消私有财产。这个观点非常大胆。他甚至主张取消家庭,一切都是为了城邦在道德上的完善,这就是他设想的共产主义的乌托邦。共产主义要追溯其根源,从理论上最早要追溯到柏拉图,因为他在理想中否定私有财产,当然在现实中并不否定,而是主张在现实中用民主制来保护私有财产。在理想中,如果有一个贤人或一个“哲学王”来统治的话,就应该实行共产主义,取消家庭,由国家分配夫妻关系,儿女一生下来后就将其送到幼儿园,由国家培养,儿子是谁的也是不知道的。这跟儒家彻底对立。同时柏拉图也很清楚,这个理想在现实生活中是不可实现的,它只是一个理念。人间的社会制度可以努力向它靠近,模仿它,但不能达到。所以正义本身只是一个理念,它存在于彼岸世界,它同属于神。尽管正义观是一种乌托邦的理想,但是它使得正义本身带有神圣性,并且把正义的问题提升到了政治哲学甚至神学的高度。西方后世正义论的主流,从此以后都继承了这样一个基本结构,就是政治哲学和神学挂钩,依仗超验的神学,给政治学提供终极的哲学根据。从而彼岸为世俗的此岸正义提供一种神圣性的支持,或者反过来,从神圣正义的立场上对世俗的不正义加以批判。

相比之下,对于中国传统的“义”,无论你将其看成万物自然之法则,或者天下之公义,甚至于天意,毕竟都还只是此岸的人际关系,本身不具有内在的神圣性,只具有一种功利性。我们讲义或舍生取义时,已经超越功利了,但是还是有大功利存在其中,就是为了治国平天下,这是大义,且是世俗的功利:国家人民之利或为人民服务,为人民谋福利,归根到底还是谋福利,还是一个利益冲突的问题。而这样一种规则,或者这样一种义,其本身还是一种主观内在的情理、情谊和情意,跟情分不开,要根据特殊个人、特殊情况而定。一讲到“情”这个东西,就缺乏客观标准了,不能形成普遍的法规,不能体制化、法规化,而是某种主观的潜规则,这是跟中国的“义”不同的地方。中国的天下之公义仍然是世俗的、此岸的,而没有彼岸的维度。

柏拉图晚年写了两个著名的篇章,一个是《政治家篇》,一个是《法律篇》,实际上是对《国家篇》里所提出的不切实际的理想的理念如何在现实中产生出一个模仿的作品,进行了一种理论上的尝试,这就涉及一些现实问题了。《理想国》完全是理想的、乌托邦的，但是在现实中如何尽可能接近这个乌托邦，柏拉图就写了《政治家篇》和《国家篇》，涉及一些具体操作的问题。这种尝试体现一种冲动，即总是想要讨论政治哲学的问题。这种冲动来自当时希腊社会的一个现实，也就是大规模对外殖民，我们称殖民主义。殖民主义最早起源于古希腊，常常由政府组织一帮人进行。比如我们城邦里有一帮人，他们在政治上失败了，心情也很不愉快，随时有可能造反，那么我们就把他们组织到某一个地方开辟一个新的居住地，建立一个城邦，由他们当国王组政。所以对外殖民很大程度上是出于政治斗争的需要，就是把那些在政治斗争中失败的人组织起来，让其有一个安身的地方。

每一次殖民都要新建一个城邦，都有机会对这个城邦将要实行什么样的国家体制进行设计，所以西方人对国家体制的设计，经常会有机会实践。当我们看到波兰或科西嘉请卢梭为他们制定一部宪法时，我们觉得很奇怪，怎么会请一个哲学家制定宪法。古希腊殖民主义的传统就是这样的。两千多年以后，欧洲殖民者在北美也是采取这种方法，由一些殖民者设计了一个庞大的美利坚合众国。最早在古希腊时期，柏拉图也做了这样的设计。他认为要设计一个好的城邦，首先必须要有好的政治家，所以他写了《政治家篇》。一个好的政治家，他首要的素质就是理性思维的能力。所以在《政治家篇》里有很大的篇幅讨论统治者的政治技艺。政治技艺就是一种按照概念来划分种类和属性的秩序，利用层层递进思维的技巧，来把握最高的抽象的理念。抽象的理念底下有一系列的概念，这些一层一层的概念，实际上体现的是逻辑思维能力。这种能力在柏拉图、苏格拉底那里已经开始初步形成，到了亚里士多德那里把它固定起来，建立了"工具论"。

在这样一种逻辑思维能力上，柏拉图看到了政治家作为统治技术可以发挥的强大作用。一个政治家要懂逻辑，柏拉图认为，首要的素质就是政治家要懂逻辑思维。逻辑思维是最基本的统治技术。它考虑的不是世俗人际关系和利害关系，比如儒家和墨家，也不是维护最高权力的操作技术，像法家的“法术势”，而是按照正义的理念合乎理性地推论出能够使城邦健康发展的举措。但是由于合格的政治家在现实中很少有。虽然柏拉图自己很懂逻辑，很懂理念，但是他失败了。所以他退而求其次，认为一个城邦只能根据法律治理国家，这些法律虽然不像逻辑那么严密，因为法律是通过约定、通过大家商量，通过经验制定起来的，它们总会有这样那样的漏洞，并不是科学真理，只是科学真理的复制品，但是要尽量做到没有漏洞，或者很少漏洞，力求让它们成为真理的复制品。

在现实生活中，法律虽然不是最好的，但是退而求其次，是最不坏的。在现实生活中没有法律是不行的，依法办事的民主制虽然比不上“哲学王”的统治，但是至少比无法无天的寡头政治要好，要更接近于正义。

到了《法律篇》里面，柏拉图更加具体地讨论了一些现实立法的问题，包括司法、民法、刑法和公法（国家法），他重新将《国家篇》里所质疑的四种功利性的正义观全部恢复，从私有制出发，提出四种正义观，为之提供更高的依据，而且这个依据不局限于功利的，他力图把里面功利的色彩淡化，提供一种合理合法的根据。所以他是从“哲学王”的“人治”观念转移到了“法治”的观念。但是这种转变只是表面的，从实质上来看，“哲学王”依据的是正义的理念，法律也是对正义理念的模仿。所以这两种政治（民主制、贤人政治），比如说“哲学王”，都是理治（理性的统治）。这种理性的统治，归根结底又都是神的统治。柏拉图的神就是理性，所以到了《法律篇》，柏拉图开宗明义地讲这些法的确立无疑应当归功于某位神。讨论完具体的法律规范后，柏拉图又回到关于神治的问题，他认为不守法其实就是不敬神。这个观点到今天，在西方人心目中仍然根深蒂固。有的人不怎么敬神了，有的甚至是无神论，但是如果他不守法，就会觉得自己亵渎了神灵，因为“不守法即不敬神”已经在他们潜意识里面，渗入到他们的血液里，认为法律是神圣的。

最后一章，柏拉图从外在法律追溯到内在法律，外在法律就是国家和政治,内在法律就是灵魂的法律。外在的法律是建立在灵魂的法律之上的。城邦的法律以个人灵魂的健全作为基础,而灵魂的法律也就是神的法律。人的灵魂如果撇开一切物质的东西,实际上就是跟神打交道,就是神的法律。所以他认为理性的推理才是人的灵魂通往神的一条道路,是“神本身清楚指引的道路”,但是这不是一劳永逸的,而是可以不断接近的目标:你要走向神,但是走向神是一个不断接近的过程。所以跟《国家篇》相比,《法律篇》是在神义论的大前提下讨论了人义论的具体问题。人的正义是相对的,神的正义是绝对的,但是人的正义必须不断地接近神的正义,这里头出现了一系列的民法、刑法和国家法的问题,最后又返回到了神学,因此,柏拉图《法律篇》在西方政治思想史的地位极为重要。近代启蒙思想家如洛克、孟德斯鸠等,他们提出的“代议制”“分权制”“三权分立”的学说都可以上溯到柏拉图的《法律篇》。

柏拉图在神义论的理想层面上主张“哲学王”的统治,但是在现实生活中,为民主政治留下了极大的空间。在理想和现实之间保持着一种有机的张力,理想国尽管不现实,但是还是要保留在那里,是为了作为一个理想,作为一个批判的工具,用来批判现实、改进现实。而中国传统的天人合一的正义观缺乏这种张力,我们经常以中国传统的天人合一思想自豪,但是我们也要看到,由于没有经过天人相分,天人对立,所以这种思想缺乏一种对于人间世俗生活的批判的眼光。而这种天人合一的正义观,跟世俗生活没有界限之后,就失去了它的神圣性。不管怎样,你说它是代表天道,它就代表天道,完全由个人私下体会决定的,无从监督,也没有标准,变成了一种潜规则。正义本身就没有任何的神圣性了。

如果是天人相分,就可以超越这个维度,你说的不算,你不是上帝,可以以此作为他自己的一个批判的出发点。如果我们要从上帝的眼光来看,世俗生活恐怕都值得重新考虑,这样就会有一种张力,这是柏拉图的正义观。

亚里士多德的正义思想源自于柏拉图的《法律篇》,是一路贯彻下来的。但是也有一些重要的区别，主要是他的经验主义的倾向。他认为正义问题没有那么神圣，没有柏拉图讲得那么玄，正义就是人所具有的一种品质，就像人拥有健康一样的。他认为正义是一种品质，跟它相似的，一个是守法，一个是公平。公正和公平常被混在一起说，其实二者有所区别：正义是比较普遍抽象的，而公平或者平等是比较具体的。

守法，包括遵守人所制定的法律或流传下来的习惯法。习惯法也是人制定的，都是为了共同利益而制定的，所以要遵守。但是守法也不可能做到完全公正，因为法律本身有可能是不公正的，特别是传统留下来的法，随着时代的变迁，有一些东西很可能原来是公正的，现在变得不公正了。所以在法律上，我们要不断地尝试修订法律，且根据变化的时代去修订，柏拉图解决这个困难的办法，是要逼近神的正义。而亚里士多德的办法，就是在人与人的各种关系中寻求中道。我们以前说中庸之道，当然这跟中庸之道还是不太一样的。在各种关系中寻求中道，中道就是公平，公平的概念是可量度的，但正义如何量度？它是不能量化的，但是公平可以。亚里士多德为这种公平列出了一种几何比例，以数学的严谨为“三种公平”——“分配公平”“补偿公平”“交易公平”确立了精确的关系，这是柏拉图没有做过的。因此，柏拉图先是从城邦的正义入手，再考虑个别人的正义，以大见小。亚里士多德则先以个人和他人的关系入手，再进入到城邦的正义，跟柏拉图是相反的，以小见大，先从个人和他人的民事关系和刑事关系入手，但是也没有否定神的这一点。他认为城邦的正义是可以变化的，并随着时代与时俱进。唯独对于神来说，正义才是不变的。所以在这方面，他跟柏拉图没有根本的冲突，他和柏拉图一起为后来的神义论奠定了基础。在基督教里，上帝是最高的正义审判者。

亚里士多德认为，公正和法律有种种规定，这种规定体现为逻辑上的等级关系，这也是从柏拉图那里发展来的。这种等级关系可以逻辑化甚至数学化，即变成所谓的几何比例。正因为如此，这种关系有它自身固有的缺陷，往往会有对个别情景、具体情况的忽略，或者有一些情况是例外。

这时候需要另外一种特殊的标准对法律加以补充，这个标准就是所谓的公道。“公道”这个词跟前面提到的公平有一定类似，就是平衡的意思，在现代法学里，这个词被叫作“衡平法”，不依据法律条文所做出的判决，就叫作衡平法。有一些案件依据法律条文审判，是违背了情感的，是不符合常情常理的。有人打官司的时候，可能你会说他违背了契约，但是你把合同拿来看看，法官也许有时候会判定这个合同的规定显失公平。所以，如果不根据这种情感对法律加以平衡，法律会显得太刻板，不顾具体的情况。因此，我们在现实中，还是要具体情况具体分析，有一些特例，显失公平的情况，我们还是要更倾向于在情感上保持一种平衡。所以这种公正更倾向于情感，反映了亚里士多德对感性经验还是比较重视的。

公道就是友谊，这跟中国古代对义的理解相似，就是表达人际情感的关系，亚里士多德对此强调得比较多。但是亚里士多德讲的公道、友谊，并不等于正义，虽然中国的情义、情理等于正义，但是亚里士多德认为这只是正义的补充，还不等于正义。用它补充正义是应当的，因为实际上公道是优于法律正义的，直接诉诸于人的直观感受，但是又不能把法律的正义撇开，单独由公道统治。亚里士多德说，“好的统治者不能不顾法律通则，不能由感情用事。而法律正是没有情感的，人则容易受情感的影响”。虽然公道优于法律的正义，但是我们还是要按照法律办事。亚里士多德还是比较强调依法治国，比较偏向民主制，他认为所有人都是平等的，却由一个人统治，那是不正义的。在这一点上，柏拉图和亚里士多德一脉相承，都认为不管哪一种政体只有以理性为原则，才是正义的。而现实必然通往民主制，因为贤人政治做不到，那是乌托邦，所以只有民主制比较现实，也最符合理性。所以人们认为，亚里士多德主张根据法律治理就是由理性统治，而由个人统治，就难免还有个人的欲望和好恶，只有法律摒弃了欲望的理性，才能达到他所要求的中道。传统的主流就是理智的原则。在亚里士多德这里，虽然公道也很重要，但只是法律的一个补充。

亚里士多德所讲的友谊，希腊文是 φιλια，有时也翻译成“爱”。这个词的含义非常广泛,包括爱情、父母对儿女的爱,也包括儿女对父母的爱和朋友对朋友的爱,现实中两个人之间亲爱的关系,都可以说是 φιλια,爱智慧,也是这个词。这个词翻译成友谊我觉得不是很恰当,或者可以翻译成仁爱等更加广泛一些。它跟中国的“谊”“宜”都是作为一种情感上的关系,但是又有所不同。也就是说这种仁爱没有儒家那样严格的等差,而是人人平等。它最终立足于人类情感自发的爱,“爱”的最初就是自己爱自己,所有的爱都立足于自爱,一个人如果不自爱,那他也就什么都不爱了。同时它也不等于正义,它是正义能够得以在城邦建立起来的基础,城邦一旦建立起来,在具体实践中还是要依靠正义,而不能依靠爱建立一个政治体制。所以这不同于中国人把人情天理和义等同起来的做法,在中国就是立足于爱之上,我们就可以用它建立起一个国家,家国同构而国家和人民的关系相当于家长和子女的关系。在中国,它被泛化了,人情即天理。在亚里士多德看来,二者是不一样的,爱是私人的自爱,操作要靠正义和法律,归根结底要靠理性。但是这样一种建立在自爱上的爱,是不是太自私了呢?亚里士多德有一段话说得很明确:“如果大家争着去做高尚的事情,共同的事业就会完满实现,每个人自身也就得到最大的善,这样的人就是热爱自己的人,他做高尚的事情帮助他人,也就使自己得益。必要时,甚至不惜牺牲自己的生命,只为自己求得高尚,他们才是真正的自爱者。而那些坏人,遵从自己邪恶的感情,既伤害了别人又伤害了自己,他们并不是爱自己的人。”所以他这个自爱跟我们通常理解的是完全不一样的,跟我们理解的自私自利是不一样的,他认为自爱是很高尚的,有点类似于合理的利己主义。

上面讲的正义观将先秦的义和古希腊的正义作了一番比较,它们都是维系社会的核心理念和价值。但是在源头上有很多的差异,从它们的本质来看这种差异主要有以下几方面:

第一,中国古代对义的理解建立在人性本善的基础上,体现为在既定等级框架下,人与人之间互相帮助和扶持,牺牲个人成全群体。古希腊正义观建立在私有制基础上,体现为以人性本恶和人性自私为原则的等效的相互制约,当然我们要从广义上理解这种人性自私,不是说自私自利,更不是损人利己,而是像亚里士多德所讲的“自爱”。自爱可以说是一种自私,但是它是很高尚的。

第二,中国古代的义是内心主观的道德标准,带有固化性和具体执行中的潜规则式的偶然性和不确定性。一方面它已经固化了,不可改变、不可批判;另一方面它又是不确定的,靠每个人长期的生活体验去掌握,即世事洞明,有一种不确定性。古希腊的正义观是人类的客观行为准则,表现为法律条文的客观严密性、可操作性,以及根据现实而变化的可修改性。它没有那么固化,可以修改,它本来就不是最好的正义,在现实中也不可能体现为最好的,它只是退而求其次的选择。但是一旦确定下来,它是可操作的,容不了潜规则来改变它。

第三,中国古代的义是情感上的合适、相宜,是人际关系中无形的礼数和情理,靠人们在日常待人接物中长期潜移默化的体验来掌握。古希腊的正义受制于理性的普遍的公平原则,构成了一门政治科学,可以通过学习加以研究、掌握。其中,排斥个人情感,是情感和理性的区别。

第四,中国古代的仁义是天道在人间的直接体现,有天人合一的宇宙观作为其形而上学的基础。古希腊的正义是人间行为准则对于神的理念的间接的模仿,它不是直接的天人合一,而是天人相分。人的行为准则向彼岸理念的间接模仿,在人法和神法之间拉开了无法跨越的距离。人的正义和神的正义是不一样的,就人法而言,它本身具有可批判性,即人制定的法律是可批判的。

第五,中国古代的义是在家庭和家族中,按照血缘差等关系所作出的一种制度设计,并且自然扩展为国家体制的一种类比结构。古希腊的正义是在预设的陌生人之间的人人平等的前提下的个人利益的一种平衡,人人平等之后,每个人都有自己的个人利益,再找到一种平衡,这就是正义了。所以在陌生人之间平等的前提下,设计城邦的一种合乎正义的组织方案,就是要能够使陌生人之间实现人与人的利益平衡,这跟血缘关系、亲情、情感等没有直接联系。

第六,中国古代的义是仁、义、理、智、信五种德行里的一项。义排第二,所以通常并不是最重要的一项,最重要的是仁,作为以仁为本的孝,是最重要的道德。而古希腊的正义是一切美德的总汇,柏拉图和亚里士多德都这么说过。智慧、勇敢、节制、正义几种品行中,正义排最后,总括前面一切,是一切道德的核心,只有它可以与神相通,但是神圣的正义仍然高高在上,它凌驾于一切人间美德之上,这为后来基督教的上帝正义论奠定了理论基础。

以上是我的一些观点的总结。大家有问题可以随时提出。

现场提问1:邓老师,您好,我毕业于中山大学法学院。我有一个问题,西方法到后来分为大陆法系和英美法系,您今天的讲座主要是从源头上比较它的正义观。这种源头上的正义观对后面西方法制的发展有什么影响呢?

法学界认为,英美法系的经验论、工具理性更值得我们去研究和学习,但是我感觉英美国家也受到欧洲大陆尤其是德国理性主义的影响。所以想请问邓老师,英美法系的正义观跟大陆法系的正义观是否有本质的不同?还是说都同属于具有超越性的理性主义?是不是大陆法系的正义观更值得我们花精力彻底弄明白?

邓晓芒:我完全同意你的说法。就是我刚才讲过而后来没有展开的,关于柏拉图和亚里士多德的法学思想中的正义观的比较,应该更加深入研究,我这里只是初步提了一下。

后来的法律思想的发展非常复杂,我也没有什么研究。根据初步了解,我觉得亚里士多德更加重视经验方面,但是对于神义论方面也没有否认,他只是保留不谈。为什么要保留?因为他还是有那个维度,就像英美法系都是比较具体的,重视经验,重视现实的利益、利害关系,重视可行性，而对于原理方面都是不谈的，因为这涉及更高层次的问题，可能是宗教等其他问题。谈法律，主要是着眼于现实，所以英美法系更重视亚里士多德阐述的这一方面。大陆法系对柏拉图“理想”的方面关注得更多一点。柏拉图的乌托邦，现在大家已经不相信了，但是大陆法系更重视柏拉图通过理性推理出来的彼岸世界的理念法则和推理的逻辑方式。比如说人的自由问题，大陆法系关于人的自由问题有很多层次的规定，他们对自由的规定不是单一的。

英美哲学家关于人的自由问题比较单一，像以赛亚·伯林的消极自由和积极自由，他只承认消极自由是真正的自由，而积极自由是一种虚假的自由。这方面我觉得消极自由和积极自由是有不同，但是是否有本质的不同，就要看你放在哪个层面上讲。大陆法系和英美法系都属于近代西方民主社会的基本法学原理，在这一点上没有本质上的区别，但是它们的思维方式上是有不同的。大陆法系更注重哲学的抽象，英美法系更注重于现实的可操作性和实用性。在学习西方的法学包括哲学时，我还是比较主张要兼顾，不能完全只看到一个片面。那些法学家根本不谈上帝，但是他们是有神学背景的，现代的西方人也是，他们对法律仍有一种神圣感和敬畏感，这种神圣感和敬畏感就是传统的文化心理，很难摆脱掉，它背后还有文化的基因在那儿起作用。不同文化基因的民族，比如说中国人，我们要学习他们那一套理论的时候，不仅仅要从字面上学习他们那套理论，还要看背后对它的理解。同样的一个概念，背后的理解很可能跟我们是不一样的。在这方面，如果更深入一点，我们也许就能避免一些片面性。

现在法学界基本上是英美派占主流，大陆派缺乏可操作性，但是尽管后者缺乏可操作性，它更具有启蒙性。如果没有启蒙性，再可操作的东西也操作不了，所以两者是相辅相成的。我研究德国哲学有这个体会，德国哲学实际上更具有思想上的启蒙意义，对于英美法学来说，这方面至少是一个补充，如果只了解一方面，就很可能片面。

现场提问2:我是本科生,我问的问题可能比较浅显,刚才老师有说灵魂的法律和灵魂的正义,我的问题是灵魂是什么东西?到底存不存在?如果存在,有什么特征?因为大学四年以来,我都没有思考清楚这个问题,我们现实生活中经常用到灵魂这个词,但是我们要找到一个对灵魂的准确定义。

邓晓芒:这是一个形而上学的问题,对这个问题可以有很多不同的回答,有唯物主义的回答,就是灵魂不存在。如果存在,你抓一个灵魂来给我看一看,你抓不出来,你不知道它几斤几两。如果这样回答,无可反驳,因为他的出发点已经决定了这个问题是没有意义的。

谈到灵魂的问题,如果我们把它看作一个形而上的问题,那是哲学里的存在论,因为不光是有物质的存在,也包括精神的存在。首先得承认人有精神,然后来探讨这个精神究竟是什么?精神的存在跟物质的存在属于两个不同的领域。有的从人类学或者脑科学的角度,把它理解为大脑的一种功能。这也是一种唯物主义的解释,虽然精神没有重量,我们也不能抓住它,但它是脑神经的一种功能。

如果要彻底解释这个问题,还是要从哲学上解释,即灵魂和身体,或者说精神和物质,这两者如果没有哲学的立场对峙,就会变成二元论,或者形成唯物主义或者唯心主义,就会遇到解决不了的问题。如果从哲学上看,两者都存在,我们把存在的概念提升一个档次,它不再是可以称量的物质性的存在,而是一种物质和精神统一的存在。物质和精神不可分离地存在,在物质中就有精神的可能性。比如说,我们到河边上捡起一块鹅卵石,这是物质,但是在这一块鹅卵石里存在着精神的可能性,因为我们人类社会、精神生活、文学意识、思维,所有这些都是由我们这个物质世界产生出来的,没有别的来源,没有上帝。物质跟思维不是对立的,它本来是一体的,但是我们习惯将人类世界分成人的物质领域和精神领域。在人类没有产生以前,作为一种潜在的可能性埋藏在里面,一步一步地按照某种必然性生发出人类的精神和思维,包括人的精神生活、精神活动。如果从这个角度来理解人的精神,我们就说有灵魂。灵魂就是人的精神生活,这种精神生活有很重要的特点,就是自由。柏拉图最早给灵魂下的定义是自动性。他认为世界上的事情有三种:第一种是自己不动,由别的东西推动;第二种是自己动,也推动别的东西;第三种是自己不动而推动别的东西。第一种是物质世界;第二种是人的灵魂;第三种是神。三者是一体的,都是灵魂。从这个角度理解灵魂,我们说灵魂存在,或者有灵魂。但是这个有,不要联想到物质世界的有,它是潜在于物质世界里作为物质世界的一种尚未发挥出来的功能或一种可能性,而包含在物质世界里。如果否定这一点,就要承认上帝,承认有一个神和一个自然界,自然界是神所创造的,这样就相当于相信宗教了。

要就精神本身丰富的含义考察物质世界的可能性,我们所看到的艺术品、所想到的哲学,这些高层次的精神生活,就是物质世界的一种表现。如果你不相信这是上帝给你的,你就必须承认它是物质界本身固有的,只不过那时候还没有表现出来,而是经过一步步发展表现出来的。这是我现在想要建立的一种哲学解释。

现场提问3:我也是一个本科生,您讲到神义论的存在。因为神的存在使西方有了批判人性的传统,我想西方批判者之所以存在,逻辑上是不是批判者能自定天意,相信人是能够达到彼岸的?

邓晓芒:神义论的张力就在于彼岸和此岸,彼岸是高高在上的,此岸是现实世俗。世俗的世界,每个人可以通过感官接受来认识,而彼岸的神高高在上,是不可接触的,是无形无象的,只能通过天启或者内心的感悟体验,按照这样的神义论,每个人凭借自己内心的感悟或者自身得到的启示,随意解释神的意思,所以后来产生了宗教改革。宗教改革提倡,天主教讲的神义不是真正的神义,真正的神义是自己所体会到的,每个人所体会到的是“上帝在我心中”,而“我”的心又是不一样的,所以每个“我”心中的上帝各不一样。但是在基督教里,有一个得天独厚的地方,它跟古希腊不一样。古希腊时期柏拉图说的这个神是一种理性的神,柏拉图的神不是可以随便解释,因为理性有一种普遍性。我们每个人用理性设想神,但是我们每个人的理性有普遍的规律,所以他强调要有理性推理能力、逻辑思维能力,这是每个人都具备的,虽然“上帝在我心中”,但是只要你说出来的话严格按照理性的要求,大家都会同意。所以在柏拉图那里已经有这个苗头了,但是柏拉图毕竟只是说出来而已,到了基督教那里,就认为有一个共同的信仰,这个信仰虽然不是特别理性,但是有一本《圣经》。基督教从来没有否认过理性的作用,虽然它压抑了理性的作用,认为信仰高于理性:首先要有信仰,理性解释不通的地方就要靠信仰。能够用理性解释通的,尽量用理性解释。这是中世纪基督教经院哲学所强调的。基督徒们根据这部《圣经》用自己的理性来解释,认为这就是“上帝在我心中”的一种体现,并且认为上帝把理性赋予了人,这叫作自然之光,或者理性之光,是要让人能够通过读《圣经》,领会到普遍的圣灵。

是否有一种随意性?当然会有,但这种随意性不是毫无规律的,它们后来会慢慢汇集到新教。新教从天主教中反叛出来,本身宗教改革就是一种内部的分裂,但是基督教又慢慢走向融合,现在基督教和新教的区别不大,有一种合流的倾向,为什么会这样?首先是有共同的《圣经》。《圣经》一旦确定下来,一千多年都以它为本,所以在语言文字上得到保证。其次,是受制于人的理性。神学院以及由教会所办的最早的大学,里面都教什么?他们教授的是逻辑、修辞和辩证法。辩证法其实也相当于逻辑了,是从概念到概念的讨论。他们教这些是为了解释《圣经》,有时候解释得很荒谬,但是毕竟也要承认他们用一种共同的理性对神、上帝加以解释。所以,在这方面对《圣经》的解释也不是完全随意的,他们认为上帝的道即上帝所说出来的话有普遍性,可以解释。如果上帝的话或者上帝的意思只可意会不可言传,那就糟了,这样各有各的解释或者怎么解释都有理,自己认就行了,但是不是这样。上帝的道已经记录在《圣经》中,认为上帝就是道，上帝就是言，就是逻各斯。所以西方人重视语言，这一点给他们提供了一个保证，就是让它的批判有据可循。我们中国人的批判容易情绪化，甚至进行人身攻击，不讲逻辑，不讲道理。所以，我们要吸收这一点，保证批判能达成一定的共识，或者至少排除一些谬误，越来越接近真理，或者接近一致。所以这方面，我觉得用不着过于担忧。

现场提问4：邓老师您好，刚才您说人是目的，不是手段。我一直在纠结这个问题，人如果是目的，到底是谁的目的？人是人的目的吗？这个目的的存在又有什么意义？

邓晓芒：这个说法起源于康德，康德说任何时候都不要把人仅仅当作是手段，而要当作目的。人不仅仅是手段，意味着有时候会当作手段，但是我们不仅仅把它当成手段，而要当作目的。人生在世，总免不得要把别人当成手段，比如说你生下来，你的父母就是你的手段，你靠你的父母为生，你就已经在"利用"父母了。但是这只是一个方面，而且是很不重要的方面。

重要的是，要把人当作目的，把对方当作是你自己那样看待。你在利用完了人家后，还要为人家着想，就像为自己着想一样。所以人是目的的说法实际上就是刚才你讲的：人是人的目的，自己是自己的目的。什么情况下自己是自己的目的？人在追求自由的情况下，他就可以自己成为自己的目的，他追求的目的是什么？比如赚钱、结婚、成家、买房子、买车，有很多目的，但是其中有一个目的高居一切目的之上，就是自由。这个目的在一般的情况下不太看得出来，只有当你不自由的时候，才会显出来。比如说你被关起来了，被关了十年八年，这时候你唯一想的是什么？既不是买车，也不是买房，你会想只要能出去就行了，你唯一想到的就是能获得自由。由此可见，自由是人的终极目的，这个目的不是把自己当作手段获取其他的目的，而是所有的其他东西都是为这个目的服务，人以自己为目的，这就是自由。

我们经常觉得自由不可理解,其实自由就是人以自己为目的。所以追求自由的人,不是追求具体自由的结果,而是追求自由本身。哪怕我在劳动,只要我是自由自觉的,我自己愿意,我喜欢,在别人看来我是受苦受累,但是在我看来,我是享受的,这便是自由。人不劳动是活不下去的,人总要想办法劳动,所以当你无所事事的时候就会想进行脑力劳动,于是去打牌。劳动是人的本质,因为它是一种自由的体现。如果劳动变得不自由了,人就会逃避劳动,但最后还是想要以某种方式劳动,否则就无聊。劳动时有一个具体目的,还有一个抽象目的,具体目的就是劳动要有成果,不能白费;抽象的目的是通过劳动锻炼自己各方面的能力,发挥自己各方面的才能,这是最高的享受,也就是自由。

所以"人是目的"要落实到这上面来,而不是一般的通俗理解:给人们谋福利,带来好处。我们讲为人们服务,给人们带来利益,老百姓要得到实惠。这当然也是目的,但是这是低层次的目的,还不是把人本身当作目的,真正的人本身的目的就是自由。这包括在一定的规范之内,你不能侵害别人的权利,这就要有法制,法制是实现"人是目的"的有效手段,也是实现每个人最大可能自由的一个有效手段。这样理解的话,就更加深刻一些。我们很多口号式的命题往往流于表面,一讲到"人是目的",就讲到对老百姓好一点,仅仅那样就太肤浅了。实际上是要让老百姓自由,而不是给他们自由。给他们自由,意味着这"自由"可能还得收回去,应该是让他们自由,把权力关进笼子,这是为什么?因为给老百姓的自由留下余地,把权力关进笼子了,当官的就不自由了,老百姓就自由了;当官的如果为所欲为了,老百姓就不自由了。

这是我的理解,应该提升到这样的层次,才能比较清晰一些。

中国价值观及其世界意义

——民族复兴的文化学思考

欧阳康

欧阳康，四川省资阳市人。哲学博士。曾任华中科技大学党委副书记，现任华中科技大学哲学研究所所长、华中科技大学国家治理研究院院长、《华中科技大学学报(社会科学版)》主编、哲学系教授，国家大学生文化素质教育基地主任，博士生导师。

非常高兴能够来到暨南大学和大家共度这个周末。感谢各位老师、各位同学在百忙中放弃了很多其他选择，特别是今天晚上本可能是一个比较浪漫的周末的夜晚，大家来到了这样一个讲坛，和我来分享一个话题。我要向暨南大学的各位领导、老师同仁表示崇高敬意！暨南大学蜚声海内外，尤其在华侨教育方面，在国内处于领先的地位，而且贡献了极为重要的智慧，培养了极为优秀的人才。今天下午我有幸到校史馆看了一下，让我的崇敬更加落在了实处。从 1906 年成立到现在，贵校马上要迎来 110 周年华诞。大家在这里学习、工作，在这么美丽的校园里，沐浴在一片深厚浓郁的文化氛围之中，我为大家感到庆幸。同时，华中科技大学和暨南大学也有非常密切的各种形式的交往，包括老师和同学的交往，多年来两所学校之间结下了深厚的友谊，今天能够来到这里，特别向大家表示崇高的敬意和感谢！

导言、伟大的中国梦

今天讨论的这个话题是一个非常宏大的话题，当时我给学校宣传部报了几个题目，他们最后选择了这个——“中国价值观及其世界意义”。中国价值观，可能大家听得不是特别多，现在大家听得比较多的是社会主义核心价值观和社会主义核心价值体系。我是想在社会主义核心价值体系比较广泛的社会宣传的过程中，从更加广泛的意义上来讨论一个问题，这就是中国价值观，然后讨论它的世界意义。副标题表明我想谈一下“民族复兴的文化学思考”。我觉得当今的大学，尤其是像暨南大学这样的学校，承载着两岸三地，甚至全球华人的重要育人使命，这也是中华民族的伟大复兴的必要条件。复兴中华对于我们当代中华民族来说，已经成为一个伟大的中国梦，我也深深被这个梦感染。我是属于新中国成立以后出生的那一代人，经历了新中国建设的波澜曲折，见证了新中国的成长，也目睹了新中国遭遇到的一些曲折，今天，我们又在共同创造和分享一种辉煌。

党的十八大开幕时，胡锦涛总书记将中华民族伟大复兴提到了一个极高的高度。他说，90 多年来，在某种意义上我们党最伟大的成就，就是使中华民族在伟大复兴的进程中，展现出光明前景。而且他还专门讲到一点：只要全体中华儿女携手努力，就一定能在实现中华民族伟大复兴的进程中完成祖国统一大业。我自己想来想去，可以说，全中国人民，尤其像暨南大学这样的学校对这件事情承载着特殊的使命。后来习近平总书记将伟大复兴进一步提升为伟大的中国梦，他说了一番让我们感到非常鼓舞的话：何为中国梦？实现中华民族的伟大复兴就是中华民族近代最伟大的中国梦。他用了三句诗来描绘我们的昨天、今天和明天，昨天可以说是“雄关漫道真如铁”，中华民族一路跌跌撞撞走来，真是非常不容易。今天正可谓“人间正道是沧桑”，大家知道今天的世界其实有着各种各样的主义，比如自由主义、保守主义，而我们中国为什么能够风景这边独好，因为我们走在中国特色社会主义现代化的这条人间正道上。而明天呢，可以说是“长风破浪会有时”。所以“中国梦”被提出来以后，全体中国人都为之而振奋。但是我们从学理的角度需要探索一件事：什么叫复兴。

我是新中国成立以后尤其是恢复高考以后的第一届大学生，1977级，接着一口气读了十年书，本科、硕士、博士，可谓十年寒窗。当年我读书时有一句响亮的口号：振兴中华。我现在想，当年讲振兴中华和今天讲复兴中华，二者到底有什么联系和区别呢？其中都有一个字：兴，兴旺发达。要讲振兴，哪一个国家都可以讲，主要是讲到我们的未来，而讲复兴，那就不是所有国家都能够讲，只有那些在历史上曾经非常辉煌过的民族才有资格谈复兴。当然，如果一个民族一直兴旺发达，也就不用谈复兴了，只有那些历史上曾经非常辉煌过，后来又衰败了的国家才有必要谈复兴！中华民族在历史上有多辉煌？后来有多衰败？为什么现在还需要谈复兴呢？从经济的角度来看，我想下面这样一组数字很能够说明问题，把握了这样一组数字之后基本上能够对历史有比较清晰的了解。

第一个数字，据说从唐宋开始，直到1820年，中国经济在全球经济总份额中占33%，即中国一个国家的经济总量比欧洲所有国家的总和还要高出20%，这是第一个数字，这证明了中华民族在历史上曾经有过的辉煌。

但是第二个数字就值得我们警醒，从1820年特别是1840年到1949年，中国的GDP掉到只占世界GDP总量的4.6%，109年的时间里，我们的比例从33%降到4.6%，表现出中华民族在近代衰败之迅速。

第三个数字值得注意，从1949年到1978年，我们一直保持着4.6%的份额，怎么解读呢？那就是新中国成立以后，中国GDP总体随着世界经济快速发展而保持同速增长，没有再往下掉，也没有上涨太快，这已经是新中国的极大成就，为什么？“二战”后整个世界经济快速发展，中国面临着帝国主义的围追堵截，而我们在如此艰难的情况下，仍能够保持世界经济平均发展水平，已经很了不起。

第四个数字就很重要了，从 1978 年到 2011 年，我们的 GDP 在全球经济总量中占的份额已经回升到 10.4%，2015 年国庆节前，习近平总书记到美国访问，在那里谈到我国的 GDP 占世界经济总份额的 12%，也就是说我们在两三年时间内占的份额又增加了 1.6%，由此可以明显地看到改革开放以来中国社会发展所取得的巨大成就。

接下来的两个数字带有推算的意义，按照党的十八大谋划，我们将在 2020 年实现国民总收入翻一番和人均国民收入翻一番，如果实现了，则我国 GDP 在全球经济总量中占的份额有可能回升到 25%。如果我们有机会按照这样的速度再发展十年，就有可能在 2030 年回升到 33%。当然，这能否实现，在很大的程度上取决于世界能否给我们机会，中华民族是否有足够的智慧和热情，而且能够真正抓住机会发展自己！

如果答案是肯定的，那么李大钊讲的“青春中国”、方志敏讲的“可爱的中国”、胡锦涛讲的“美丽中国”和习近平讲的“中国梦”，就将在中国大地上得到实现。这是我们讲的中华民族伟大复兴中的 GDP、经济、物质等基础的问题。

而在我作为一个人文学者看来，中华民族的伟大复兴真正具有表征意义的绝不仅仅是 GDP 问题，更重要的是中国的价值问题与文化问题。比如我们现在已经是全球第二大经济体，但我们得到了与世界第二大国相符的足够尊重吗？我想大家都会觉得远远没有！中国人都已经有了第二大国的国民素养吗？我想大家也会摇头！在这样的背景下，要现实中华民族伟大复兴，在我看来最重要的是确立一种真正意义的中国价值观。习近平总书记当选为中华人民共和国的国家主席时，在就职演讲中将中国梦分解为三个方面：坚持中国道路，振奋中国精神，汇聚中国力量。我自己当时作为中共湖北省委十八大宣讲团的成员，在宣讲十八大精神的时候，就一直用了一个标题，这就是“加速中华民族伟大复兴的集结号”。我们今天要做的最重要的是两件事，第一是加速，第二是为了加速必须集结力量。

后来我给《光明日报》写的一篇学习十八大的心得体会,用的标题就是《中国价值观与中华民族伟大复兴》。在我看来,今天我们谈中华民族伟大复兴,一定要记住两个重要的历史前提:第一,我们曾经有过的古代辉煌;第二,我们曾经有过的近代苦难。辉煌的程度达到了三分天下有其一,苦难的程度达到了在某种意义上是世界上遭受民族灾难最深重的民族之一。同时,我们要看到两个时代前提,一是巨大成就,二是复杂困局。成就让人感到无比振奋,而困局让我们感到非常担忧。对于这些困局,不同人士有不同说法,以下是三种比较典型的说法。第一种说法,改革与机会赛跑。今天我们中国的改革与发展的成功与否在某种很大层面上是取决于我们能否真正抓住机会。第二种说法,改革与革命赛跑。如果今天不抓紧改革,也许连改革的机会都没有了。第三种说法,今天我们在反腐败,有人说反腐是治标不治本,而有关领导同志曾经说,要通过反腐败的治标为治本赢得时间,这是我们当前面临的最紧迫的问题。为此我们还要有两个责任前提,举国共识,全民共襄。一方面要尽可能争取共识,形成中国人中的最大的公约数,而同时我们也有一个重要的使命,吸引和感召所有人以致每个人都能够在这里参与和奉献,彰显中华文化精神。

在这样的背景下来谈中国价值与中国精神,那是非常丰富的。例如,《周易》的"自强不息,厚德载物",大家都知道这是清华大学的校训,我以为在全中国所有大学校训中,那是最好的,他们用了我们中华文化最深厚的八个字:自强不息,厚德载物。同时,儒家一直告诉我们仁、义、礼、智、信。陈寅恪先生在王国维先生的纪念碑铭上提出了"独立之精神、自由之思想",尤其强调我们应该有人之为人的本真精神,那就是人的尊严与价值。从哲学的角度,大概可以分为三个层面,第一个层面是内在所具有的根本特性和共同的自我认识,第二个层面是在民族的层面,与我们今天以爱国主义为核心的民族精神、以改革创新为核心的时代精神相融汇。第三个层面是其个体层面,其实是个人自由和精神境界的一种极大提升。正是在这样背景下,中央明确提出了社会主义核心价值体系,并将其写进党的十七大报告，成为当代中华民族构建我们精神家园的内核。这里包含着马克思主义的指导思想，中国特色社会主义的共同理想，以爱国主义为核心的民族精神和以改革创新为核心的时代精神等为基础，党的十八大中央明确提出了社会主义核心价值观，也就是大家都非常熟悉的这 12 个词、24 个字：富强、民主、文明、和谐、自由、平等、公正、法治、爱国、敬业、诚信、友善，并倡导广大干部群众积极培育社会主义核心价值观。

中国价值观明显是以社会主义核心价值观为内核，而又能够汇聚中国传统文化、世界先进文化、当代人类文明进步所有精神而构建出来的。我觉得它有多维意义，至少可以在三个层面上给世界做出我们应有的贡献。

第一，它作为一种健康、积极的价值观，能够成功引领中国的和平崛起，能够解决世界上最大的发展中国家曾经也是贫穷落后的国家的价值需求。我想这本身就是对世界的极大贡献，解决好中国问题，就是在解决世界四分之一人口的问题。

第二，它是以中国道路为世界文明多元发展的道路中增添一条健康、合理、可行的发展道路。今天人类正在探索着自己的发展道路，有各种各样的选择、各种各样的主张、各种各样的探索、各种各样的经验、各种各样的方案，我以为中国目前的成功实际上会展现一条以中国模式为特点的道路的中国方案。中国这条路走成功了，将是对人类文明的巨大贡献。

第三，如果中华民族真正实现了自己的伟大复兴，不仅将为解决中国问题提供一种新的选择可能，也可能会引领世界文明发展的未来方向，甚至引领其他国家走上中国式的发展道路。大家可以注意到，今天世界对中国的欢迎程度，包括我们人民币被纳入特别提款权，包括对亚投行的积极参与，包括“一带一路”在世界各国所引起的巨大反响。我想在这样的背景下，我们来讨论更加深入的问题。

一、价值观在当代中国何以成为一个紧迫的问题?

问题在哪里?我们需要追问的是中国价值观为什么在今天会成为一个紧迫的问题?这是一种哲学的思考方式。我自己多年来学习和研究哲学,总觉得不能满足于简单地给出一个命题,而应该对它的缘由做出一种深度追问,“何以成为问题?”这是关键。当然,讲到文化,讲到价值,我自己也觉得有必要做一个自我追问:你自己多年研究哲学,讲点哲学大概还是可以的,但要讲文化、讲价值,你凭借什么?后来我将自己发表的与文化、与价值相关的论文直接梳理了一下,有意思的是,我发现我也一直在研究文化与价值的问题,我在 1989 年发表了第一篇关于文化研究的文章,叫《文化研究方法的反省与探索》,当时发表在第 9 期的《哲学动态》上。当时这篇文章还有一个副标题“长安、东亚、环太平洋文化国际学术讨论会拾贝”。当时我还在陕西师范大学工作,在那儿担任政教系副系主任,我们成立了跨文化交流研究中心,校长王国俊教授是主任,我是副主任。我们在 1989 年 3 月召开了“长安、东亚、环太平洋文化国际学术研讨会”,十几个国家、几十位顶级的世界文化学者汇聚西安,讨论古长安和蓬勃兴起的东亚,以及环太平洋文化,会议开得非常成功。我就此写了一个学术的综述,从文化研究方法的角度对学术会议成果做了一些梳理。

第二篇文章是在 1996 年第 3 期的《江海学刊》发表的,那时我还在英国学习。当时英国文化委员会邀请了一批中国高校比较优秀的学者到那里学习,他们给我们提供了全部的费用。对我们非常友好。我们也对到英国学习研修充满了期待,因为英国毕竟是世界现代化最具代表性的国家。但我们这些人去了以后,感觉到英国的氛围与当时国内改革开放的氛围形成巨大的反差。1996 年元月,牛津大学现代中国研究中心邀请我去做一个演讲,我就讲了这样的一个话题《跨文化的隔障、误解及其超越》。讲完以后大家都觉得不错,于是将英文演讲翻译成了中文,传真回来后就发表了，算是我在中英文化交流中的一种特殊感想。

第三篇文章《“文化围城”及其超越》。大家都比较熟悉《围城》，但是用“文化围城”，也许我是第一个。我 2001 年去了古巴，然后又去了加拿大和美国讲学，在中美和北美待了三个月。当时在古巴看到了一个不同于中国的社会主义国家，也看到了一个围绕现代化的来自前现代、现代和后现代的争论，所以回来以后专门写了一个学术综述，梳理今天的世界存在着文化的碰撞。

2005 年发表在《哲学研究》的文章是《当前中国文化建设的资源选择与价值取向》，该文提出的问题是，当代中国面临资源选择的时候，我们应该到哪里去寻找？并提到可以有三种路径。一种是回到中国传统文化，一种是回到马克思，一种是向西方学习，而我的看法是，这三种资源都很重要，缺一不可，但是三种路径中的任何单一路径和单一资源都不足以现成地解决当代中国的文化建设，而是需要一种在汲取三种资源基础上的价值与文化整合。后来进一步研究中华民族精神和精神家园建设，出版了系列著作。

我把以上文章列在这个地方，是想说明从改革开放以来，特别是随着改革开放的深入，文化问题引起社会的关注，也引起了我的关注。尽管它们只是我自己的一孔之见，但是构成了我思考文化和价值问题的学术基础，也给了我一种可能，今天来和大家讨论文化和价值的问题。

讨论中国的文化与价值，需要有一种深厚的历史意识，而这个历史意识在我看来是通过抓住近代以来中国文化发展的若干时间节点，来看看中国文化问题的历史生成。我这里列举了我们在近代以来中华文化发展的若干重要历史节点：1840 年以来我们的政治经济文化的衰落；1911 年发生的辛亥革命和后来的新文化运动，给了我们一种特殊的力量；然后是 20 世纪 30 年代的文化争论，大家知道有两位重要的人士——胡适先生和鲁迅先生，帮助中华民族反思自我。我看暨南大学的校史馆中也提到很多著名学者到过这里，并陈述了他们对中国和世界文化所具有的意义，以及他们特殊的研究成果；到了20世纪60年代发生了“文化大革命”；1978年开始以经济建设为中心，而不是以阶级斗争为纲，这个时候文化问题逐渐淡化；1992年开始市场经济建设；2001年加入WTO，直到中共十六大重新注意到一个重大问题——精神、文化、价值的问题，提出要培育和弘扬中华民族精神。中共十七大进一步提出建设中华民族共同的精神家园。通过这样一个历史的发展，我们发现今天的中国存在着诸多文化与价值的困惑。

我这里列举出两大文化困惑。

首先是“文化的围城”。

大家都熟悉钱钟书先生，他曾经专门来过暨南大学讲学，一看就非常亲切。他当年写的《围城》，讲述了在近代的中国面临西方文化的冲击时所出现的一种特殊现象，突出地表现在婚姻、家庭和爱情中。我想大家都非常熟悉他关于爱情、婚姻与家庭的两个比喻，一个是说婚姻就像是黄金做的鸟笼子，笼子外的鸟拼命想飞进去，而笼子里的鸟拼命想飞出来。另一个说，婚姻就像一座城堡，城外的人想进城，城里的人想出城。后来我自己用了一个“文化围城”，意味着什么？很简单，东方人向往西方，而西方人却向往着东方。东方人向往西方。我们大家都非常熟悉，当年胡适先生主张全盘西化，鲁迅先生努力帮助中华民族认识自身的国民性。而西方人向往东方这件事，让我们觉得似乎不可思议，但是我却碰到过两次。

第一次是1992年在加拿大，当时加拿大政府给我授予了一个加拿大多元文化主义奖，并资助我到加拿大用一个月的时间调研加拿大多元文化主义。在这期间我应邀到了美国访问，在北爱荷华大学见到了一个非常著名的、对于中国文化抱有极度好感的学者。当时我给他送了一个很小的中国礼品“12生肖”，没有想到因此引发出他对中华文化的特殊感叹。我告诉他12生肖展示中国文化的特点，每一个人都有一个生肖，12种生肖，12年一个轮回。他听了之后大发感叹，他说一直听说中国人聪明,现在又一次找到证据。我问为什么?他说中国人提倡“天人合一”提得多好啊!我还真没想到12生肖有如此重大的意义!老先生一高兴就说,很多人都不信,如果说20世纪是美国世纪,21世纪将是中国世纪。我回来之后写了好几篇关于加拿大多元文化主义的文章,但是并没有将这个故事讲出来,而是把这个故事埋藏在心里,因为怕老人家是高兴之余的随口鼓励。没想到后来就成了真的。

第二次是1998年,当时我应美国国际研究交流基金会邀请到华盛顿研究亚洲价值观,其间在美国一些高校和研究机构访问讲学,也应邀到纽约州立大学布法罗分校做了一个演讲,并访问了一个著名学者彼得·赫尔。他是美国的一个顶级学者,是全美哲学学会的常务理事、《皮尔士研究——美国哲学季刊》杂志的主编,高级哲学研究会会长,是一位非常优秀的学者。当时我对他做关于《当代美国哲学走向》的采访,讨论美国哲学在世界的地位。他毫不客气地说,20世纪就是美国世纪,作为一个哲学家,他更不无骄傲地说,20世纪美国哲学对世界的贡献超出20世纪美国军事、经济和政治对世界的贡献,他说全世界所有的哲学家都以到美国讲学作为自己身份的象征,全世界所有国家的哲学杂志的总和没有美国一个国家的多。后来我问他一个问题,我说如果我的采访将要翻译成中文,在中国发表,你有什么要对中国读者说。他说,如果说20世纪是美国世纪,21世纪就将是中国世纪。结束采访之后,等我回到驻地,再听这一段录音时,当时还是使用磁带录音机,我注意到他所说的最后一句话,马上给他发了一封电子邮件,我问他关于“21世纪将是中国世纪”的说法是真的吗?并请他就此再做陈述。我心里想,如果老先生仅仅为了让我高兴一下,顺口说了一句,我就不宜将它写到我的采访里,省得别人说我拿着美国人的鸡毛当令箭。结果他马上给我回了电子邮件,他说这不是他个人的看法,他是从一本英国的杂志——《经济学人》杂志上知道的,研究经济学的人都知道这个杂志是全世界最好的经济学杂志之一,很多获得诺贝尔经济学奖的人都在这上面发表过文章,陈述自己对世界经济、政治、文化的看法。他说这上面专门讨论过21世纪是中国世纪的问题，并陈述了6条理由，比如说中华民族有最悠久的历史文化，而且是全世界所有的文化中唯一没有中断过的；他还说，中华民族有自己突出的优点——既能够将大事做好，也能够将小事做好，既有战略，又有细节。我没有想到他会这样评价中华民族。他说其实日本人和中国人一样，也有这样的优点，既能够将大事做好，又能够将小事做好。但是为什么21世纪是中国世纪而不是日本世纪呢？他说因为中国人不会像日本人那样有了一点成就就产生出军国主义的思想和相应的行动。他提到的这篇文章叫作《当代美国哲学走向》，早就发表了，大家有兴趣可以去查一查。他还讲到中国要真正成为21世纪的最重要民族，还需要发展出自己的民主等。他对中国的期盼也展示了一种"文化的围城"，代表了世界上很多国家和学者对中国充满的期盼。2015年6月我去美国参加了一个世界生态文明大会，大概3000多人与会，90岁的老人约翰·科布教授在会议上作为大会主席致开幕词，他说，今天的中国也许是世界唯一一个可以一步走进生态文明的国家，他对中国充满了期盼。这也叫"文化的围城"。

第二是文化的竞争。

当今的世界充满着竞争，经济的、政治的、科技的、军事的竞争，而真正深层的竞争是来自文化的竞争。改革开放以来我们在各方面已经有了很多可圈可点的地方，我们国家在军事、科技，包括登月、太空探险等方面取得了巨大成就，但这些中的很多方面其实都是半个世纪之前美国、苏联就已经有了的技术。中华民族真正能够拿出手的东西，恐怕最重要的就是文化，而文化的竞争会成为未来真实意义上的竞争。讲到世界安全，我们看到有各个方面的不安全，比如粮食不安全。今天我看到一则消息，中国和泰国已经达成一个协议——用大米换高铁，我们给他们修一条高铁，他们就给我们100万吨的大米。为什么我们需要这么多大米？因为当今中国土地生产的粮食已经不够中国13.67亿人吃了。我们的石油是严重不够的，我们其他很多方面的资源都面临着威胁，包括军事安全、南海安全、信息安全，但是真正的不安全是什么？那就是文化！

曾经有一位老人到过这个讲台，他就是杨叔子院士。杨叔子院士是华中理工大学的老校长，中国科学院院士，是一位机械学家，但是他多年关注大学生文化素质教育，现在仍然是教育部全国高校文化素质教育指导委员会的主任委员。在他对文化素质的强调中有一句非常经典的话：一个民族如果没有强大的科学技术，它的命运可能会很悲惨，一打就垮，但是如果一个民族没有理想、没有信念、没有价值，它的命运可能会更悲惨，那就是不打自垮。“二战”以后恐怕没有哪个国家敢再做侵略中国的梦了，但是我们国家会不会出现文化的不安全，谁也不敢担保。所以，在这样的背景下，我们要增强“文化软实力”，满足绝大多数中国人的高端“文化需求”，提高我们的“文化品格”，这样才能够更好地履行我们的“文化使命”。

二、何为文化？

讲到这里的时候，大家可能都会觉得文化问题很重要，但是什么是文化？这就成为一个非常复杂和重大的问题。不同的人会对文化有不同的理解和定义，今天我们对文化很难下一个大家都认同的定义，也没有必要非得刻板地拿出一个大家公认的、统一的文化概念，我想我们大概知道当我们在讲文化的时候是在讲什么就好。我想引用古今中外的人们对文化的一些理解。

英国著名人类学家泰勒曾经这样说，文化或者文明就是由作为社会成员的人所获得的包括知识、信念、艺术、道德、法则、法律、风俗，以及其他能力和习惯的复杂整体。也就是说，在泰勒先生看来，文化、文明就是人所创造的一切，包括他的思想观念、现实物质、社会关系、制度和人们的生活方式等。马克思将其称为人化，其实就是人的对象化。就像我们大家来到了暨南大学，历代暨大人在风雨曲折中将自己的理想建成了这样一个美丽的校园,把它对象化,然后再用这个对象化了的校园熏陶人、培养人,再实现对象的人化。这就是人的对象化和对象的人化,马克思将其叫作“人的本质力量的公开展示”。

我看到暨大的校园也有一位至圣先师的塑像,这就是孔子。孔子从来没有用过“文化”这个概念,但是他一直强调周文王对于人类文明的作用“周监于二代,郁郁乎文哉!”。他主张恢复周礼,叫“吾从周”。在中国的辞典里,文化的概念大概有下面两种含义。

第一是文治,西汉刘向据说是最早用“文化”一词的人。他是怎么用的呢?他是在文治与武治意义上来用的,“圣人之治天下也,先文德而后武力。凡武之兴,为不服也;文化不改,然后加诛”。圣人治天下一定会有文和武这两手,武力这一手可以征服人身,但是不能征服人心,只有通过“文化加诛”才能够让人们真正地心服、口服和身服。

文化的第二种含义就是教化。南齐诗人王融曾经说“设神理以景俗,敷文化以柔远”,也就是说文化的作用就像春雨润物细无声。中国有一首歌叫《长大了我就成了你》,怎么长大的?在一定的文化系统中长大的,长成了人们所希望的这样一种人。

余秋雨先生,大家比较公认的现代文化学大师,当时到华中科技大学作人文讲座。华中科技大学的人文讲座与我们这个讲坛非常相似,始创于 1994 年,现在已经有 2000 多期。当时我陪同他去做讲座。他讲中华文化,先给文化作了一个界定,这是一种“以人为本的精神价值和生活方式”。三个核心词:以人为本,人离不开文化,文化离不开人;精神价值,这是非常内在的、崇高的;生活方式,弥漫而又普遍。我注意到他后来加了四个字,叫“形成习惯”。我觉得他加得非常好,为什么?文化的真实含义在于,在不知不觉、如沐春风中我就真正成了你。

讲到这里大家可能觉得还是有一些问题,对什么是文化还不是特别清晰。以下是我对文化的理解。我把它称为文化的人类学理解,也可以说是价值理解。分为以下四个方面。

首先,从现象方面,什么叫文化?什么叫价值?它就是使人超越于自然生命体的生活方式。这个话比较学理,我们作了一个界定。其实很简单,人和动物都要吃东西,人就将吃东西变成了美食,尤其是我们国家有十大菜系。我经常出国,如果在国外三天不给我吃中国菜,我就会觉得世界不那么美好了,看见一个中国餐馆就赶紧一头扎进去,点上一个四川人喜欢吃的鱼香肉丝,然后就觉得世界还是不错的。我经常调侃我自己,不仅中国心是坚定的,中国口味也很坚定。文化的现象形态很多,有美饰、美居、美声、美术、美体、美景等,这就是人的文化。

其次,就其本质方面,文化是使人的生命获得具有超拔意义的理想价值追求。文化其实要解决的就是人为什么要活着的问题。有一段时期,我在高校做生命教育工作,当时作为华中科技大学党委副书记,主管学生工作,我感受到了一种特殊的责任。这么多优秀的学生来到了学校,如何让他们都能够成人成才,绽放生命光辉?有的学生真的卓越到我们难以想象,有的学生也真的让我们感到非常担忧。如何看待自己大学这四年,其实涉及一个核心问题,就是生命理解。怎么理解生命就会怎么样践行自己的生命,最后去实现自己生命的价值。所以说文化就是灌注在人的生命过程中的价值观、生命观、死亡观、幸福观、荣辱观、审美观等。

再次,就其行动方面,文化是指向一定目的与意义的人为性程序设计与行动秩序。例如,这次来暨南大学开会,会后要来这里做讲座,我特意跑回宾馆去打上一条领带。大家也许对此并不太在意,但是这就是一种形式、一种文化,是一种尊重、一种礼仪,它有特殊的目的性。大家来到暨南大学时会有开学典礼,毕业了会有毕业典礼,毕业典礼上为什么一定要将学士帽上的流苏从左边拨到右边?为什么重要的会议要唱国歌?更重要的会议要唱国际歌?这就是文化!有的人甚至说,什么是文化、价值?就是那些有时候其形式显得比内容还要重要的东西。的确,有时候一种形式给我们一种庄严感、神圣感、使命感,我们从中获得了一种特殊生命体验,我们对这种形式的目的性、指向性、组织性、过程性、程序性等的认同,其实就是在认同一种文化。

最后,就其功能来看,那就是要传承、教化、凝聚与认同,要使个体从属于一定的群体、价值和行为方式。学校作为教书育人或者说文化育人之地,其成功之处就在于大家毕业以后永远铭记着这个学校曾经对各自的心灵实现了一定的教化,所以大家会永远热爱自己的母校、自己的民族与国家,因为我们在这里展示的生命价值其实就是这个学校和这个社会所赋予我们的,是大家所期盼的,也是生命所承载的一种东西。

文化的核心问题是文化自觉与价值的选择。我觉得没有一个人比费孝通先生讲文化自觉讲得更好了。他的这一段话我非常欣赏。他说:“所谓文化自觉是指生活在一定文化中的人对其文化有自知之明。”大家都知道“自知之明”这四个字有多大分量。明白什么?“明白它的来历、形成过程、所具有的特色和发展的趋向”。他专门强调了两点,第一不带任何文化回归的意思,不是要复旧!前面我为什么要专门写一篇文章讨论当前中国文化建设的资源选择?我们看到有的人一说到文化建设,好像就只是要复旧。费孝通先生说,不是这样的,不是要复旧,第二,同时也不主张全盘西化或全盘他化,有的人说今天中国文化不行了,传统的文化不行了,现代的文化也不行了,一定要从国外引进来,进行所谓新启蒙或者再启蒙。其实文化的真正力量在于我们自身,而不在于外部。在这样的背景下,费老强调文化的自知之明,是为了加强对文化转型的自主能力。这里核心的问题是文化转型。我们讲了中国文化转型的那么多时间节点,就是我们今天也正在转型,而未来的中国还会继续转型。文化的转型是通过人们的自主选择来实现的,那有没有这样一种自主能力能取得适应新环境、新时代文化选择的自主地位?我想这是对当代中国人的一个挑战与期盼。

应该特别说明的是,今天我们讲文化、讲文化自觉,绝不仅仅是中华民族才在做的事,所有优秀的民族都会做,而且越优秀、越自觉的民族越会不断反省自己的文化,并且进行这样一种文化自觉。我这里列举美国前总统吉米·卡特,他对中美关系当时的发展至关重要。1979年,他在当总统时做了一个惊天的决定——和“中华民国”断交,和中华人民共和国建交。这就是他在任时的一个重大政治选择。就是这位老人前不久对中国的今天给予了极高的评价,而也正是他在当年美国还欣欣向荣的时候就已经写了一本书——《我们濒危的价值观》,一本研究“美国道德危机”的书。这里面有很多非常精彩的话,他说:“一个国家之所以有权威和影响,是因为道德因素而不是因为军事实力。”在他看来,美国如此雄厚的军事实力,并不一定能够支撑美国的国际地位。他说:“一个没有道德的国家很快就会失去在全世界的影响。”我想这对于我们来说具有重要的启迪意义。

而在我看来,全部文化价值的哲学问题就是五个字:认识你自己。

我三次去到希腊开会讲学,两度到过古希腊的德尔菲神庙遗址,而且一去到那个地方我就不舍得走,为什么?我感叹希腊人的智慧。大家知道希腊有很多的神,有很多的神话,有很多的神庙。其中有一尊神是至上的,这就是太阳神。太阳给了我们地球光明、温暖,于是才有了生命,所以太阳神在诸神中居于至上的地位。而太阳神庙不仅仅承载了太阳神的智慧,更重要的是它给后人以无穷的教益,那就是在它的门上曾经刻写了五个大字:认识你自己。我们学习古希腊哲学与文化,从柏拉图、亚里士多德等的哲学思想中一路走来,核心就是这五个字,所以我在那儿感叹希腊人的智慧。我在想,人为什么会去崇拜神?其实就是对一个完满自我的向往,由于人永远不可能完满,所以人们将完满的期盼托付给了神,而它借助至上神来告诉人们,崇拜我吗?认识你自己就好了。这是一种多高的智慧!

在我拍的诸多斯芬克斯的照片中,在德尔菲神庙博物馆拍到的一尊斯芬克斯是我非常喜欢的。他非常健壮,一头健壮的狮子长上了翅膀,但是人面,是一个帅哥。斯芬克斯是埃及的,而我是在德尔菲神庙博物馆拍到的,是那里出土的。这就表明早年的古希腊和古埃及之间就“认识你自己”的问题已经有高度的共识。正如大家所知，斯芬克斯之谜说的是斯芬克斯蹲在古希腊的河口向过往的行人问同样一个问题：有一种动物早上用四条腿走路，中午用两条腿走路，晚上用三条腿走路，这个是什么动物，回答得出来就能过去，回答不出来就要被吃掉，于是，很多人都被吃掉了，直到俄狄浦斯出现。俄狄浦斯说，这就是人啊，早年时候用四条腿走路、爬行，后来直立行走用两条腿，晚年腿脚不灵了拄上一根拐杖，成了三条腿。这个故事家喻户晓，代表着古埃及人早期的自我认识。

我们今天看古埃及、古希腊给我们留下的，和中华文化讲到的完全一致，那就是人类最重要的是要认识自己。为什么这一点这么重要？我们发现一个特殊的现象，人最难的就是认识自己，人将世界都认清了，唯独不太容易认清自己。后来我们找到一个生物学依据，那就是人的所有认识器官都是指向外部世界，眼睛看不见眼睛，眼睛看不见鼻子，眼睛看不见自己的脸，因此，人要看自己一定要借助于参照系。由此，产生了最初的铜镜，产生了我们今天看到的各种各样的镜子。但是选择一面镜子意味着选择一个参照系，你选对了就认清了，选错了会认识错。我们讲文化价值时一定要走向世界，借助于世界来看中国，甚至我以为今天的人类面临着一种智慧短缺，陷入前所未有的迷茫，尤其是遇到了价值这样复杂事情时，我们往往觉得智慧之匮乏。所以，我想，我们有必要进一步讨论当代世界的价值比较与文化的碰撞，这样就可以将我们的视野进一步扩展。

三、当代世界的价值碰撞

当前我们急需做的一项工作，就是对东西方文化作一种价值的比较，这也是我们讲中国价值观与世界各种价值观的碰撞时的一个必要思路和方法。东西方文化都讲人与价值的关系，但是有不同的说法，从对人性的理解角度来看，东西方存在着严重的差异，那就是“原罪说”和“性善论”的问题。西方文明总体上借助于天主教的说法，认为整个世界是由上帝创造的,上帝用七天创造了世界,也创造了亚当和夏娃。亚当和夏娃赤身裸体地生活在伊甸园,也没有觉得有什么不妥。直到有一天上帝要出门,他对亚当、夏娃说,这个园子里的果子你们都可以吃,唯独那棵树上的果子你们不能吃。上帝一出门,蛇就告诉他们那棵树叫智慧树,那个果子叫智慧果,那个果子可好吃了。于是两个人经不住诱惑,偷吃了智慧果。偷吃了智慧果后,有了智慧,有了知识,就产生了一个人类独有的问题,那就是价值的判断,伦理的困惑。他们互相察看后发现:原来一方是男的,一方是女的,而且赤身裸体在一块,这是不对的。这就产生了最初的羞耻感。所以知识是和伦理、道德问题联系在一块的。上帝回来之后看到他们已经有了知识、有了智慧,这可不得了,赶紧追问:谁让他们去吃的?蛇让他们吃的。上帝怎么惩罚蛇呢?让蛇从此没有了四肢,用肚子在地上爬行,每爬行一次都要遭受一次磨难。然后再问他们两个谁先吃的,夏娃先吃的。上帝怎么惩罚夏娃?让夏娃变成女人,让她怀孕、生孩子,让她遭遇痛苦,当然这也是女性最大的幸福。然后上帝说:对不起,你们俩都不能待在伊甸园了,到人间去赎罪吧。

这个故事大家应该都知道。回到我们今天的价值体系来看,那就是人带着原罪来到世界,人在世间最大的特点就是头脑里充满邪念,只要有机会就会犯罪,就会干坏事。西方文明怎么解决这个问题的呢?只有一个办法,那就是一定要创造出一个最为严格的社会体系,让所有充满邪念的人想犯罪却犯不了罪,不敢犯罪,最后就不想犯罪,于是他们仍然是好人。这就是西方全部文明的基础,叫社会契约论。

东方文明很不一样,东方文明讲人之初、性本善,性相近、习相远。但是东方文明解决不了一个问题,那就是为什么生活当中有那么多邪恶和罪行。最后发现是因为社会有邪恶,人难以抵挡这样的诱惑。那应该怎么办?东方文化强调,最核心的就是要有一个强大的内心,要有一种力量、一种定力,这个定力表现出来叫作"慎独"。慎独是中华文化的核心内容之一,要求人们不管在什么条件下都要按照既定的社会角色和行为规范来行动。它说,当人们知道自己的角色时,一般都会按照角色的要求去行动,最困难的时候就是你不知道自己的角色和身份,你不知道有没有道义、有没有规范、有没有伦理、有没有价值,而这个时候人们往往就会出现问题。这样一种人类最普遍的问题,在我们每一个人成长的过程中都会出现。看看我们身边的孩子们,他们刚刚生下来时真的无所谓原罪或是善还是恶,就是一个自然的存在物,他就是在与社会文化价值的碰撞中学习价值。这里有两种主导力量,第一种力量是爸爸妈妈的、老师的、领导的、社会的笑脸和鼓励,他会知道这件事是好事、那件事是好事,为了得到这些奖励,他会不断学会做好事,从而形成一系列好的行为规范。而另外一种力量来自爸爸妈妈的、老师的、领导的、社会的惩戒,他知道原来这件事不能做,那件事不能做,于是就形成了另外一套不能做的行为规范,这两套规范结合起来激励着人们行为的健康方向,惩戒人们的负面行为,人们就有了荣与耻的感觉,慢慢成长起来。到了18岁,读大学了,我们给他们举行成人典礼,意味着他们懂得了爱,懂得了责任,懂得了去为自己的行为负责。从人类到个体,再到民族,都可以看到,最核心的就是价值的问题、精神的问题。

西方文化中有一个核心的概念,这就是认同。我有好几个博士生专门研究了文化认同、民族认同、宗教认同、信仰认同等。认同其实是我们全部人类从个体到群体、到民族、到阶级,以至于国度都面临的问题,尤其是在全球化时代变得更加突出、重大和紧迫。价值观是民族文化的核心,尤其是不同的民族,秉持不同的价值观,会对同样一件事情产生非常不同的态度,这就是我们接下来要谈的:试比较两个民族,德意志民族和日本民族对于“二战”的态度。

我去过日本的广岛,后来又到了长崎,参观了那里的原子弹爆炸纪念馆。我到这些地方去时心情极为复杂,甚至不知道我应该讴歌原子弹的爆炸还是应该诅咒原子弹的爆炸。我想大家都会告诉我,欧阳老师你首先必须讴歌原子弹的爆炸,因为原子弹是正义之弹。美国人为此得意扬扬,说自己不出手则已,一出手就结束了世界大战,为什么?因为它代表全球正义力量将两颗反对邪恶的原子弹扔到了日本的广岛和长崎,迫使日本天皇宣布无条件投降,结束了第二次世界大战。正是在这个背景下,美国主导了战后的世界秩序。但是如果大家看到当时广岛和长崎的图片,你还会让我必须诅咒原子弹,为什么?人类为了结束一场罪恶的战争,让几十万无辜的人的生命瞬间灰飞烟灭。人类用自己创造出来的强大力量去毁掉了几十万人的生命,即便它的意义是结束了一场罪恶的战争,但是牺牲了很多无辜的生命,这就是人类价值的悖论。

当我们讲到社会价值的时候,绝不像陈述一般事实那么简单。社会价值往往会对一部分人、一部分群体是正价值,而对另外一部分人、一部分群体则可能是负价值;对一部分人是善,对另一部分人可能是恶。我们来看日本投降后事件的继续——大家都应熟悉的“世纪审判”,这就是《东京审判》。不知道在座的有多少老师、同学看过这部电影?当时我和华中科技大学的一些同学,在“8·15”的一个晚上一块在露天电影场看的。看着看着,我们一些同学就恶骂起来了,为什么?因为实在看不下去了。这一场审判之艰难,我已经将基本的知识性问题放在这里,大家略微看一看就知道为什么叫“世纪审判”。当时11个战胜国各出一个大法官,建立了远东国际军事法庭,审判28个日本甲级战犯。这次审判从1946年5月3日开庭,到1948年1月2日审完,一共开庭318次,审判记录48412页,419人出庭作证,779人书面作证,受理证据4300余件,判决书长达1213页。当时的28个日本甲级战犯中,有两个人还没有来得及宣判就已经被吓死、病死了,有7个人被判处绞刑,而且被执行,其他人判处终身监禁。这些是基本的事实。

我们今天要讨论的是两个价值问题,第一要不要宣判他们有罪。当时11个大法官中的大多数人不准备宣判他们有罪,他们说这不是他们个人的罪,这是天皇的罪、国家的罪。因此这次审判最艰难的就是要证明他们各自在战争中以自己的力量做了毁灭人类的事情。当时溥仪先生都被请出来，证明他们的罪行。第二，要不要宣判他们中的一些人死刑？当时更多的法官不准备宣判他们死刑，因为当时好几个法官所在的国家早就废除了死刑，他们说已经死得够多了，不一定要再死了。经过包括中国梅大法官在内的各方面共同努力，最后以 6：5 的一票微弱多数宣判他们有罪，宣判了死刑！正义终于战胜了邪恶！我们在看这个案例时觉得心里非常紧张，如果 6：5 中微弱的一票多数不是同意宣判他们有罪和死刑，我们将如何对待历史？今天的世界将是什么样的格局？

第二个更让我们感到值得讨论的价值现象：这些日本甲级战犯或被绞死，或被终身监禁，从现在看到的材料中没有看到他们中任何一个人承认他们对人类、对中国犯过罪，他们到死都在说自己是在“支援支那人民”。所以，如何看待这场战争？这就种下了一场历史争论的根源。从那以后直到现在，靖国神社也一直在搅动着中、日、韩的关系，成为每到秋季的特殊时节就会搅动世界格局，时常让人感到纠结甚至愤怒的一件事：我们都要看日本有多少政治家要去参拜靖国神社。这就变成了如何看待“二战”，如何看待抗日战争，如何看待人类文明的正义对于邪恶的战胜。

自 1991 年以来我多次去过日本，的确感受到日本人民对于和平的向往。安倍晋三强行通过《安保法案》，那么多的日本人民走上街头，没日没夜地抗议，尽管他们没有能够阻止法案的通过，但是他们表达出了自己的声音：日本人民真的期盼着和平。我也相信日本人民总体上非常期盼和平，但是我们也要看到和平之艰难！在日本广岛原子弹爆炸纪念地，有一个非常形象的雕塑，叫作“和平少女”，一个美丽的少女站在高端伸开双手呼唤着和平，但是她站在什么地方呼唤啊？我看了半天，这不就是一个放大的子弹头吗？她站在炮弹头上呼唤和平，这就是人类的悲剧！今天人类的和平实际上是以无数的核武器威胁着这些大国互相生存的根基，这样我们才保持着世界的和平。

在这样的意义上我们也可以比较另外一个民族，那就是德意志民族。德国也是两次世界大战的肇始国，但是为什么今天德国人能够比较好地融入国际大家庭？我在德国柏林发现了一个奇特的教堂，它在战争中被削掉了尖顶，德国人将它保留下来，在它旁边再修了两个教堂，一个“高高瘦瘦”的，这个教堂上不去，还有一个很大的、“矮矮胖胖”的，那是可以进去的。这个教堂最大的特点就是白天里面不开灯，且窗户很小，靠着窗户射进来的一缕一缕的阳光，给里面以光明，所以里面永远是昏昏暗暗的。我有一段时间做德国的合作项目，每年都会去一次柏林，只要有机会我都会到这个地方看一看。我想如果德意志民族的人走到这个地方，即便是旅游，更不用说做弥撒或者做忏悔，他们都会知道在他们民族的历史上曾经有过一段罪恶的历史。1970 年 12 月 7 日，勃兰特去到波兰华沙，给纳粹屠杀犹太人的纪念碑敬献花圈。大家知道第二次世界大战是以德国在七天里占领华沙为开端，当时无数的犹太人被杀害，后来修建了一个纳粹屠杀犹太人的纪念碑。当他整理好花圈的绶带，“扑通”一下双膝跪下，代表德意志民族忏悔。大家知道东西方之间的礼仪文化有很大差异，但是双膝跪下有着同样的含义，是最高的礼仪。德国总统还专门写了认罪书。所以在今天的德国，如果你想参与政治生活，你就必须公开宣布承认战争错了，必须忏悔，这就是德国今天变成欧盟第一国的重要原因。

在这两个民族的比较中，我们可以看到同样是对于战败，不同的国家和民族由于价值观念的差异，产生出根本不同的政治态度以及今天在世界上非常不同的地位。

接下来我们可以进一步讨论的问题是：一个大国的衰落——苏联社会主义的失败。从胡锦涛总书记到习近平总书记都曾经说过这样一段话：我们要坚定不移地高举中国特色社会主义伟大旗帜，既不走封闭僵化的老路，也不走改旗易帜的邪路。现在的问题是：谁封闭僵化了？谁改旗易帜了？讲到改旗易帜，我想大家都会想到一个大党、一个大国，这就是苏联共产党。

我们必须说明，一些社会主义国家之所以失败，核心问题是自己国家内部没有做好，这里列出了大家公认的六条原因或者说教训：思想上的个人崇拜,大一统的社会主义模式,高度集中的经济、政治和社会体系,脱离人民群众的根本利益,维系庞大的军事机器,对民族与宗教问题的粗暴处置等。这些都是我们在教科书上,包括各种研究文献上可以看到的。我曾经对此做过验证性的考察。1994 年我到了德国,专门调研东西德统一问题。我访问了几十位德国学者,问他们一件事:社会主义在东德进行了 40 年,当社会主义面临危机时,为什么他们不救它。当时,我用中国人的思维方式给他们比画,我说,你们每一个人伸出一个小拇指就能把社会主义救了,结果你们不是伸出小拇指来救社会主义,而是伸出双手推倒了柏林墙,毁掉了社会主义,为什么?他们谁都不太愿意回答这个问题。后来我找到了一位著名的学者,这就是费路教授。费路教授是德国洪堡大学的哲学教授,非常著名,曾经担任过昂纳克的理论顾问。当时,他在自己的办公室接待了我。我就跟他谈马克思主义在中国,谈德国哲学在中国,谈得非常高兴。我将前面这个问题提出来,我说,为什么当社会主义有了问题时你们不去改进社会主义,而是扔掉了社会主义。他说,其实我们的不理解,他们是可以理解的,因为我们不了解他们当时的情况。当时的东德搞的是最好的社会主义,标准苏联模式的社会主义,而这个社会主义没有搞好,所以我们就认为只能换主义了。当时的德国和日本最大的不同是:日本是投降,被美国进驻,它的政治体制保全了,而德国是战败,柏林被攻克。攻克之后德国被分为四块占领区,英国、法国、美国、苏联各一块,几年之后,英、法、美的占领区联合起来组成了西德,这就是联邦德国,苏联占领区这一块就变成了东德,叫民主德国。于是就出现了在同样一个国家一个民族内部,仅仅由于外部政治原因出现了两种政治制度的对立和竞争。东德一度发展得很好,被称为世界第七大工业强国。但是经过了几十年,随着苏联在东欧社会主义的解体,苏联放弃了对德国的支持,昂纳克坚持不住,柏林墙也被推倒了。这一段历史给我们一个深刻的教训,费路教授说,看来不是社会主义行不行,而是统一模式的社会主义注定不行。难以想象十几个有着不同的历史、不同的经济、不同的政治的国家,能够用一种模式就可以发展好。

为什么社会主义没有搞好?我后来到俄罗斯专门调研这件事。当时我正在主持中华民族精神的研究,要去圣彼得堡参加一个国际学术会,会后留下来调研俄罗斯民族精神。当时俄罗斯东道主给我一个选择,说是可以住在宾馆里,也可以住在俄罗斯人家里。我选择住在俄罗斯人家里面,我说只有一个条件,希望他会说英语。我当年读博士学的二外是俄语,但已经不管用了。他们真的给我找了一个俄罗斯英语教师的家庭。当我知道要在圣彼得堡一个俄罗斯英语教师家庭待 12 天,我是非常高兴的。我带了很多中国的礼品,什么好就带什么,我繁忙中还给他做了一顿中国饭,我就希望他告诉我一件事:社会主义在他心中留下什么记忆。结果直到我要离开,他都不告诉我,我当时都快急了。我说,如不告诉我,我就不走了。后来我硬是留了一个下午,说"我们来讨论社会主义吧",他仍旧不愿意跟我讨论。我就让他想一想社会主义在他心中留下什么记忆,然后我就不吭声了,想逼他说。眼看着他的脸都憋红了,最后只憋出一个英文单词"Poor",穷!我现在都记得那个场景,我告诉过很多人,我说,我那个时候有一种恍然大悟的感觉!偌大的社会主义苏联,在一个普通俄罗斯老百姓的心中留下的记忆就是贫穷。后来我想,这不是偶然的,从有了社会主义之后,世界上产生了一门新的政治经济学,这就是短缺经济学。什么叫短缺经济学?物资生产供应不足,吃的不够,喝的不够,穿的不够,用的不够,于是一切都实行配给制。大家很难想象,当你要去买一个面包时要交粮票,买一斤饼干时要交粮票的情景。那时整个社会面临着物资严重匮乏。这个世界有谁会爱贫穷吗?没有!一个让大家长期处于贫穷的社会制度是很难长久持续下去的。所以,社会主义没有搞好,首先要从自己的内部找原因。

当然,从历史和学术的角度,我们也还要看到,当时一些西方国家为了搞垮社会主义,也做了很多谋划!例如,1945 年,美国中央情报局的局长艾伦·杜勒斯在美国众议院国际关系委员会发表了一篇演讲,题目是

《我们如何对付苏联》。当时罗斯福总统已经故去,杜鲁门上台,杜鲁门总统也在场。杜勒斯说:“战争将要结束,一切都会有办法弄妥,都会安排好。”“二战”时美国和苏联是盟友,但是他们知道战争一旦结束,意识形态的割裂马上就会产生。“我们将倾尽所有,拿出所有的黄金,全部物质力量,把(苏联人)塑造成我们需要的样子,让他们听我们的。”让苏联人听美国的,这可能吗?他说是可能的,因为“人的脑子,人的意识,是会改变的。只要把脑子弄乱,我们就能不知不觉地改变他们的价值观念,并迫使他们相信一种偷换的价值观念”。大家看,这就是我们今天为什么说价值观这么重要。那他们用什么办法来实现他们所示的?杜勒斯说,“我们一定要在苏联内部找到同意我们思想意识的人,找到我们的同盟军。一场就其规模而言无与伦比的悲剧——一个最不屈的人们遭到毁灭的悲剧将会一幕接一幕地上演,他们的自我意识将无可挽回地走向消亡”。

美国做到了吗?46年之后他们又做了一个总结。1991年11月8日,刚卸任的英国前首相撒切尔夫人在美国休斯敦做了一个演讲,这个时候离苏联解体的1991年12月25日只差一个多月。撒切尔夫人一上台就讲,“我告诉你们,苏联很快就要解体了,没有力量能够救他们。现在我就告诉你们,我们是怎样把它搞垮的”。这在撒切尔夫人——“铁娘子”的政治生涯中是非常著名的演讲。撒切尔夫人说:“苏联是一个对西方世界构成严重威胁的国家。我讲的不是军事威胁。从本质上讲,军事上的威胁并不存在。我们这些国家装备精良,包括核武器。我指的是经济上的威胁。”“二战”时,苏联在军事上也不是很厉害,靠的是苏联红军的血肉之躯,但是在经济上苏联很厉害。她说,“苏联借助计划政策,加上独特的精神上和物质上的刺激手段,苏联的经济发展指标很高。其国民生产总值增长率过去比我们高出一倍。再考虑到苏联丰厚的自然资源,如果加以合理地运营,那么苏联完全有可能将我们挤出世界市场。因此,我们一直采取行动,旨在削弱苏联的经济,制造其内部问题。主要的手段是将其拖进军备竞赛。为此不惜有意‘泄漏’军事秘密,让苏联知道西方的军事有多么强大,以诱使他们加大军事投入。由于苏联政府遵守苏联和其北约对手军备均等的原则。结果,苏联装备花费占去了预算的15%,而我们这些国家是5%左右。这自然就造成了苏联要紧缩在生产居民大众消费品上的投入。我们的政策的另一重要方面是利用苏联宪法上的漏洞。苏联宪法在形式上允许任何一个加盟共和国(只需凭着共和国最高苏维埃的简单多数)只要有意即可迅速脱离苏联。当然,由于共产党和强力部门的凝聚作用,长时间内这一权利实际上很难实现。但这一宪法漏洞还是给未来我们实施政策留下了可能。遗憾的是,无论我们如何努力,苏联的政治形势长期保持十分稳定。最后,我们只能寄希望于我们帮助的人可能继任,借助他们能够实现我们的想法”。这就是戈尔巴乔夫。

1985年3月戈尔巴乔夫上台,马上抛出一个全新的价值观,这就是全人类价值高于阶级价值,苏联利益必须服从全人类利益,看起来很“高大上”。戈尔巴乔夫说,他们要建设的社会主义是一种人道的、民主的社会主义。怎么样实现呢?他们确立了“公开性”“民主化”和“多元论”的原则,在思想上实行自由化,所有制上实行私有化,在经济上实行市场化。按照这样的模式来进行改革,他把这称为新思维,写了《改革与新思维》,以此指导苏联改革。结果进行了几年就将整个苏联搞乱套了,最根本的苏联内部价值观发生极大分裂。直到1991年出现了“8·19”政变,当时的苏联第一副总统趁着戈尔巴乔夫在克里米亚度假把他软禁起来,并宣布接管了政权,成立了一个紧急委员会。这时西方人发现戈尔巴乔夫不行了,又推出叶利钦来取代戈尔巴乔夫,并最终逼着戈尔巴乔夫辞去苏共中央总书记,解散苏联共产党,最后被迫辞去总统,交出核按钮。1991年12月25日晚上,苏联红旗降了下来,升起三色旗。

应该如何去看待苏联这个超级大国的衰落?我们研究了这一段历史发现,在戈尔巴乔夫上台的1985年前后,苏联没有出现重大的政治事件,没有出现重大的自然灾害,没有出现经济危机,国际上没有出现一种力量说真正要让苏联垮掉,而真正的核心问题就是价值观念变了,苏联人民分裂了,最后莫衷一是,迷失了道路与方向。为此,普京总统曾经说:“苏联解体是20世纪地缘政治上最大的灾难,对俄罗斯人民来说是一个悲剧。”“我们在泼水的时候,连同孩子一起倒掉了。”他说,我们无数次为苏联解体而流泪。苏联其实不一定要解体的。这个历史的教训是我们应该深刻吸取的。

了解了一个大国的衰弱,我们有必要进一步了解另外一个大国的崛起,那就是美国。当我们讲中国价值观时,我们有必要研究一下美国价值观的生成及其意义。中华民族要实现伟大复兴,在今天来看,一个最值得关注的问题就是美国,我想大家都会同意这一点。

美国是怎么崛起的?这个问题非常复杂,我曾经跟一个研讨班整整讲了一天美国问题,大家都没有听够,因为这个问题太值得中国关注,也有太多的故事。因为时间关系,我就谈一些要点。美国崛起为什么能够超越欧洲,一家独大?首先就是它传承了西欧现代化。西欧现代化有很多好东西。过去我们对现代化理解得很简单,就是工业、农业、科技、国防现代化,实际上经过我们的研究发现,最少是“六化”。第一,理性化,解放思想。第二,工业化。解放了思想以后,就要发明科学,发展技术,创造大工业。第三,市场化。有了工业,有了巨量财富,我们就要拓展市场,这就是哥伦布发现北美新大陆所具有的特殊意义。第四,都市化。有了大市场就会组成大都市,在一块生活,在一块消费。第五,民主化。大都市需要现代社会管理,这就需要民主。第六,法制化,以保障民主制度。当然仅仅有这些还是不够的,因为它们最多意味着美国文明可以复制欧洲文明,不太可能让美国超越欧洲文明。为此我是特别希望我们的老师和同学们能够关注到美利坚文明的一个特殊“密码”,那就是《“五月花号”公约》。希望同学们今后有机会去美国,要到波士顿看看,在那里不仅仅要看看哈佛、MIT,更重要的是看看“五月花号”这艘船,看看这些人,看看他们在当时怎么样设计了一个新的文明类型。1620年11月11日,当这艘“五月花号”船从英国开到美国,到了弗吉利亚州并没有直接下船,而是开了一个会并签订了一个协议。当时这艘船上 102 个移民,其中有 41 个男人,女人当时还没有权力签协议,妇女并没有解放。就是这 41 个男人,创造了美利坚文明的历史。看起来很简单的手抄稿记载了一种特殊文明的基因。其中最核心的内容是:我们的全体组成公民整体,但目标是什么?更好的生存。为此要创造良好的秩序。怎么保持这些秩序呢?我们要颁布法律、法规、条令,它们的价值就是公正、平等,更重要的是,一旦颁布了我们就应当忠实遵守。为此我们要任命官员。怎么任命?视需要而任命。这就是美国的小政府大社会,需要多少任命多少。更重要的是一旦任命了就要服从他们,这是美国人的法律意识、政治意识。美国又有在北美的独特区位和资源优势。大家知道美国的东边是大西洋、西边是太平洋,是唯一一个真正的"两洋"国家,国家边界有天然屏障,内部有着非常丰厚的资源,但美国人将自己的自然资源尽可能保护起来,尽量使用其他国家的资源。美国主导世界还有一个特殊的武器,那就是让美元成为美国控制世界经济的重要软工具。从 1944 年建立《布雷顿森林协议》,让美元取代黄金的地位,到后来让美元脱离黄金本位,美元成为全球贸易最通用货币,但是美元仍然是主权货币。什么是主权货币?美元上印的是美国总统,只有美国联邦银行才能发行。在座的各位老师、同学,只要你手上有美元,你就直接或间接地、或多或少地受到美国联邦银行的调控。在这样的背景下,美国发展了自己。

我曾经跟美国一个著名学者米歇尔·哈德森专门探讨美国崛起之谜,他是一个美国的左派,曾经写过一本书,直译成中文叫《超级帝国主义》,翻译出版时叫《金融帝国》。当时我们做了一个半小时的访谈,后来我的一个博士生将这个英文访谈翻译成了中文,2012 年已经在《哲学研究》上发表了。我问他美国是怎么崛起的,他说,一个重要的秘密是美国人让全世界所有国家都去实行自由主义、新自由主义,让他们遭遇自由经济所带来的危机。大家知道所谓的自由主义,是让市场决定一切,让商品的价格围绕价值波动,商品销路好的时候每一个企业都在拼命生产,结果一段时期后就会生产过剩，于是就开始降价，出现经济危机，接着再重新复苏，经过一个一个波折，后来的危机将前面的繁荣成果全部否定掉，在波折中前进。而唯独美国人自己，他说，该实行就实行、不该实行坚决不实行，为什么？因为他们有自己特殊的哲学，这就是实用主义哲学。著名学者亨廷顿曾经讲过文明的冲突，他说美国人有两张面孔，一张是理想主义面孔，永远站在世界道义的高地上，而另外一张是实用主义面孔，永远以美国的利益作为衡量一切行为的现实根据，且将二者结合起来，在需要道义的时候便可以站在人类文明最高端来号令天下，而只要涉及美国利益，他们会进行毫不客气的或非常现实的处置。

我今天跟大家讲美国问题，没有半点贬低美国、与美国为敌的意思，而是主张客观地看待美国，读懂美国。我自 1991 年开始去美国，已经去过不知多少次，去年还两度应邀去美国开会、讲学，包括今年也去美国开过会。我想我们应该客观地看待美国，向他们学习。学习什么？最重要的是顶端竞争与优先意识。美利坚民族最大的特点和优点是永远将自己的眼睛盯在离自己最近的国家、最危险的地方，而且他们永远在和自己每一个时期最大的敌人在战斗。如果你仔细回顾美利坚文明的历史就会发现，他们最早的敌人就是原住民印第安人，他们将其几乎杀光了。接着最大的敌人是英国人，他们抓住机会向英国人宣布独立。后来内部的奴隶制是他们最大的“敌人”，通过南北战争，林肯总统将一个祖国的统一战争变成了一场废除黑奴的战争，最后实现了美国所有人不分出生、种族、肤色等的彻底平等。此后通过两次世界大战消灭法西斯主义。在这两次大战中美国一开始都只是卖军火，“一战”中直到被德国潜艇直接侵犯了才向德国宣战，“二战”中也直到日本人袭击珍珠港，美国才向日本人宣战。他们最终扔了两颗原子弹，并取得了战后秩序的主导权。接着是跟苏联较量，将苏联搞垮了。苏联解体之后，有十年美国人找不到对手，克林顿总统和中国结成战略合作伙伴关系，当时双方宣布不将核武器瞄准对方。小布什一上台就制裁中国，据说“9・11”之前的中美关系已经跌到1979年中美建交以来的低谷。是“9·11”改变了这种状态。美国突然发现这个世界还有比中国更可怕的敌人，这就是恐怖主义，于是跟中国修好。所以过去十年里面中国的国际环境是比较好的。未来的十年会怎么样？美国人已经从中东抽手，认定要回到亚太，谋划了TPP并已经获得通过。TPP协议国家占有全世界贸易额的40%，却要将中国排除在外。他们还要搞TIPP，包含39个国家，与TPP加到一起有世界70国的贸易，却将中国排除在外，其核心就是不甘心于中国的快速崛起，不愿让中国参与全球经济的规则制定。可以预料，与东海、南海和台海问题相交织，中美关系也可能会变得更加复杂和敏感，需要我们着力研究和应对。

四、中国问题与中国未来

讲全球问题还是为了更好地认识和解决中国问题。中国价值观的建构，在历史上有些什么经验和教训？

这里有一个很重要的问题，1840年以来中华民族为什么会迅速衰败？我们必须做出一个历史的回答。我们败给什么了呢？败给世界现代化。世界现代化是人类文明的进步，而中国却长期游离于现代化之外，这是我们近代最大的悲剧。回顾这一百多年的历史，我们长期没有能够正确认识和真正加入现代化。

我把中华民族对现代化的认识与参与分为六大阶段。首先就是畏惧现代化。世界现代化是人类文明的进步，但是对于中华民族来说，现代化从一开始就不是一个好东西。为什么？因为它是伴随着帝国主义的洋枪洋炮来到我们的身边，它作为欺凌中华民族的一种力量，给中华民族带来了屈辱，所以中华民族对现代化长期不怀好感。当时的广州和武汉曾是中国洋务运动重镇，但是搞洋务运动的目标是什么？师夷之长技以治夷！我们搞现代化是为了抵御现代化。直到辛亥革命、“五四运动”我们才想搞现代化，其标志就是希望能够请进两个先生——“德先生”和“赛先生”,即民主与科学。但是还没有真正把它们请进来,国共关系就破裂了,内战开始了,后来是日本入侵,救亡图存,更顾不上搞现代化了。直到1949年以后,该搞现代化了,又有过对现代化的简单化理解,有了“大跃进”,大炼钢铁。到了“文革”时期,更是彻底地拒斥了现代化。所以我们仅仅是在自1978年以来的三十多年才真正走进了现代化。

正是在这样的一个过程中,我们的价值观遭遇了多次冲击。从历史的角度来看,中华民族在古代是有自己的传统和核心价值观的。孔子曾经说过“仁者荣,不仁则辱”,管子说“礼义廉耻,国之四维;四维不张,国乃灭亡”,后来我们说三纲五常,尤其是仁、义、礼、智、信。我去了九次台湾,台湾地区领导人对忠、孝、仁爱、礼义、廉耻也是强调得非常厉害的。所以这些价值观应该是两岸三地全球华人的共同财富。但是当我们从这样的一个角度来看价值观变化时,可以看到,20世纪我们的核心价值观曾经受到过多次的冲击,进行多次转换。其中的第一次冲击——“五四运动”和新文化运动。如果当时不是对国民性的反省,我们不太可能真正走进现代化,所以“五四运动”是非常必要的。“五四运动”在中华民族走进现代化中有特殊的历史作用。在战争时期和新中国成立以后,我们曾经试图努力加入马克思主义和社会主义的价值观。在“文化大革命”中,我们面临一次严重的冲击,但是“文革”中我们也还有“两弹一星”的重要成就。我在农村插队时,人造地球卫星上天了,我就爬到们生产队的菱白山上,用收音机收到了由中国发射的第一颗人造地球卫星放出来的《东方红》,当时别提有多激动。所以,没有“两弹一星”就没有中国的国家安全。还有30年中中国的进步。

今天我们面临一次更大的冲击,这就是改革开放、市场经济等。为什么?因为各种价值观都进来了,中华民族出现了价值观的迷失,到底是西方的价值观好,还是东方的价值观好?是传统的好还是现代的好?是马克思主义的好还是资本主义的好?这产生了很多争论。尤其是我们要将当前中国的所有问题放到市场经济的背景中考虑。大家知道市场经济强调的是生产者与消费者之间的等价交换原则，而这一种价值取向与我们通常所讲到的社会主义道义等是需要协调的，再加上新科技革命带来的网络化、信息化的机遇与挑战。

即便是在价值转换的过程中，我们还面临着很多的问题，首先是自然地理基础的问题。请大家来看我国版图中的“胡焕庸线”。如果在我国960万平方千米的领土上画一条线，北边起点在黑龙江省的黑河，南边起点在云南省的腾冲，中国的领土就被分为东南片和西北片。东南片的领土有多大呢？占了43%，生活着全国94%的人口，西北片的领土占了57%，而在这里生活的只有不到全国6%的人口。这条线是人口地理学家胡焕庸先生于1935年提出来的。2000年我国作了一次人口普查，印证了这个说法。现在我国的人口已经由当年的4.3亿增长到13.67亿了，但这个比例并没有太大变化。这就是今天中国发展的最大的自然地理阈限问题。中国东南沿海这一片的农、林、牧、副、渔等行业，基本上支撑着中国经济社会的农耕文化，这是我们的基础。而西北片要么是黄土高原，要么是沙漠，要么是戈壁，要么是冰川，生存环境恶劣。华中科技大学的潘垣院士曾经跟我说过一个关于给我国西部地区增雨、增雪的提议。当时我一听特别振奋，我说如果这个建议能够实现1%，他可以得100个诺贝尔奖。现在有一个工程已经启动，这就是“1162”工程，核心就是大气水资源的科学调配，他们已经在实验室成功进行人工降雨降雪实验，准备推广到开放条件下，如果有可能，利用新能源逐渐给我国西部一些地方增雨增雪，改造整个西北地区的水资源调配。我觉得这件事情意义非常之重大。

在这样的背景下，我们来看看中国的经济问题。中国的经济一方面成就斐然，发展速度世界第一，总量第二，人均国民收入已经超过了7800元，世界贡献率第一，第一出口国，第二进口国，外汇储备第一，第一大吸引外资国，第三大对外投资国。最后这一点非常重要，我们过去的发展主要靠吸引外资，现在我们已经可以大面积对外投资了，但是我们的问题在哪里？有两个核心问题，第一是人均 GDP 很低，到现在为止我们仍然排在世界第 79 位，所以中国人不要骄傲。去年的数字，美国 GDP 17.41 万亿，是我们的 1.7 倍，而美国的人口是我们的四分之一，美国人均 GDP 是我们的 8 倍。而日本经济虽然不到我们的一半，但是日本人口是我们的十分之一，他们人均 GDP 是我们的 7 倍。我跟很多外国朋友讲这么一件事，13 亿是中国的常数，把 13 亿作为除数，再大的被除数除下来都几乎等于零了；而把 13 亿作为乘数时，再小的困难也会很大很大，这就是中国问题。第二个问题是，30 多年来我们 GDP 的快速增长，是以巨大的资源、能源和环境消耗来获得的，有专家研究我们的每一个 GDP 增长是以比世界单位 GDP 的平均资源和能源消耗大概高出 1.5 倍的比例来实现的，如果这样继续快速发展，我们的资源、能源和环境问题将变得更加紧迫和尖锐。

即便是这个问题解决了，我们也还有别的问题，这就是我们中国发展的意识形态问题。我到了印度，发现印度那么落后，他们干什么西方人都给他们点赞，都给他们叫好。而中国这么努力，我们干什么他们都不说好，为什么？思前想后，原来还真有一种意识形态的冲突。

这里有一个案例，兰德公司讲的对华战略三步走。我们可以看到他们实际就是这么走过来的。他们认为，美国对华战略应该分三步走，第一步是西化、分化中国，使中国的意识形态西方化，从而失去与美国对抗的可能性，这件事他们一直在做。但是如果这个不管用怎么办？他们主张对中国进行全面的遏制，并形成对中国在战略上的合围。大家知道，这个合围今天已经完成。但如果围起来也不管用怎么办？他们说，不惜与中国一战，但是说，最好的作战形式不是美国直接参战，而是支持中国内部谋求独立的地区，或与中国有重大利益冲突的周边国家。大家知道，我国内部的台湾问题等都被他们全部发挥到了极致，还有“一国两制”问题，他们一直在以各种方式予以干扰。如果我们内部问题解决了，还有周边的问题。哪些国家跟中国有重大利益冲突？我不知道在座的诸位老师有多少能够一口气报出我们和多少个国家的领土相隔，请大家记住一个数字：14。我们和多少个国家领海相隔？请大家记住一个数字：8。中国和20多个国家领土、领海相接，是世界上地缘政治最复杂的国家。多一个邻居有多一份朋友的可能性，也多了一份争端的可能性，而且这些邻居永远不可能搬走，不太可能像当年孟母那样，发现一个邻居可能不太好，就搬一个地方。这是我们面临的现实，而且都是非常棘手的问题。

对于建构中国价值观的最大挑战也许还是来自于当代中国的价值现实，这就是当前中国的价值多元化进程。从国家治理的角度看，如果没有统一的中国价值观，在国家治理中几乎没有办法建构起一个科学合理而又有效的体系。而我们目前最大的困难是社会已经高度的价值多元化了。从整个现代化的发展模式看，迄今为止，世界一共有五大现代化发展模式，我们基本上都学习了，但是我们并不是对其中任何一种模式的简单照搬，与此同时，任何现成的现代化模式都解释不了当代中国的发展模式。社会主义也有苏东的、古巴的、朝鲜的、越南的等不同模式，我们是中国特色的。我国的所有制包含了多种公有制和多种私有制，还有介于二者之间的混合所有制，相应地有多种生产方式、多种分配方式、多种生活方式，等等。我曾经和一位美国教授讨论了一个半小时，到底这个世界上哪个国家最复杂，我认为是中国。开始他觉得有些不可思议，我就跟他一点一点地说，说我们的所有制、生产方式、分配方式、地域差异、阶层差异，最后他说，你也许是对的。这就是今天中国面临的。我觉得需要对今天的中国做一些价值分析：多元价值中有哪些价值是合理的；哪些是不合理的；多元中每一个“元”以多大比例存在于中国比较合适；以哪一些社会阶层作为代表；他们由这样的经济利益会产生什么样的政治的、社会的、权力的要求；我们如何才能更好地形成最大公约数，更好地走向未来等。

我们需要建构中国价值观，需要作一种清晰的资源选择。在我看来，这是三者的统一和构建，那就是国学与中国优秀传统文化、传统价值观，西学与世界文明发展先进经验的借鉴，马克思主义的当代意义和中国意义,这三者中任何一个单一方面都不能解决中国的问题,而是需要立足于当代中国实践的综合创新。在这样的背景下,我们才能更好地解决中国未来发展的问题。

对于今天的中国,我认为最大的问题是习近平总书记到美国之前专门谈到的"修昔底德陷阱"问题。中国价值观核心是要引领中国的和平崛起,而中国作为一个大国,和平崛起是否可能?为什么习总书记一定要把它讲出来?大家知道这里有一个历史故事。古希腊著名历史学家修昔底德曾经说,当一个崛起的大国与既有的统治霸主竞争时,双方都面临危险。公元前5世纪曾经有过一个时期展示出这样的情况,当时雅典的地位急剧挑战了本来的霸主斯巴达,于是斯巴达感到紧张,双方打仗打了30年,最后同归于尽。当年德国和日本等国发动第一次和第二次世界大战情况也有些相似。修昔底德说,使得战争无可避免的原因是雅典日益强大的力量,还有这种力量给斯巴达造成的恐惧。而从现代来看,一个新崛起的大国必然要挑战现存的大国,而现存大国也必然要回应这样一些威胁,这样战争就变得不可避免。对此,习近平总书记是努力希望能够说服美国,包括其他的这些国家,我们不应该陷入"修昔底德陷阱"。他说,从中国的角度,强国只能追求霸权的主张,这不适用于中国,中国没有实施这样一种行动的基因,我们应该努力防止陷入中等发达国家停滞不前的沼泽,而且我们也应该努力避免修昔底德陷阱。在美国总统奥巴马为他举行的欢迎宴会上,他说,世界上本无"修昔底德陷阱",如果在大国之间一再发生战略误判,就可能自己给自己造成"修昔底德陷阱",这就是我们今天面临的极为复杂的事。

中华民族面临着如此复杂的格局,如何更好地走向未来?我们是不是应该感受到一份沉重和一份责任?作为结束语,主张我们应当认清使命,提升境界。从方法论的角度来看,要学习自觉地以复杂性的思维看世界、看中国。今天的世界和中国都极度复杂,是一个价值高度交织、矛盾冲突频繁,又相互依赖的时代。在这个时代里我们讲中国价值,既要看看西方价值、美国价值、日本价值、东亚价值等,努力选择与他们的联系点和共同点,又要提升中华智慧,强化中国价值。我们一定要有足够的智慧使我们的价值逐渐成熟和完善起来,同时通过它们引领中华文明进步,影响世界发展方向。中国共产党肩负着特殊的使命,要努力提升自己治国理政的境界,加速中华民族的伟大复兴。

最后我想用我喜欢的费孝通先生的一段话作为结尾。他在讲到文化价值时曾经说,首先应当是“各美其美”,每一个人、每一个单位、每一个地区、每一个行业、每一个民族、每一个国家,都把自己应该做的事情做好,把自己发展到极美,然后“美人之美”,学会倾听,学会欣赏,学会宽容,学会与别人共享,这一点是非常重要的。今天中国人有一种心态不太好,用大家很熟悉的话说就是:羡慕,嫉妒,恨。恨就不得了了,可能要杀人、放火、搞爆炸,全世界都是如此,包括恐怖主义也是这样。“美美与共”,美与美相碰撞不会产生、也不应该产生出更大的丑与恶,而是产生更大的美,谋求“天下大同”。说老实话,天下大同是很难的,但是天下大美是我们每一个人都可以有所奉献的。

今天晚上跟大家就谈这些,不妥的地方请大家批评指正。谢谢大家!

主持人:非常感谢欧阳教授。我在这里不敢对欧阳教授的演讲做出任何评价,只能将心得和思想做一个汇报,也可能是抛砖引玉,引出大家下一步的问题。欧阳教授在今天给我们分享了这些价值问题,跨越了将近百年时间和若干个民族。总结起来,第一我们要理性看待价值,因为大学生,尤其是“90后”“00后”分不清的一件事情:我们究竟是在思考价值之后选择它,还是选择了之后再去思考它。所以有的时候面对中国文化及其各种各样的精髓时,我们很多时候都会觉得它们比韩国的电视剧、比美国的电视剧更加高尚、更加先进,所以我们要理性地看待价值。第二,我们要明白一点,价值没有功利化,因为价值是为了让我们自己获得认同的,当你要走向价值功利的时候,就等于让自己丢失了自我。第三,价值多元化不等于价值相对化，因为我们在多元化的世界里还是要更加彰显出自己的民族性。

现场提问：请问欧阳教授，在价值观的建设中您对于青年有什么样的建议？

欧阳康：讲中国价值观的建设，涉及全社会，但从长远来看，瞄准的就是青年，关注的就是青年，核心就在青年。我们特别希望青年们能够有一个非常广阔的视野，尤其是有清晰的历史感，能够充分了解整个世界和中国价值观的演变，知道它们如何走到今天。希望大家多读书，多看历史。了解了历史才知道今天来之不易，知道今天已经有了很多进步与成就，也知道历史中的今天一定还会有很多问题，因为这些都是在历史的过程中发生过的。同时特别希望青年朋友关心这个时代。时代给我们提供了机会，也提出了极大挑战。而且这种挑战是我们任何一个人的单独力量都无法承担的，所以我们要勇于和善于携手合作！更重要的是特别希望大家都能够参与到中国的价值建设中来。我说，全中国 13.67 亿人没有一个人有资格对今天的中国说风凉话，我们都在其中，我们都参与了它，享受了它，也都应当关心它的未来，对它有所奉献！只有当我们所有人尤其青年一代都积极地参与了中国的建设事业，中国的未来才有希望！谢谢你！

时代与革新

互联网改变了传播影响力格局

范以锦

范以锦，毕业于暨南大学经济系，1970 年进入《南方日报》。曾任南方日报社社长、总编辑，南方报业传媒集团董事长，广东省新闻工作者协会主席。现任暨南大学新闻与传播学院院长。曾被《传媒》《今传媒》《南方周末》等媒体评为“中国传媒年度人物”“最具影响力传媒人物”“最具创新成就传媒人物”“最具赞许人物”。

各位老师、各位同学，大家好！很高兴今天晚上和大家交流。

互联网时代到来之后，传统媒体原来的传播影响力受到了严峻的挑战。现在传播的渠道非常多，比如说反腐败的报道大家非常关注，现在牵涉到省部级以上的重要案件，都是先从中央纪委监察部网站发布，网民在微博、微信上看到后再进行转发。收到信息之后官方媒体会进行求证，比如，最近广东省政协主席朱明国接受组织调查这个案件，最早我是从微信朋友圈里知道的。但是我又在想，现在不少谣言其实是超前的预言。于是想求证一下，但我没有马上到监察部的网站，因为我现在玩微信，于是我在更大的微信群里看，结果看到有几个人在转发，但是还不是很多。我再从手机上打开新浪微博，看到转载的人比较多了，于是我就有一点相信了。然后我再去看微博、微信上有没有更权威的信息，后来看到新华社、《人民日报》官方微博有了这条信息，在这样的情况下我就信了，我不用再上网去找中央纪委监察部的网站了。

而传统的传播方式是怎样的呢？政府将信息弄清楚了，然后定一个调子、统一一下口径，交由最权威的媒体如新华社、人民日报社、中央人民广播电台、中央电视台等发布。它们发布之后，再由各个媒体再来转载。过去我们经常有这样的说法，先党内后党外、先高层后基层、先中央媒体然后再地方媒体，这是非常有序的，按级别进行信息的流动。但是在全媒体时代，情况就不同了，过去，我们可能是报纸的读者，是广播电视台的听众，是电视台的观众，总之，只是受众。但是现在，无论是精英还是老百姓，我们现在都不是处在信息流的最低端，我们可以从低端翻过身跑到上面去了。我们是接收者，也是传播者，信息的传播不会按照先高层后基层、先中央媒体再地方媒体这样的方式了。既然我发现了某个问题，我马上就可以发布信息，这样往往就能抢在很多权威媒体的前面。所以信息流动构成在新媒体时代已经改变了，我们不再是信息最低端的接收者了。

同时，我们也可以以自己的评论、自己的观点去改变传播基调。过去统一基调、统一口径的状况越来越难了。一件事情出来之后，很多人都会发表自己的评论，比如新发布的某个决策，网民觉得这个决策有问题，他就会提出自己的质疑。相关部门发现网民的意见是正确的，他们也会改变原来的看法。当然也有另外一种情况，相关部门的看法是对的，但是有一批不理性的网民一味反对，形成非常强大的舆论攻势，使得相关部门很不好处理。

下面我想从五个方面来谈一谈：一是《关于推动传统媒体和新兴媒体融合发展的指导意见》(以下简称《意见》)出台的根本目的；二是传统媒体的传播影响力发展和当今的困境；三是新媒体时代“主流媒体”格局的变化；四是融合须有商业模式才能强化传播影响力；五是未来传播的几种模式。

一、《意见》出台的根本目的

8 月 18 日，中央全面深化改革领导小组第四次会议审议通过《关于推动传统媒体和新兴媒体融合发展的指导意见》。传统媒体与新兴媒体融合，这几年来，媒体自己在做，国家有关部门也在进行推动，包括习总书记也高度重视。习总书记强调，推动传统媒体和新兴媒体融合发展，要遵循新闻传播规律和新兴媒体发展规律，强化互联网思维，坚持传统媒体和新兴媒体优势互补、一体发展，坚持先进技术为支撑、内容建设为根本，推动传统媒体和新兴媒体在内容、渠道、平台、经营、管理等方面的深度融合，着力打造一批形态多样、手段先进、具有竞争力的新型主流媒体，建成几家拥有强大实力和传播力、公信力、影响力的新型媒体集团，形成立体多样、融合发展的现代传播体系。

从习总书记的讲话来看，有几方面的新意：首先是国家层面推动传统媒体与新媒体融合。其次，强调互联网思维。如果做传统媒体做惯了，用传统媒体的思路行吗？不行，总书记的讲话强调了互联网思维。而且这个转型是一个系统工程，包括技术平台、经营管理在内，而不仅是过去所强调的内容为王。同时，也要发展新型主流媒体，不要只看到电台、电视台、机关报。要实现在中国建成几家强大新型媒体集团的目标，就要将新兴媒体做强做大，这种强大包括经济实力和传播影响力。从国家层面来看，最强调的是传播影响力以及主流媒体作为“国家喉舌”的作用，主流媒体的传播影响力不能被覆盖了，这是最根本的。

二、传统媒体传播影响力的发展和当今的困境

说到传统媒体，首先就是机关报了，比如《人民日报》《南方日报》，各个地市都有党委机关报，然后就是广播电视台。随着改革开放进行市场化，出现了影响力很大的媒体，比如《南方周末》等，还有晚报、都市类媒体。当年我们很多人都看《南方周末》、晚报、都市报。

传统媒体经历的两次重大转型，第一次是向市场化转型，做得非常成功。第二次是传统媒体向全媒体转型，却困难重重。从事过媒体工作的

同志都清楚,2004 年、2005 年时,中国有人提出传统媒体进入了漫长的严冬,非常可怕,没有春天了。国外有人认为,2043 年全世界的纸媒将彻底消亡。联合国有官员说,美国纸媒 2017 年将消亡。当然这不切实际,2017 年还剩下三年,这是他三年前说的,当时我就说这是不可能的事。大概五年前有人说中国的纸媒将在 15 年后彻底消亡,我说不可能。但是 2013 年、2014 年,传统媒体进入最艰难的时期,发行量在下跌,传播力越来越弱,很多媒体亏本,赚不了钱,效益越来越差。为什么赚不了钱呢?我们一直说内容为王,内容营造传播影响力,有了影响力才能吸引广告,然后将媒体养起来。但是现在传统媒体的传播影响力在弱化,广告下跌所以怎么赚钱呢?

另外,现在传播手段越来越多,中国广告每年的量是有限的,投放的单位越来越多,那么这块蛋糕一个人切一点,分到传统媒体的广告肯定就会越来越少。但是说它短期内会彻底消亡,这也是不可能的,可以想办法突围。比如大家认为广播彻底完了,我们那个年代的人如果家里有一台半导体收音机就很高兴,每天早上揣在口袋里一边跑步一边听广播,晚上坐在床头听音乐,现在大家在公园里谁还拿半导体收音机收听节目呢?没有了。有人说广播会彻底消亡,但是现在传统媒体中日子过得最好的就是广播,为什么?广播里的交通台或者是交通频道很受欢迎,因为开小车的人很多,开出租车的很多,一边开车或一边坐车,就可以一边听广播,特别是堵车堵得很厉害的时候。北京传统媒体最赚钱的就是交通台,越是堵车,电台的人越高兴,因为大家都在听广播,都想知道应该往哪条路走,然后插播广告、插播音乐,国家发生重大事件时也会进行插播,这样传播影响力又出来了。

也有人说电视要完了,但是《非诚勿扰》《中国好声音》就将一个台救了,一个台拿到的广告费就非常高。所以,传统媒体怎么突围?很多传媒人都在研究,但是也研究不出一条路子,还在探讨,但是我想也会有突围的时候,就看怎么突围了。电视、广播,今天的日子好一点,但未必将来就一定会好,情况也可能会改变。

三、新媒体时代“主流媒体”格局的变化

主流媒体的概念讲了好些年,但政府认可的、媒体人自我安慰的,与客观存在的往往又有差异,现在是“我的媒体我做主”的时代,自媒体人介入之后,全媒体时代来临,谁能成为主流已越来越扑朔迷离。按照传统的习惯,传统媒体中的党委机关报、广播、电视被称为主流媒体。

从民众的角度看,在新兴媒体尚未到来之前,民众了解信息也主要从报刊、广播、电视中获取,那样的年代、那样的背景,注定了党委机关报、广播、电视不仅在官方意识形态和管理部门的视野中是主流媒体,而且在民众的心目中也是主流媒体。进入全媒体时代之后,主流媒体的判断标准变得复杂了。诚然,党委机关报、广播、电视所拥有的优越地位至今不可动摇,但已不能与市场地位画等号,也并不一定是受众心目中的主流地位。现实中已可看到,传统媒体整体滑坡。与此相反,互联网上的信息传播不仅量大,而且能随时随地发布,并与受众互动。受众对接收平台的依赖度,是对传播影响力最好的注脚。当一个平台拥有几百万、几千万甚至几个亿受众时,你还能说它不是主流媒体吗?从严格意义上的媒体概念来衡量,它也许不是媒体,从管理者的角度看,也可以不承认它是媒体,但传统媒体的传播力已被覆盖,原有的主流地位受到严峻挑战已经是残酷的现实。

当然,从目前来看,党委机关报、广播、电视依然还是主流媒体,这不仅由于其地位还在,还由于网络传递的信息往往真假难辨,尤其是谣言满天飞时,传统的主流媒体的发声依然有公信力和权威性。因此,目前依然要将传统媒体办好,并通过改革创新,进一步提升传播影响力。现在我们都有一种体会:碰到网络在沸沸扬扬地传某一件事时,如果你不知道它的真假,怎么办?还是会听一听广播电台、看一看报纸怎么说。如果说法一

致,大家就认为这肯定是真的。但如果传统媒体跟网上传的不一致,你信谁?一般情况下,还是相信官方的平台,相信传统媒体。传统媒体不敢随意造谣,它会去进行求证。

网络传播其实有两重性,一面当然是不好的,容易出现虚假信息,甚至谣言在网络上大量传播,这在传统媒体上是看不到的。但是还有另外一面,网络上传播了传统媒体上看不到的真相,这是好的一面。当传统媒体未发声,网络在发声时,有人就会质疑真相被隐瞒了。因为网络管理的强化,道德和法律的约束,网络谣言在减少,而且由于不同观点的互动交锋,有左、中、右等派别,他们一定会死死盯住对方,看对方说的是真还是假,如果对方是造谣、讲了假话,一大批网民马上就会过来跟他们争论。通过这样的交锋,很多垃圾信息、谣言都会得以澄清。

我们不能用老眼光看待新媒体,以为它就是在造谣。既然新媒体能即时足量传播,从中能及时看到传统媒体上尚未公布的真相,传统媒体应该有危机感。不能消极固守在传统媒体领域,而应该在融合新媒体中拓宽传播影响力。传统媒体办的新媒体也不少,也自称为主流媒体,官方也认同。然而,从受众的角度、传播力的角度看,又尚未形成主流。

国有媒体有两个弱势,一个是传统媒体领域从强势走向弱势,另外,传统媒体在新媒体领域的弱势地位未有改观。即便国家政府部门开展大型活动也找商业互联网站合作,如腾讯、新浪或者搜狐等,它们充分认识到自己的平台存在的不足,也在互联网公司的传播平台上寻找自己的传播渠道,但如果介入新媒体领域不及时、不得法,话语权将丢失。国家从舆论安全出发,也必须打造新的舆论高地。传统媒体无论从社会责任还是自身生存发展考虑,都需要拓宽新的平台。传统主流媒体消极地严防死守原有的阵地没有出路,强化新领域的传播力才能成为真正的主流。

四、融合须有商业模式，才能强化传播影响力

中国很多传统媒体办了网站，但是很多都亏得一塌糊涂，它们找不到自己的商业模式。做强做大需要有传播力，也要有商业模式，为什么商业模式很重要？没有经济实力，就没有办法进行技术改造，这个平台就做不大，而没有技术就吸纳不了人才。腾讯、新浪、搜狐等网站中，很多媒体人都是从传统媒体过去的，腾讯的总编辑原来在《南方周末》做过，他们的新闻总监、副总监，包括大粤网等的负责人，很多都是从南方报业或者其他媒体过去的，传统媒体的人才都纷纷往这些新兴媒体流动，寻找施展自己才华的平台。强力的互联网企业不仅效益很显著，传播力也非常强，从强势的互联网企业来看，有三种现象值得引起重视；其一，良好的效益不是来自广告；其二，很多的广告不是靠新闻影响力去吸纳。其三，拐个弯做传播做出影响力。

许多强势互联网在站稳脚跟之后，又开始打传统媒体市场的主意，比如腾讯有自己的运营理念和传播信息的技巧，先“吃”传统媒体“吃”不到的，再“吃”传统媒体正在“吃”的，这就是通吃战略。腾讯策略包括三个方面。

策略一：吸纳流量，做旺人气，从中吸“金”。确立了为用户服务的理念，先免费让你进入，一旦用户需要更高质量的个性化服务时也就自愿掏腰包了。比如说 QQ，加 500 个以内的朋友不用交钱，像我有 500 个朋友，但是年轻朋友可能说，我要加 1000 个朋友，可以啊，每个月交 10 块，一年 100 多块钱，你爱交多少朋友都可以。QQ 秀，注册时看到我的形象穿着内衣内裤，非常丑陋，但是我觉得没关系，而年轻人不同，虽然是虚拟形象，看到别人的形象在改变时会很羡慕。可以啊，一年交一两百块钱，你爱怎么打扮怎么打扮。玩游戏老是失败，如果有先进武器卖给你，你要不要？还是不能赢，武器还不够先进，再投入一些钱吧。QQ 家园装修得很

漂亮,让人进来参观,还有网上结婚,这些都要钱啊。我看到一则材料,一个年轻人一年在网上结一百多次婚,你说他花了多少钱。2013 年,当时的即时通信服务应该主要指的 QQ,月活跃账户数达到 8.08 亿。即时通信服务最高同时在线账户数达到 1.8 亿。QQ 空间月活跃账户数达到 6.25亿。QQ 游戏平台最高同时在线账户数为 850 万。像我这样的老头子很吝啬,也不喜欢玩,一分钱也不花,所以腾讯就是为我服务而已。但是年轻人喜欢玩,我的儿子、我的学生都喜欢玩,不用太多,一个人一年平均给腾讯一百块,它就有几百个亿了。而且不管有没有金融国际风暴或者是天寒地冻,它照样盈利,不像传统媒体这样容易受到影响,腾讯越是金融风暴,越是经济危机,越赚钱,因为有人失业了没有事做了,玩下游戏吧,这个时候心情不好非玩不可。大家知道"口红效应"吗?什么时候口红卖得好,就是出现经济危机时,很多妇女没有事做,涂了口红大家觉得自己很漂亮,让大家感觉到自己的存在。

策略二:实行区域发展战略,抢夺纸媒市场。广州这个地方,大家要买房、买家用电器,广告客户就会看哪家媒体发展得最好,这就是区域优势。腾讯、新浪琢磨到这一点,搞区域的中央门户网站,比如房地产,搞一个当地房产门户,哪一个小区,哪一套房,装修得怎么样,一清二楚地告诉你,你都不需要到小区去看。我们的报纸、广播电视是有局限性的,而网络是无限的,要放什么东西都可以。

策略三:学习纸媒优势,删选新闻和推出深度文章。网络是碎片化的,什么都有,而互联网是要做到精准,将最好的新闻挑选出来。而现在腾讯每天挑选 8 至 12 条新闻,在微信平台上可以看到。传统媒体会说,你不会做深度文章,而我会做啊。好了,网络媒体又来了,腾讯找了 350 多名各界知名人士成为签约作者,推出有思想、有高度、有深度的文章,稿费较高,去年以前,一千字 2000 元的稿费,今年有一点改变,要有 2000 字的起点。再有,评选好稿,给予高奖励。这就将一批精英吸引到网络媒体做深度文章,你想,这样的传播影响力会大到什么样的程度?

要有注意力经济的理念,以互联网思维营造商业模式。讲到商业模式,大家会想到什么呢？无非是想赚点钱,但是商业模式其实也体现了实实在在的传播力。为什么？凡是要获得商业利益,一定要有大的流量、拥有众多的用户,用户很多、流量很大,那么传播的信息自然就会落地,而不会被搁置在空中楼阁。商业模式越强,那么市场接受程度越高,传播影响力也会越大,所以找商业模式不是单纯的经济问题,它直接关系到传播力的强弱。

五、融合新媒体转型的路径

残酷的现实是:不转,等死！早转,早死！无思路,乱转,也是找死！大家不要看腾讯发展得很好,其实新媒体垮台的也有很多。“不变肯定死,变了可能死”,所以积极寻找可变之路比等死更有意义。

未来转型的路径,我想讲五个方面。

转型路径之一:向市场化转型中继续坚守。广播、电视还会坚持“营造影响力,以影响力吸纳广告”的二次销售模式,但营销方式会有创新,线上线下联动。现在广告客户找到报纸,报纸说我给你登在哪一版很突出的位置,价格给你打折。但广告客户不干了,会问你:除了在报纸上登,还会在哪里登？希望你在新媒体上也有互动,还希望你为其提供服务,比如联合搞一个论坛进行营销和推广。另外就是将价格提起来,现在的价格太低了,《南方都市报》原来卖 1 元钱,成本其实是 3 元,如果以 1 元钱卖出,最后自己只能拿到 0.3 元左右,一年 10 个亿的广告才能赚点钱。大家都说报纸不行了,香港报纸不衰的现象值得研究,回归前日发行总量百万份,现在 400 万份。在座的传媒系的同学,你们可以研究一下这是什么样的情况。我想有两种情况,一种是香港报纸和网上差不多,内地网络管理和传统媒体管理不同,传统媒体管得非常紧,网络相对宽松一些,而香港两者差别不大。另外,香港 400 万份报纸中有相当一部分是免费报纸,比如说《头条日报》，广告非常多，这个报纸铺天盖地地派发，登了很多广告，而中国大陆有没有免费报纸呢？有，但是不会铺天盖地发，比如说在地铁口，看你穿着打扮怎么样，才给你，讲求精准，不能随便发。我们这里还有一个特殊情况，如果免费报纸放在那里，早就给捡垃圾的人拿去卖钱了。香港的免费报纸随便给你看，有些人看完了还会放回去。

转型路径之二：继续探索向数字化转型。可能会先从财经类媒体突破，因为它比较专业化。英国《金融时报》非常专业，它逐步减少纸媒的运营，它的新媒体发展顺利。我们的数字媒体也有一些做出了影响力，做出影响力后靠什么赚钱呢？现在还是先做出影响力，然后投放广告，我认为这样可以，可以比别人好一些，但是也绝对赚不了大钱。因为还是传统模式，所以必须突破。如果没有钱了那么这个平台就不可能继续打造，内容不可能做得很好，记者也会跑掉。如果还是延续传统媒体的二次销售模式，难有大作为。

转型路径之三：实施全媒体战略（泛全媒体战略）。中国媒体能够在全媒体中第一个取得成功的是谁呢？我现在分析是浙江日报报业集团。它做了一个传媒梦工厂，投资20多亿。我问他们，如果用最简单的话语说一下，他们的技术水平要达到什么样的程度。他们说，未来国外的电视台播出的新闻，很快可以变成文字，呈现在每一个记者的电脑上，他们的技术要达到这样的水平。然后又花了30多个亿购买游戏。我为什么称之为泛媒体呢？游戏不是媒体，但是又跟传播有关，所以它被称为泛全媒体转型。浙报传媒集团现在有：主流新闻、专业资讯、文化娱乐、生活服务、新闻客户端、浙江手机报、浙江在线新闻网站、网络电视台、边锋互联网电视盒子、云端悦读、边锋新闻专区、新闻弹窗等平台和门户，还有各县市区域门户。注册用户3亿，活跃用户4000万，移动用户1000万。目前新媒体产品200个，核心圈、紧密圈20个，三年内发展到500个，其中核心圈、紧密圈100个。内容产品化，即用产品化的逻辑、精品化的理念。浙报传媒集团能做到，其他地方未必能做到，因为它上市了，圈到了很多钱，当然他们也有自己主观的努力。前期传统媒体的利润有一个多亿，做房地产、其他产业也有一个多亿，两个多亿的利润才算是有一定的资本，最后才能够上市。

朝两个方向走的全媒体路径，一个是继续保持传统意义上媒体属性的转型，还有就是以浙报传媒集团为代表的泛媒体转型。前一种是内生型的转型，后一种是外生型的转型。

外生型转型，是在原有流程之外另起炉灶，起用新人做新事。然后回来倒逼传统流程的改造。这是个有着很大风险的动作，需要一个强人和一批能人主导，很难复制。做游戏这一块，传统媒体肯定做不了，要找懂行的人来做，整个经营体制也都要改变，不能按传统媒体这样，处级干部等层层按照行政长官来管理，这是不行的，而且风险很大，需要强有力的能人指导。浙报传媒集团做游戏这一行，有的人很紧张，用 30 多个亿做行还是不行？他们的社长、董事长说一定能够成功，去年他们的游戏已经有 3 个多亿的利润，超过了原来传统媒体的利润，所以有可能成为全中国第一个全媒体转型成功的。

内生型转型，设想对业务流程全面升级。先从集成平台入手，把通过各种方式采集的资讯集中在统一的平台上，完成对资讯的调配、组合，然后通过各种介质传播，派生出多种满足不同用户需求的资讯产品，最大化地利用资讯。提出“建立全媒体的生产能力、形成全介质的传播能力、提高全方位的经营能力”，目标是“建立现代型信息集成商、全媒体数字信息运营商、媒体和信息的混合运营商”。因为是做媒体的，将资源整合起来做，风险没有那么多。但是我们也知道，风险越大收益就越大，但是也可能哪天就搞垮了，如果平平稳稳，可能风险没有那么大，可是受益也没有那么多。内生型的转型，从内部流程改造开始，通过技术手段倒逼工作习惯改变。从理论上来说，这是一种设计相对完美的转型，但自我的改变总是一种非常痛苦和艰难的事，涉及整个治理结构的调整和现有利益格局的彻底打破。在现有报纸的管理体制和机制之下，不易做好。

两种转型都有意义,不同的媒体有不同的办法,但无论哪种办法,都必须进行体制、机制的创新。

转型路径之四:与实力雄厚的门户网站合作。站在“巨人的肩膀上”,成为巨人的一部分。传统报业办的网站,其技术的掌握能力和技术设备方面都落后于强势的商业门户网站。所以,可以采取与其合作的方式,做到优势互补。南方报业集团下属的《南方都市报》与腾讯网合办大粤网,就是成功的案例。《南方都市报》的新媒体传播力不大,但是腾讯在广东有5000多万的用户,两家公司通过合作,办一个地方门户大粤网。虽然前者在新媒体领域没有后者强大,但是前者借后者的力量,站在后者的肩膀上,成为后者的一部分。腾讯为什么又愿意呢?因为《南方都市报》有运营的队伍、内容供应商,内容做得非常好,所以二者就合作了。腾讯一定要控股,占51%的股份,南方报业集团占49%,这也没有办法,因为腾讯做得好。上海报业集团挂牌之后,现在也跟百度签约了。

转型路径之五:在互相融合中实现综合效益。利用纸媒原有的品牌优势,在延伸价值链中获取传播力和效益。人民日报社在这方面比较突出,它利用《人民日报》、人民网的资源,又办了人民网官方微博以及舆情内参。纸媒不行了,但是《网络舆情》发行得非常好,现在是有一定级别的人才能看,将来可能会逐步放开。《网络舆情》以互联网为主要信息来源,纸质版与数字版融合、网络版与移动版相结合,依托《人民日报》权威性的优势,主要用户是领导干部和各类机构管理者。服务主要对象包括:中央党政军领导,各级党委、政府、人大、政协、公检法领导,以及各民主党派、社团组织,开发区管委会、高等院校、企事业的领导、管理者等。以司局级干部为重点对象,经批准现扩大到县处级领导干部。2012年4月27日,人民网在上交所上市,在招股书中明确表述为:舆情服务成业绩增长亮点。2013年,人民网实现营业总收入10.28亿元,同比增长45.18%。其中,广告及宣传服务收入人民币5.41亿元,同比增长37.27%;信息服务收入1.87亿元,同比增长3.9%;移动增值业务收入2.54亿元,同比增长

116.21%;技术服务收入2,420万元,同比增长49.14%。《人民日报》提出要打通官方舆论场和民间舆论场。大家不要觉得《人民日报》很严肃和呆板,"人民时评"那是很尖锐的,再看看人民网、《人民日报》官方微博,也一点都不保守,全中国哪里有舆论事件发生,它都要发声,它也想占领话语权。

纸媒全媒体运营中的效益分析:第一,间接效益。新媒体成为纸媒品牌的助推器,使纸媒取得良好的效益。第二,直接效益。各自新老媒体都取得效益。第三,综合效益。通过内部资源的整合、延伸,实现效益最大化,互联网思维要具体化。最为可怕的是,一些媒体这三个效益没有一个能够成功,那么最后一定会失败。

现在我们说要有互联网思维,这个要具体化,是利用还是创建?很多传统媒体说要用好新媒体,把它利用起来。可以,就看怎么做了,比如说现在很多报纸也有很多深入的东西,拍下二维码就可以看,也有视频和音频。但如果我连报纸都不看,视频、音频有什么用呢?所以你采用维码制作之前,要想想你的报纸有没有人看,报纸首先要办好、要有品牌,否则就只能创建,但是创建是照搬还是创新?是经营内容,还是打造产品?是读者、听众,还是用户?是受众还是参众?是传播策划还是做项目?是急于获得收益,还是先吸纳流量、拥有用户?这些都是做互联网要解决的。互联网上这些网站不会说我要做什么内容,而是说我要做什么产品,说到内容时都是说内容产品,是项目负责人制,即项目经理,这个项目要做起来就要考虑怎么将影响力做起来,怎么取得效益,这是互联网思维,没有这些就做不了。

报业未来运营趋势,要打造三类平台,各自分工协调发展。我认为可以分为三类大平台:其一,既有传播影响力,又有赢利能力的舆论平台。其二,以营造传播影响力为己任、不追求经济效益的舆论平台。其三,与媒体舆论无关的产业平台,以产业养报业。但是转型不是转行,大家也会提出疑问,怎么报纸会搞房地产了?怎么去玩游戏了?这里就要解决一个问题:怎么转?报纸是品牌,必须规规矩矩,比如浙江日报报业集团,如果它不将《浙江日报》的牌子高高举起,它是没有资源的,它必须有这个牌子,才能占有社会资源,才能发展。赚钱之后,也一定要将钱拿过来反哺报业的发展,辅助它,提工资,将报纸办好,将人才吸纳进去,然后考虑怎么创新,这样就不是转行了。大家对它做游戏这一块业务可能有一点不理解,这明显就是转行转产啊,但是它不是,因为我们的受众都流失了,没有人看了,但通过玩游戏,受众又回来了,然后在受众玩游戏时将新闻弹出来,他们就看到了,是拐一个弯巩固舆论阵地。浙江日报报业集团说,你们说我做游戏是不务正业,但是其实我是希望网民在玩游戏的过程中听到党的声音。这有道理吗?也有道理。就像玩微信一样,突然弹出新闻窗口,你也看到了这些新闻。

我们的报纸还会不会存在呢?专业类的报纸肯定会存在,新媒体代替不了它。校报也会存在,学校有这方面的经费,也可以以此来培养学生的新闻素养、参与意识。还有特定人群的报纸,比如湖南办的《快乐老人报》,才办了几年啊,开始办的时候,其他纸媒都说自己都快办不下去了,你们还来办这个报纸,这不是"找死"吗?结果,他们才办了四五年,现在发行量一百多万。现在看报的人虽然越来越少了,但是看报的老人越来越多了,为什么?因为老人不会玩微博,不会玩微信,像我这样会玩的眼睛也越来越差了,中国的老人有 2 个亿了,你说这个市场有多大啊?办了老人报之后,还可以做老人产业,如老人公寓、老人旅游、老人保养等,还可以开设老知青专栏等。另外,还有社区报在特定的社区发行;渠道报,比如大家坐飞机时会看到民航的刊物。坐飞机没有事时要看刊物。还有创新能力强的大众化报纸、市民化报纸。再有党委机关报也一定会存在,因为我们党到现在还是要依靠报纸去发布重要新闻,那怎么解决生存的问题?提价,加大发行力度,政府扶持进行优质资源配置。现在网上有一批网民,主要是我们做媒体的人,他们在呼吁求"包养",大家都过不下去了,给我钱吧,将我们"包养"起来吧。其实这样很难的,一个企业有钱可以养一家报纸,而政府财政要将机关报"包"起来却不行,给你 5000 万元、7000 万元是要求你来创新、改革和发展的,不能完全依赖这些资金。如果政府扶持机关报，那可以，因为机关报的人数很少、版面很少。但是现在很多纸媒发展成集团，招了很多人进来，有些集团上万人，总不能将员工解散吧，所以还是要改革，要发展，要创新。而且给了钱，报纸仍办得乱七八糟，没有传播力，不能走市场，这有什么用呢？这就是名存实亡，给钱这也是临终关怀，没有用的。

今天跟大家交流到这里，谢谢大家。

现场提问1：最近广播电视有一个趋势就是合并，今年广东电视台和南方电视台合并了，还有广东的一些广播电台合并建成了一个新的集团，想将广播电视做强做大。目前报业集团面临生存困境，今后广东的报业集团会不会为了做强做大而合并，组建新的报业集团呢？

范以锦：上海已经这么做了，将原来的文星报业集团和解放日报报业集团合并。而《羊城晚报》《广州日报》《南方日报》合并是不可能的，因为《广州日报》是广州市委市政府管的，《南方日报》《羊城晚报》是省管的，而上海是一个市。后两者要不要合并，其实讨论了几年，前几年就有这个意向，但是一直没有运作，至于说将来有合并的可能，但是也会牵涉到一系列的问题，要衡量利弊。再有，如果合并了，没有竞争，也不是好事，没有竞争也不会有发展。合并之后究竟能不能解决问题，现在还是在探索当中的事，目前还没有定论。

现场提问2：我是来自生科院的学生。您刚才说到香港纸媒和网络媒体的内容其实是一致的，为什么纸媒还会有存在的必要呢？互联网更及时、更便宜啊。

范以锦：在内容比较一致的情况下，有人喜欢读报，也会坚持读报纸。但是如果内容不一致，可能想在网络上看到更多的各种各样信息。但是你说我们可以学香港媒体，这也不行，因为我们实行的是一国两制，不能将香港的制度完全搬到我们内地来。

现场提问3:我是来自管理学院的学生。我有一个关于个人就业方面的问题。我知道您是我们暨大经济学系毕业的,但是后来当了记者,去了南方报业。您大学学的专业和后来的就业没有什么联系,另外,您觉得什么样的人才适合做传媒呢?比较单纯、比较简单的人适合不适合进入传媒行业呢?

范以锦:我进入传媒,那时候自己无法选择,计划经济年代实行分配,分配到哪一行,就做哪一行。但是我学经济做传媒也有一个好处,一到《南方日报》,他们就让我到工商部工作,可能也是因为看到我有经济学的背景。后来我当社长之后,经常也会从经济的角度分析问题,但是当初我们学的是计划经济,不是市场经济,所以我也会有对比,计划经济年代是什么样,现在市场经济年代又是什么样,我也会继续读经济方面的书。

什么样的人适合做传媒呢?新闻学院进入传媒工作的比例大概是20%多一些,绝大多数进不了。那进不了的这些人是不是浪费了呢?不是的,现在是全媒体时代,各行各业都需要泛媒体人才和具有媒介素养的人才。现在所有单位都有网站、内刊、企业文化,有品牌推广、有市场营销,还有专门跟媒体打交道的人,有新闻发言人办公室,所以适用范围非常广。也就是说即使百分之七八十的人进入了别的机构,从事的也是跟媒体相关的工作。进入传统媒体工作的,也有相当一部分人不是传媒学院的学生,可以到《南方日报》《羊城晚报》《广州日报》看一看。现在报社是需要综合性人才,各种各样的人才都需要。但是你进去之后,或者你还没有进去之前,可以培养自己的媒介素养,媒介素养其实就是你对新闻的敏感度,文字表达的能力,还有你组织策划的能力。这些基本功我想你看传媒类的书看多了,然后到媒体亲自实践一段时间后,你就会明白做记者、做媒体也不是很难的事。当然,如果你要成为知名记者、成为有影响力的记者,难度就比较大。你一旦具备了媒介素养,特别是如果你是组织策划方面的人才,很快就会被各类机构以高薪挖走。现在是传统媒体的冬天,但是也要看到泛媒体时代阳光灿烂的春天,很多泛媒体岗位非常适合你们。即使不是传媒学院的学生,但如果你们想进入媒体,也可以去磨炼、去适应。

现场提问4：我是国际学院的本科生。您分析的第一个案例是朱明国案件，您说朱明国案的传播打破了原来的传播模式，但是我刚才查了一下，新华社微博和中纪委官方网站是在11月28日下午15:20同时发布的。新媒体传播方式的转变，突破了电子媒体中把关人的手段，另外，在一些案件中也有现场直播的情况。

范以锦：你讲得有道理。朱明国案我讲的是内容制造商的尴尬，新闻是从这里发布的，但是绝大多数人不是从这里看到的，而是网民看到了之后，通过互联网平台传播，然后形成了影响，结果再倒过来看，所以流动程序改变了。这时会出现什么样的影响呢？因为微信和微博平台的影响力非常大，现在大家也越来越依赖于这个平台，这样就很可能将官方网站和官方媒体平台忽略了。当然这个源头还是官方的，只是在流动的过程中将程序改变了，另外还有一些是从原创开始的。

现场提问5：我是广州大学的学生。现在有一种定义，认为无论是纸媒或者还是网媒，只要内容、形式、营销方式是新的，无论是传统媒体还是新生媒体，那么就能够被定义为新媒体。我认为在传统媒体的改革中，最后可能走的方向会无限趋向于新媒体内容。传统媒体的品牌有可能保留，但是纸媒形式不一定需要存在。您是否认同这个观点？像文广集团、浙江传媒都是国有企业，在西方过去的传媒新闻界，这种大媒体是以私有化形式出现的，但是现在在中国，却是国有的，您怎么看待这种区别？这对中国媒体界是好的现象吗？

范以锦：关于形态的问题，纸是可以消亡的，可以变成电子报等。但是形态不是纸的话，也应该不叫纸媒了，这不是纸媒自身的创新，而是变成另外一种形态的产品，这就是新媒体了。报可能还会存在，纸可能会消失，但是现在也有观点认为纸不会消失，还有一部分人钟爱纸，比如说老人报等，可能会相当长时间地存在下去。

中国媒体现在不允许私有化,中国目前为止没有一家媒体是私有的,全部是国有的。新中国成立初期我们曾经有过民营报纸,后来公私合营,所有报纸都是国有媒体。上海报业集团等的联合,这是以行政手段为主的,在行政上要求联合,而西方国家是按照市场,市场需要联合就会联合。行政推动不是说不行,但是推动之后一定要注意进行市场的引导,就是政府不能够完全代替,行政手段和市场要相结合才能够成功。有一些地方也是采用市场的办法,比如大众日报报业集团,它兼并了很多媒体,虽然并不是省委省政府要求兼并的,而是跟下面谈判,有些报刊觉得能够加入这个团队里更安全,更能够通过这里的资源带动自身发展,所以这是属于"自由恋爱",与市场是有关系的。所以总体来说,政府的手段要适度,市场的力量要强化。

现场提问 6:我是天津商业大学的学生。您刚才说到微博影响力,我们也知道您不仅是研究人,本身也是新媒体的践行者,您每天在微博上会花多少时间?我个人比较崇尚白岩松的新闻理念,他也曾经谈到过自己没有开通新浪微博,因为发觉自己的话语权已经够多了,而且他发现上微博不仅浪费时间,而且微博上真正有用的信息也很少,并且筛选和分辨信息要花很多时间成本。您怎么看他这种观点?

范以锦:我没有白岩松资源那么多,他的资源非常多,经常出去演讲,我没有这样的机会,我的话语权和他不是一个层次的,我不在微博上发新闻。每一个人的情况不同,我现在在微博上发言也是越来越少,主要原因是我老了,我快 70 岁了,眼睛也不是特别好,看了要思考,思考了要回复,但精力有限。前年我办了一个新闻微茶座,欢迎传媒大学生、业界新闻记者,还有各种各样的人跟我交流。第一个专题是就传媒大学生就就业问题谈谈自己的看法。大家互相交流,也谈得很好,后来我又搞了几个专题,边发边想,刚好凑够 100 个话题。那个时候我连续跟他们每天晚上交流到 12 点,然后我就出了一本书——《新闻微茶座》。这本书是全微博体的,有几个人给我写了序言,包括杨锦麟,还有腾讯网的总编辑等,每一个人的序言都是用微博体。教师节的时候我也会给大家发了一条信息，和大家交流，我说今年过节不送礼、要送就送微短信。现在我更侧重于业务交流，思想上的交锋有时候太痛苦，既要经常思考，又要有创新，一不小心大家又蜂拥而来。

现场提问 7：刚才您在演讲当中提到传统纸媒，无论是传播方式还是影响力都日渐式微，校园纸媒这种情况可能更加严重，我们报纸的读者更多的是青年学生，而青年学生更加钟情于新媒体、自媒体，我们应该如何办好一份校园纸媒呢？希望范老师给出一点建议。

范以锦：我认为校园纸媒肯定有人看，南方报业办了内刊《南方报人》，讲的是南方报系的事，再知名、再超前的记者，他都要看这份报纸，因为讲的是我们内部员工的情况，有贴近性，网上是找不到的。所以，校园媒体肯定也有人看，你不信的话放到学生宿舍肯定有人看，看我们暨大有什么新情况、新问题，而不会说因为有新媒体就不看了。还有各个地方的电视台，县一级的电视台的收视率也非常好，因为它播放本地新闻，本地新闻是其他地方没有的，大家都很关注本县发生的事情。比如广州某地发生了抢劫案，这件事可能没有多少人关心，但是如果我这个小区报纸登了两条狗打架的新闻，可能大家都在关注出了什么稀奇古怪的事。很多县的电视台，播放本地新闻的时候大家都会看一看。但是校园报你也要办好，报道学生关注的问题、老师关注的问题，学校里有什么新的信息、新的情况，学校领导有什么设想，我们对未来的发展有什么样的感受。

主持人：范院长的讲座生动分析了传统媒体的衰落、新兴媒体的强势，同时揭示了互联网中的一些商业奥秘，提出了传统媒体转型的建议。相信大家从范院长的讲座中能够获益，再次以热烈的掌声感谢范院长。今天的讲座到这里结束，谢谢大家。

美国战后婴儿潮一代的精神遗产

——从克林顿夫妇谈起

庄礼伟

庄礼伟，暨南大学国际关系学院教授，博士生导师，暨南大学东南亚研究所所长，广东人文学会副会长。

各位晚上好！今天我要讲的话题，是美国战后婴儿潮一代的精神遗产。对于在座的“80后”“90后”的同学，这个话题稍微有点远，但我说着说着大家可能就会明白了，因为当今的我们一直生活在美国战后婴儿潮那一代人或“60年代人”所创造的社会和文化氛围当中。

美国“婴儿潮一代”是特指从“二战”后的1946年到1964年，这18年间有大量人口出生，大约有7600万人。克林顿夫妇就是典型的婴儿潮一代，比尔生于1946年，希拉里生于1947年。“二战”之后，士兵复员回家，那时候社会环境不错，比较安宁，注重家庭的传统价值观还在，大家就开始猛生孩子。1950年到1965年，北美平均每一个育龄妇女生育3.5个孩子，这对现在的中国来说是不可想象的。目前美国总人口中有1/3是婴儿潮一代。为什么婴儿潮会在1964年中止了呢？是因为那个时候美国有了许多新潮现象，比如说学生运动、嬉皮士运动，年轻人对婚姻、家庭的理解有了突破性的变化，因此婴儿潮就停止了。

但是婴儿潮一代在今天美国的经济、政治中非常有力量。大家都知道在发达国家老人们都比较富裕，刚刚出道的孩子们都比较穷。我这里有一些统计数字，到2008年美国婴儿潮一代掌握美国全民可支配收入的50%、家庭财富的70%。但是从2006年开始，第一批婴儿潮出生的孩子刚好60岁，这意味着美国此后将陆续有大量的人要退休，这个退休潮和美国2007年以来的经济危机有没有关系？婴儿潮一代退休时，会把一些高风险的证券投资抛售，或者会将城镇房子抛售，然后住到郊区、乡下去，这样的话整个经济可能会受到影响，只要他们集体动一动，这个社会就会震颤一下，所以他们的力量是很大的。

同时，他们在选民票上也举足轻重。大家都知道老年人爱投票，他们不用政客来动员就爱投票，因为他们心中装了太多的历史，对总统们的记忆太多了——这个总统行，那个总统不行，他们希望新的总统是什么样子，于是他们颤巍巍地就出来投票了。这是他们比较明显的一个政治行为特征。

婴儿潮一代拥有一些鲜明的观念特征和集体记忆，他们的人生经历和美国20世纪60年代紧密相关，他们中的大多数人都可以被称为“60年代人”或者“60年代的孩子”。我今天讲的“60年代”是一个比较宽泛的概念，从时间上讲可以向前追溯到20世纪50年代的“垮掉的一代”；向后可以延续到20世纪70年代的前半期。美国婴儿潮一代的许多集体记忆与“60年代”那个风云激荡的年代有关，用中国的流行话语来说就是“激情燃烧的岁月”。虽然中国也有过所谓的“激情燃烧的岁月”，但我看美国婴儿潮一代的激情燃烧绝对超过同时期的中国年轻人，因为美国婴儿潮一代的激情燃烧是要烧坏宇宙，颠覆一切传统价值和既有权威，也不可能有对政治强人的无条件崇拜。

现在美国社会各行各业的很多风云人物可以说都是“60年代人”，例如克林顿夫妇、克林顿的副总统阿尔·戈尔、小布什、比尔·盖茨、大导演斯皮尔伯格等，现在只要是年满60岁的好莱坞大牌男星女星，可以说都是“60年代人”。当然也包括1961年出生的奥巴马总统。奥巴马小时候在印尼生活和读书，印尼人还专门指给我们看奥巴马是在哪里读过书。他和他妈妈当时生活在印尼，1971年奥巴马从印尼回到夏威夷，实际上他是赶上了美国“60年代”的尾巴，因为20世纪70年代前半期也属于一个大的“60 年代”范畴，奥巴马的许多执政理念都有“60 年代”的印记。克林顿是美国第一个在“二战”后出生的总统，1992 年他竞选总统时，他的共和党对手老布什是“二战”老兵。克林顿击败老布什是一个具有历史性意义的时刻，也就是说从 1992 年克林顿当选总统的那一刻开始，美国战后婴儿潮的那一代人，取代了他们的父辈（如“二战”老兵老布什）正式进入美国社会与政治的主流。

美国婴儿潮一代人中有许多在 20 世纪 60 年代都吸过大麻，克林顿在竞选总统时，别人也问过他是否吸过大麻的问题。这个问题其实很难回答——你不能说没有吸过，你说没有吸过，婴儿潮那一代中会有许多人不高兴，说你这个人这么忘本、这么虚伪；如果你说吸过，婴儿潮那一代中也有许多人变得保守了，你要说吸过他们也不高兴，因为这样他们怎么去教育孩子？克林顿是这样回答的——他是在英国留学时吸过，但是没有把它吸进肚子里。这样婴儿潮一代人听了很高兴，他吸过嘛，跟我们是一伙的，但是呢，鉴于我们现在要教育孩子，他没有吸进肚子里，这是一个明智的选择。所以有调查机构说，克林顿是美国历史上智商最高的总统，跟他差不多一样高的是尼克松。大家经常嘲笑小布什的智商，他在总统智商榜上可能排在一个比较玄乎的位置，克林顿、小布什都是婴儿潮一代人，都是 1946 年出生的，小布什年轻时也荒唐过，但他后来成了变得非常保守的那一批“60 年代人”的代表。

还有一个人——英国前首相布莱尔，他也是一个典型的“60 年代人”。他年轻时的生活非常嬉皮士，所以在他竞选首相时也被追问当年是否吸过大麻。欧美社会现在看起来都正经起来了，吸大麻变成一个比较敏感的话题，而在当年这是一个时尚。布莱尔年轻时组建了一个名叫“丑陋的谣言”的摇滚乐队，衣着、言论非常出位，很有现在网络红人的风格，完全不是他后来当首相时的样子。

今天我们要讨论的是婴儿潮一代在历史上留下了怎样的精神遗产，这个遗产主要就是那场要“烧坏宇宙”的社会与文化造反运动所蕴含的价值追求。这场造反运动当然有它的历史和社会根源，包括工业社会晚期向后工业社会转型中的价值真空、越南战争等。另外，当时美国的社会矛盾也比较尖锐，包括种族问题、贫富差距问题。“二战”期间美国有大量黑人入伍当兵，他们的阅历和觉悟都提高了，所以战后美国黑人有许多抗争运动。这场造反运动和婴儿潮本身也有关系，婴儿潮导致美国大学扩招，根据供求关系，大学生的身价不那么高了，他们找工作的难度也在增加，所以他们心里很郁闷。这些都是一些现实原因。更重要的是总体的结构性原因，当时的美国社会是一个由工具理性所主导的现代社会，它是高度理性化、组织化的现代社会，它对人性是压抑的，它将人性组织起来了，实际上就是规训起来了。如果大家从自己的角度想，其实我们也在这个罗网当中。

工具理性主导的社会也是技术统治的社会，社会就像一台巨型机器，人们受到有形和无形的控制，例如在工厂的流水线上，人是机器的附属物，是另一种机器人。当然技术统治仍然是一个表象，它的背后是资本的统治、金钱原则的统治。美国社会对资本和金钱原则的统治的不满积聚到20世纪60年代就全面爆发了。当时美国年轻人的造反运动还反对消费社会的原则。其实消费社会也是指资本和技术占统治地位的社会，整个社会的运转主要就是围绕着消费来进行，人们的主要价值追求也是集中在消费上。人们的兴趣只剩下购物，高兴了就用购物庆祝一下，不高兴了也用购物排遣一下，这是一种以购物为中心的情绪管理。

技术统治在20世纪60年代是一个被严厉批判的概念。关于技术统治这个问题，马克思当年是有所忽视的。当年他认为技术进步会带来生产力的发展，生产力的发展会带来社会关系的变革，然后拉动整个社会形态由低级向高级发展。这是一种线性思维，或者说乐观的历史进步论。在我看来，未来社会不一定很美好、很文明，大家看美国电影里的未来社会，有哪一部电影中的未来社会是好的？当然这是好莱坞设计的噱头，但是未来社会真的很有可能就是那个样子。

为什么这么说呢？未来技术很有可能会高度发展，但是跟着会出现一些非常严重的问题，出现一些严重的风险，譬如说技术失控，人们控制不了自己掌握的技术；又譬如说虽然那时技术高度发达，但是人类极度平庸乃至丑陋，电影里的外星人 ET 也许就是未来人类的形象，那时候人们的大脑成了接收各种感官刺激的效果接收器，所有欲望的满足都可以在大脑里完成，于是身体的其他部分就不那么重要了，开始萎缩了。这当然不算是一个美好的社会 。

所以未来不是我们能够按照线性思维去预期的，未来不一定是美好和安全、和谐的社会。其实对于 20 世纪 60 年代的美国人来说，不用等到未来，工业化社会里的很多不好的现象就已经发生在他们眼前和他们身上。所以典型的“60 年代”问题，就是发现我们的文明出了什么毛病，然后该怎么解决。生活在 20 世纪 60 年代的美国年轻人发动了社会改造运动，这场运动也可以说是自文艺复兴运动以来的又一次人性解放运动。这场运动直面那个时代的重大问题，即现代文明该向何处去的问题，所以“60 年代人”提出了一个纲领，他们说消费社会注定要暴毙，而未来的理想社会将消除任何对人性的禁锢和异化——异化就是主客体的颠倒，人为物役；他们要发明一个富于创造性的全新世界，他们期待这么一个宏大的场景——“想象力正在夺权”。马尔库塞是 20 世纪 60 年代美国青年造反运动的精神导师，他认为改造社会的一个重要路径或者工具就是想象力，我们知道披头士有一首歌就叫“Imagine（想象）”。从历史经验来看，想象力确实是一种实实在在的巨大力量，人类社会确实是由种种伟大的想象力推动着向前发展的。

这场改造运动中不仅催生了嬉皮士文化，也确实带来了许多的社会变革，例如在同性恋问题、少数族裔公民权问题和解决贫困的问题上，美国都有了许多积极的成果。在 20 世纪 60 年代华人移民美国出现了一个高潮期，因为那个时候美国对少数族裔的政策越来越开明。所以“60 年代”在公共政策方面、物质性的社会改造方面也留下了许多遗产 。

我们还可以从20世纪60年代美国社会发生的一些大事,来加深对这个时代的印象。那个时候是冷战时期,美国面对来自苏联的严重安全威胁,同时美国卷入的“越战”也在不断升级。大家可能对肯尼迪总统的印象不错,但对他的继任者约翰逊总统的印象很差,美国人认为是他发动了“越战”。其实“越战”在肯尼迪担任总统期间就已经发生了,但是他留给美国人的印象特别好,他英年早逝,他的自由主义情怀使“肯尼迪”成为美国的一个政治品牌。1963年肯尼迪被暗杀,1969年马丁·路德·金博士被暗杀,这些都是美国“60年代人”的集体记忆,克林顿夫妇在他们各自的自传中都有详细的回忆。大家也可以回想一下自己这10年、20年来的集体记忆,我想大家也都会拥有一些会暴露你们的年龄的记忆,而当你们聊起自己的集体记忆时,我在旁边也会暴露自己的年龄,因为我一概不知,我已经“out”了。所以每一代人都有自己的集体记忆。

在美国的20世纪60年代,反战歌曲成为流行音乐的主题,那时有一对歌坛情侣,鲍勃·迪伦和琼·贝兹,他们的反战歌曲都非常的受欢迎,到今天已成为经典。大西洋另一端的法国当然不甘落后,1968年法国成为北半球青年造反运动的中心,巴黎发生了“五月风暴”,当时有许多象征权力、权威的机构被占领。今天我们看到了“占领华尔街”,其实“占领”这个概念是西方社会和平斗争的一个传统。例如,如果大学生对学校有什么意见的话,就去占领学校的一个公共场所,比如学校的大讲堂、广场,然后开讨论会,发表声明。“五月风暴”时期的巴黎号称被一个哲学运动所统治,各行各业的人,包括传教士、医生、大学师生等都在发起抗议,抗议什么呢?五花八门,包括一些很奇葩的目标,但重点目标也是有的,这就是当时年迈的戴高乐总统,他被认为代表了老旧刻板的观念和国家机器。当时的日本也发生了学生运动,村上春树的《挪威的森林》里有提到,日本的学生运动同时反对美帝、日帝,出现了激进的学生组织乃至红色恐怖分子。

“60年代”也是超级规模的露天摇滚音乐会的时代——曾经出现过

40 多万人参加的伍德斯托克摇滚音乐会。学生罢课非常频繁,他们罢课去参加露天摇滚音乐会。当美国政府策动柬埔寨政变时,全美有 900 多所高校罢课抗议,一半以上的大学老师和学生都参加了罢课。这些都是美国“60 年代人”共同的故事、集体记忆。“60 年代”是一个开“大 party”的年代,包括大型露营、大型露天音乐会,其实这些活动本身也是年轻人非常喜欢的一种生活方式。

那时候的反战抗议活动,有一个象征性行动就是往枪管上插鲜花。亨廷顿的《第三波》这本书里讲了在第三波民主化运动中,和平示威者向士兵的枪管上插各种鲜花。因此,一些国家发生的这类事件就被叫作“某某花革命”。那时候参加和平反战运动的年轻人还流行把花戴在头上。

“60 年代”的学生运动主要有两个价值追求:一个是主张激进的政治改革,崇尚“3M”(马克思、毛泽东、马尔库塞);另外一个是生活方式上的革命,主张走向生态主义、乡土主义,过嬉皮士生活。当年有很多美国人过着群居公社的生活,这个“公社”可能是在乡下丛林里,也可能是在城市的一座大楼里。这是“60 年代”学生运动的两个基本特点。

克林顿夫妇就是一对非常“60 年代”的夫妇。他们都经历了 1960 年的美国总统选举,那是肯尼迪对垒尼克松,肯尼迪赢了;然后还有马丁·路德·金博士的演讲“我有一个梦想”,克林顿和希拉里对此都有深刻的记忆和认同。克林顿在自传中写下了他当时的感受,他说:“他(金博士)演讲的时候我都在哭,他说出了所有我相信的东西,一位黑人领袖,我永远也说不了他那么好。”克林顿从政后还多次引用肯尼迪总统的名言:“自由有很多困难,民主也并非完美,但我们从不需要筑起高墙,将自己的人民圈在里面。”希拉里在自己的自传里也说了一些事情,反映了她对“60 年代”价值观的认同,譬如说有这么一件事:她 14 岁上课时,历史老师是共和党人,他非常讨厌苏联,对同学们说“大家记住:死也好过被苏联赤化”。当时的环境确实是这样,苏联说要埋葬美国,美国说要战胜苏联,彼此是你死我活的关系,但班上一位同学站起来说:“老师,我才 14 岁,活着最重要。”这个例子不仅反映了当时年轻人独立思考的风貌,也反映了他们不愿意个人的生活被政治主宰的态度。1962 年克林顿作为学生代表,受到了肯尼迪总统的接见,对此他深感荣幸。同样是 1962 年,希拉里也见到过一位大人物,这就是金博士,她也深感荣幸。他们都深深记得这些大人物跟他们握手时的情景。克林顿和希拉里的“60 年代”记忆还包括大家一起追捧披头士乐队——几个来自利物浦的工人阶级子弟组建了一个起初并不被看好的乐队,后来突然就红了,希拉里喜欢其中的保罗·麦卡特尼。希拉里还回忆说,法国 1968 年的“五月风暴”发生的起因之一是大学里的宿舍管理规定:男生不能随便进入女生宿舍。希拉里读大学的时候,她所在学院也有这样的规定:一周之内男生只有在星期天下午才能拜访女生宿舍,并且房间的门必须打开,同时房间里两个人的四条腿必须有两条腿始终在地板上。这是很科学的规定,也是技术社会里的一个技术规范。

受“60 年代”影响,克林顿和希拉里的学业不可避免是以公共议题作为兴趣焦点,希拉里的本科毕业论文写的是对如何在社区中帮助穷人的比较研究。而奥巴马也是由于杰出的社区服务而在 2004 年当选参议员。克林顿在他的自传中居然没有提他本科毕业论文,不知道发生了什么事情。克林顿夫妇的女儿切尔西读的是斯坦福大学,所读专业和父亲当年的差不多,她选择了国际关系专业,毕业论文写的是她老爸怎么调停北爱尔兰和平进程。

希拉里作为“60 年代人”,她在担任美国国务卿期间所制定的一些政策也体现出“60 年代”的风格。她曾经撰文说美国应当通过 civil power 来领导世界。美国提出了很多国际关系概念,如“软实力”“巧实力”,希拉里提出了一个 civil power,这个理念实际上就是来自美国“60 年代”,来自肯尼迪时代。它可以翻译成什么呢?“民间实力”“公民实力”或者“公民社会实力”。希拉里认为美国对外政策应该重视这种实力。怎么体现这种实力呢?就是把美国公民派出去和世界各国人民交朋友,这个政策概念其实是肯尼迪提出来的。肯尼迪在竞选总统期间曾经问大学生愿不愿意将生命中的时间奉献出两年来帮助第三世界的人民？那个年代美国的公共言论都是这个口气、这种格调。现在暨南大学如果要派学生去海外做华文教师的话，大概不会用这样的语气说话，只用说国家汉办有这样一个通知和计划，待遇如何，大家一年就可以回来等。肯尼迪当政后果然就向许多发展中国家派出了以年轻人为主的“和平队”。希拉里写 civi1 power 这篇文章时其实是对美国“60 年代”精神遗产的一个继承和呼应，她当国务卿时有时会按她的“60 年代”记忆来推行一些政策理念。

“60 年代”嬉皮士文化催生出来的新生事物也有很多，其中不少在当年被视为反叛的做法在今天已经成了时尚和“政治正确”，所以我说我们其实是生活在“60 年代”的精神遗产里的，例如摇滚乐、街舞、对 LGBT 持宽容态度、未婚同居等。需要澄清的是，嬉皮士文化是一种理想主义文化，别看有些嬉皮士身上臭烘烘的，或者衣服很不整洁，但是他们的理想很干净：友爱、和平、自由、生态。在嬉皮士文化之下，发展出很多的国际 NG0，“60 年代人”建立了很多在今天很有名的国际 NG0，像“绿色和平”“无国界医生”“大赦国际”“无国界记者”等。只要名称里有“无国界”这 3 字的国际 NG0（非政府组织），基本上都是“60 年代人”的精神产物，因为他们信奉世界主义。什么叫世界主义？就是个人最主要的、首要的身份是人类的一员，而不是国家的一员，这一点可能大家觉得很难接受。

当然，许多嬉皮士确实也有一些稀奇古怪的生活癖好，包括一些实验性的癖好，比如迷恋东方哲学、东方宗教。尼泊尔当年就是全球嬉皮士运动的一个圣地，那里有雪山、印度教、佛教，当然也有大麻。尼泊尔的山路上经常随随便便就可以找到大麻。我在尼泊尔看到有人把尼泊尔的国名“NEPAL”解释为一句话“Never end peace and love”（和平与爱永存）。和平与爱正是嬉皮士的核心价值观。嬉皮士文化也曾传到中国台湾，作家三毛实际上就是一个嬉皮士，她标新立异，嫁给了一个年龄比她小的西班牙潜水员荷西；台湾歌星齐豫（齐秦的姐姐）的做派也有一些嬉皮士的样子,如神秘主义信仰,她还唱过三毛作词的一首歌《橄榄树》。“流浪”“在路上”“我的故乡在远方”,这些就是嬉皮士的生活做派。当年嬉皮士的一些豪放不羁的做派如今已经成为世界范围内的风尚。

当然嬉皮士这个话题大家可能还是不太熟悉。如果要说到大家都熟悉的人而他(她)曾经是一个嬉皮士,找来找去我只能选乔布斯了。但是对乔布斯曾经是一个嬉皮士的人生经历和他个人观念中的嬉皮士印记,可能大家仍然不够熟悉,下面和大家做一点分享。

乔布斯的第一个女朋友是这样说乔布斯的:“他有一点疯,常常焦虑不安,好像有无穷的黑暗包围着他。”这是一个嬉皮士还没有吸大麻之前的样子。那么吸了大麻之后怎么样呢?乔布斯回忆说:“一瞬间整个麦田好像都在演奏巴赫,而巴赫本人好像也出现在麦田里。”当然嬉皮士之所以要流浪远方、吸毒等,因为他们认为这是在升华自己,这些叛逆脏乱的生活方式都是通向干净世界的桥梁。禅宗也是嬉皮士的最爱,乔布斯回忆说:“我当时身处一个神奇的时代,提升我们觉悟的是禅宗,还有迷幻药。它让我更清楚什么是重要的——创造伟大的发明,而不是赚钱。应该尽我所能,将此生放回历史和人类思想的长河。”“将此生放回历史和人类思想的长河”,这不是一个典型的西方思想,传统西方人常说我们要努力得救、要进天堂。嬉皮士文化当中有着东方文化的影响。乔布斯还有一点瞧不上比尔·盖茨,说比尔·盖茨这个人,如果他年轻的时候曾经吃过迷幻药或者进行过禅修,那么他整个人的境界就会提高很多。乔布斯还有一个“心头好”就是作为摇滚乐迷,他是鲍勃·迪伦、披头士、滚石乐队的粉丝。鲍勃·迪伦如日中天时,生于1955年的乔布斯才是一个少年,鲍勃·迪伦是乔布斯见了就会双腿发软下跪的偶像。乔布斯成年后作为嬉皮士去追星还有自己的范儿,怎么追呢?他去“泡”鲍勃·迪伦已经分手了的女朋友,他们年龄相差14岁,但是他可以用这种方式去接近伟人偶像。

再讲一个嬉皮士的故事,她就是奥巴马的妈妈。20世纪60年代她是年轻的人类学学者,她的两任老公,一个是非洲人,一个是印尼人。人类学者要深入了解一个国家,通常会在这个国家找一个男朋友或女朋友,甚至和当地人结婚。奥巴马的妈妈的博士论文是研究印尼的,所以她找了一个印尼人做老公,但他们的关系并不是很好,最后还是分开了。奥巴马的妈妈有国际主义的理想,从印尼回来后到了美国的国际开发援助机构工作。她的博士论文据说写了 800 页,用了 14 年时间进行田野调查和写作,研究爪哇乡村的铁匠手工业。有媒体这样说奥巴马的妈妈,说她其实也算是一个嬉皮士,因为她是一个无神论者,是一个马克思主义者。所以奥巴马有一个曾经是马克思主义者的妈妈。

说了“60 年代”的许多老故事之后,到了我们该回首和反思“60 年代”的时候。“60 年代”其实在 20 世纪 60 年代末就开始走向了衰败。由于学生造反运动总是实现不了目标,和平抗争的效果很有限,主张非暴力抗争的金博士已经被暗杀了,激进的黑人组织和学生组织就应运而生,他们开始建立地下组织搞暴力活动。而出现暴力的学生组织之后,学生运动基本上也搞不下去了。1968 年的美国总统选举,大家都以为讨好学生运动的民主党候选人会赢,但是最后赢的是共和党候选人尼克松。这是一个学生很讨厌的人,但是选票计算出来,尼克松确实赢了。这是因为美国社会沉默的大多数否定了造反的大学生。

我们也可以在村上春树的《挪威的森林》这本小说里看到日本 20 世纪 60 年代末那个时候的学生运动也是不可持续的。在小说中,男主人公渡边是很边缘的一个人,当其他同学将参加学生运动和罢课当作时髦时,他总是懒洋洋地做他的边缘人物,因为他看到学生们又一度复课,复课的时候积极来上课的都是平时把罢课叫得很响的学生,他觉得学生运动里有很多虚伪人物,所以他对学生运动没有什么好感。渡边在听到一些学生运动领袖做演讲时,他怀着很悲悯的心情想到,“这些家伙真正的敌人恐怕不是国家权力,而是想象力的不足”。可见,村上春树对学生运动有一种疏离感和警惕感。《挪威的森林》里绿子同学问渡边:“我们这么逍遥，我们不参加学生运动，会不会是反革命啊？革命成功后，我们这些落后分子会不会被吊在电线杆子上？”这句话暗含着学生运动的暴力、专制倾向，后来赤军的一些做法也证明了日本学生运动的暴力化、专制化倾向。所以绿子问渡边，革命成功之后会不会将他们这些落后分子吊在电线杆子上，实际上她看到了左派革命的暴力、不靠谱、强迫症和极权统治的可能性。

作为“60 年代人”的孩子，奥巴马也曾经对“60 年代”进行了反思。他首先承认他是“60 年代”的产物，没有“60 年代”就没有他幸运的人生，没有那时候的民权运动，那么黑人和黑白混血人的社会地位、平等的公民权都是得不到保证的。奥巴马受益于“60 年代”的社会改造运动，上大学、拿博士学位、当选参议员，人生顺风顺水。但是 20 世纪 70 年代他稍微懂事一点的时候，他就意识到“60 年代”的事态可能有一点失控，所以他能理解他的外祖父母，也就是他的嬉皮士妈妈的爸爸妈妈，他们都是老民主党员，但是却承认 1968 年总统选举时他们支持的是共和党候选人。奥巴马在他的自传中也说道，“我（年轻时）曾经也有一段自我放纵的日子，但是我最终懂得了家庭、宗教这些约束所具有的价值”。当然他也说“60 年代”要解决的问题并没有完全解决，种族问题、全民医疗保障问题等，都是他走入政界时关心的议题。

事实上，“60 年代”的青年造反运动的积极参与者和领导人大多来自社会中层，来自富有的家庭，比如大学老师的孩子、公司管理层的孩子，他们对经济上的贫富差距没有概念，所以将造反运动的目标锁定在政治和文化方面。而下层的人，他们迫切需要改变的主要是他们的经济地位，但是这一点在“60 年代”的青年造反运动中并不是主流的目标，倒是民主党政府做了一些这方面的改进，如林登·约翰逊总统“伟大行动”计划中的治理贫困政策。所以，关于抗议者、公共舆论的发言人和被他们代表的大众之间的友谊或者利益共同体的神话，是需要认真反思的。

在 20 世纪 60 年代的美国，曾经发生过警察或者士兵痛打学生的事件，为什么要痛打？因为警察和士兵很多来自下层家庭，他们觉得这些学生太高傲、娇气，又躲避兵役，不忠于国家。所以虽然当时的青年造反运动看起来波澜壮阔，很有历史感，但究竟有多少社会下层的人参与其中？为什么 1968 年总统选举时"沉默的大多数"支持了共和党候选人尼克松？这说明现代社会的主要矛盾不仅有中下层和上层的矛盾，也有中层与下层之间的矛盾，而后者往往会被忽略，所以我们不能认为社会中层会天然地代表下层，或与下层是利益共同体、观念共同体，也不能认为他们会一致去对抗上层。

这几年社会中层阶级运动在东南亚、中国港台地区也普遍发生，但我们也看到在这些地方，社会的中层和下层之间相互有隔阂，有利益冲突和观念落差，他们的政治行为模式也不太一样。社会下层的人数比较多，所以他们比较喜欢投票。中层阶级人数少，多是住在城市里，所以他们喜欢面对摄影镜头搞街头行为艺术和街头抗争，然后把照片、视频发到社交媒体上，这样可以制造放大效应。在泰国，有不同的政治势力分别同社会中层和社会下层结盟，比如他信集团，这是一个新兴产业富豪集团，和传统权力没太多关系，但又想重塑利益格局，便和下层的农民、贫民结盟；国王、军队、官僚阶层就打着反对他信民粹主义、腐败、不尊重法律的旗号和城市中层阶级结盟，因为民粹、腐败、不尊重法律是中层所厌恶的。

"60 年代"的美国大学生，他们是在为自己代言，还是在为更多的社会多数成员代言？如果只为自己代言，这个运动是很难持续的，甚至会引起其他社会阶层的厌憎，这个问题是发起这个运动的成员需要检讨的。其实在美国的 20 世纪 60 年代，保守主义力量和思潮也是同时存在的，当时有一些人坚决反对"60 年代"，他们对"60 年代"的认知和记忆都是很糟糕的：不仅嬉皮士文化不好，民主党政府也不好，搞极权、搞大政府。保守主义者是不喜欢大政府的。

艾伦·布鲁姆在《走向封闭的美国精神》一书中说"60 年代"是大有问题的。他做思想史研究时，看到在德国纳粹上台前和上台后的 20 世纪

30 年代,德国左派和“60 年代”的美国左派很像,他们都是在一种对资本主义的极端仇恨情绪的支配下,试图破坏社会的传统和秩序。布鲁姆在书中说,有一位政治学教授做了一个试验,他对学生念了一段面对社会问题该怎么办的文字,学生们听了这段文字很受鼓舞,说讲得真好,他们也想这么做。然后这位政治学教授告诉学生,这段话是法西斯之父墨索里尼说的。这反映出什么问题呢?他是想以这个例子来说明学生运动太过极端,甚至有走向法西斯极权主义的倾向。他这本书为什么叫《走向封闭的美国精神》?嬉皮士不是说要向多种可能性开放,要追求一种自由奔放的思想风格吗?但布鲁姆认为 20 世纪 60 年代的思想反叛运动恰恰是一种“走向封闭的美国精神”,他认为嬉皮士的思想实际上是停滞了,他们实际上放弃思考了。很多嬉皮士去做冥想,有人说冥想是停止对自我的思考,只是在追求一种精神上的舒适而已,是一种疗伤程序,并不是在思考。当然冥想教师会回应说,你冥想的时候是不断往外扔东西,不要老是往自己的大脑扔东西。布鲁姆这本书很有启发性,当然里面可能也有一些对“60 年代”的偏见,指责别人“封闭”时,自己可能也正是封闭的。

最后,讲座刚刚开始我就讲到,尽管大家并不是特别了解“60 年代”,但是我想告诉大家,我们就生活在“60 年代人”开创的社会和文化氛围当中。在精神食粮上,我们仍然在吃“60 年代”的饭。“60 年代”在当今世界,特别是在西方社会,也包括在很多非西方社会,都留下了很多印记和遗产。譬如说政治正确,它的英文缩写是 PC,大家也知道 PC 也指个人电脑,这两个 PC 的发展都和嬉皮士文化有关,因特网在相当程度上也可以说是受了嬉皮士文化的推动,嬉皮士崇尚平等、梦幻、自由,个人电脑和网络都是嬉皮士思想冲浪、白日造梦的绝佳工具。回到“政治正确”这个话题,它要求尊重多样性,不侵犯弱势群体,因此说话要得体,特别是在公共场合,措辞要中立、客观,以避免不尊重他人。当然现在我国对美国“60 年代”反种族歧视、反种族主义那种“政治正确”不太注意,我们有我们的“政治正确”,在社会、文化领域,中国大陆的顾忌、禁忌还是相对比较少的，譬如有位广州人说“我昨天遇到一只鬼”，就是指遇到了一个外国人。但是香港人就比较注意，很多措辞都尽量不得罪那些社会地位已经很低、境遇很差的人，避免再用某种言词伤害他们。譬如香港媒体会用“街友”这个词来指代在街上流浪的无家可归者，“街友”，即在街上的朋友，是在小心翼翼地避免触痛这些人的伤疤。我也不知道这个词以后会不会翻转成为戳街头流浪者伤疤的一个词，因为只要有社会歧视存在，那么无论选择什么措辞，都有可能刺痛被歧视者。

美国黑人的社会地位的上升，为全世界树立了一个榜样。并不是每一个国家都能将少数族群问题进行这么大幅度的改造。奥巴马在还没有当选为总统时，他曾说过美国已经有了一位“黑人总统”，他就是克林顿。为什么这么说呢？因为克林顿是“60 年代人”，他后来当了总统，积极贯彻“60 年代”的理想，在对待少数族裔方面采取了很多政策帮助他们，友善地对待他们，因此深得少数族裔特别是黑人的欢迎，以至于在他闹出了“拉链门”，引起舆论哗然，很多人特别是共和党要找他麻烦时，但是美国黑人们对他不离不弃，因为克林顿是他们的总统。到后来，黑白混血的奥巴马成为美国总统，这也是一件不简单的事情，这和“60 年代”的精神是有关联的。在欧洲也有很多黑人、华人、印度人、阿拉伯人、越南人，他们中有的官至政府副首脑，有的贵为内阁副总理，或者某个城市的市长，这也反映出欧洲社会的开明。

女性社会地位的上升，这更不用说了，这也是“60 年代”的一个精神遗产。当然女权运动是很早就有了的，但“60 年代”让女权运动攀上了新高峰。

“60 年代”还有一个遗产是宗教信仰的衰落，很多人开始不信仰宗教了，这个现象在欧洲比美国还要普遍，比如说英国有很多教堂都已经关闭，没有人去了，布满蜘蛛网，都可以拍恐怖片了。

“60 年代”的遗产其实还包括了一个人——村上春树，我把村上春树也当作“60 年代”给我们留下的一个遗产。村上春树 1949 年出生，也是婴儿潮一代人。日本那时的人口出生率比较高,但是经历了“60年代”之后,大家也开始不想生孩子了。看村上春树的作品,我觉得他就是一个嬉皮士加雅皮士,他生活上接近嬉皮士,政治观念上接近雅皮士,所以他质疑学生造反运动。村上春树和乔布斯一样,都很喜欢鲍勃·迪伦。村上春树有本书叫《且听风吟》,这个书名就是受了迪伦一首歌的歌名的影响,这就是《答案在风中飘》,歌词中说“一个人能做到多少次转过头去装作没看到(苦难或荒谬的现实)?我的朋友,这个答案就飘在风中”,这是很经典的“60年代”式的发问,很文雅的发问,但直戳人心。村上春树将“60年代”的音乐作为自己文学的背景音乐,但是大家不要被村上春树小说中那一连串小资味十足、“小清新味”十足的咖啡的名字、文学作品的名字、音乐的名字迷惑住了,觉得他跟我们是很接近的一代人。其实1949年出生的村上春树永远活在他的“60年代”里,现在不少年轻人喜欢村上春树,是因为他身上体现着“60年代”的改变、实验、个性张扬的内在气质,这些气质永远不会过时。

我曾经接触过一些“60年代人”和受“60年代”精神感召的人。我曾经因参加GPPAC(全球预防武装冲突伙伴)活动而结识了日本“Peace Boat”负责人吉冈达也,活动结束后去啤酒厂喝啤酒时,我们一起唱了许多“60年代”的歌曲。他多年来秉持“60年代”式的理想主义情怀,一直致力于国际民间的和平友好活动。我也接触过许多“无国界医生”成员,这个组织在1971年由一批年轻的法国医生和记者创立,他们和国际红十字会不同,经历了“60年代”洗礼的这批年轻人除了在战乱、贫困地区非常专业地救死扶伤之外,也关注人道灾难背后的政治原因。他们发现国际红十字会有一点做得不好,就是从来不批评发生灾难的那个地方的政府,“无国界医生”认为他们缝合伤口的速度赶不上杀戮的速度,应该批评人道灾难的制造者。“无国界医生”是全球最大的独立医疗救援机构,1999年获得了诺贝尔和平奖。所以,“60年代”虽然过去了,但“60年代”的精神遗产仍然在为我们的时代提供源源不断的理想主义精神资源。

其实,当代许多流行文化在 20 世纪 60 年代时都已经出现了,而且在那个年代已经很流行,譬如街舞、涂鸦、摇滚乐。2012 年伦敦奥运会的闭幕式上出现了披头士的一首歌,这就是“Imagine”,这首歌可以说是“60 年代”精神的一篇宣言书,歌词说到——“我不会是唯一的做梦者”。

现在米兰、伦敦的时装发布会,也可以看到一些嬉皮士文化的印记:东方神秘主义、波希米亚风格,还有种种极简的文化符号,这些都是“60 年代”对当代生活产生的影响。

“60 年代”还留下一个巨大的遗产,这就是生态运动、绿党运动,包括现在全球减排温室气体运动。美国有一个“男柴静”,前副总统阿尔·戈尔。其实不能说他是“男柴静”,因为他做环保 PPT 演讲比柴静早,他和联合国政府间气候变化专业委员会共同获得了 2007 年的诺贝尔和平奖。第一个“世界地球日”也是嬉皮士推动的,现在许多环保运动、素食运动、反核运动,都蕴含了嬉皮士当年的理想。

“60 年代”还有一个重要的遗产,这就是藏传佛教和印度教文化在西方的流行,这是东西方文化之间平等的融合,这不是一种强压式灌输,而是不同文化之间的自由互动。大家知道印度瑜伽,20 世纪 60 年代时它在西方很流行,因为它并不仅仅是一种健身术,它本身就是一种宗教,有着深刻的宗教内容,所以瑜伽传到西方,等于说印度的宗教也传到西方。“60 年代”的精神遗产包括了不同文化、不同文明之间的友好互动。

当然“60 年代”还有一个巨大的遗产,就是个人电脑、因特网。嬉皮士把个人电脑、因特网当作他们做梦的工具,乔布斯曾经说过,他觉得自己身边很多人把对嬉皮士文化的痴迷和对电脑科技文化的痴迷结合得非常好,因为他们觉得这两者是可以打通的。在 20 世纪 60 年代那时,接触一台电脑可能跟现在不一样,现在你对它没有神秘感,打开电脑就是这样。但是你想象一下在 20 世纪 60 年代,人们打开电脑,看到界面出现,还看到屏保的迷幻线,会有一种空前的迷幻感。这种迷幻线实际上就是嬉皮士很“嗨”的时候愿意看到的场景,所以用它来做屏保线。

因特网让大家能够将梦在一起做，这也是嬉皮士的一个理想，嬉皮士有一个口号是“We are one(世界大同)”。其实电脑黑客也是“60 年代”精神的产物，它代表无政府主义者、激进自由主义者，他们想改造这个世界，当然他们也具有破坏性。

“60 年代”的遗产还有美国的“医保梦”，迄今为止尚未完全实现。“60 年代人”克林顿当了总统之后，很想把“60 年代”的这个梦做完，所以他委托自己的太太，另外一个“60 年代人”希拉里，去负责这个项目。他们夫妻俩搞的方案太过激进，所以没有成功，他们希望每一个美国人都能享受医疗保障，他们夫妻俩是想干一个很大的事业来向他们曾经成长于其中的“60 年代”致敬，向马丁·路德·金致敬，向约翰·肯尼迪致敬，向爱德华·肯尼迪致敬。现在奥巴马的医保改革接续了克林顿时代的政策遗产。

由于时间关系，最后我想用一个问题来结束我对“60 年代”的独白式的个人缅怀。有一句格言大家都很熟悉，这是 2005 年乔布斯在斯坦福大学演讲时说的一句话“Stay hungry, stay foolish”，为了这句话我写了一篇文章《乔布斯的老师是谁》。我也很好奇中国人会怎么理解这句话，于是我上“知乎”上查，然后我在“知乎”上就找到了这么一些答案，譬如说，可以翻译成“求知若饥，虚心若愚”，但是没有比这更愚蠢、刻板的翻译了。当然还有“我傻我知道、我穷我努力”这样故意搞笑的翻译，还有人译作“保持饥饿、保持愚蠢”，那么这句话到底是什么意思？这句话并不是乔布斯的原创，这是被乔布斯奉为老师的一个老嬉皮士斯图尔特·布兰德办的一份杂志上登的一句话，我们对这句话不能像于丹老师那样从“求知若渴、虚心若愚”劝大家好好学习、天天向上的角度来理解，因为这是一句典型的嬉皮士格言。我前面说了嬉皮士有一种要把宇宙烧穿的精神，当我了解到“60 年代”嬉皮士的种种传奇之后，我就明白了这句话的意思。这句话该怎么翻译？——永远激越、永远狂热、永远莽撞、永远不乖、永远抗拒、永远自我、永远不驯服，反正根本不是“求知若褐、虚心若愚”的意思。

最后介绍一本书和一个概念给大家,这本书是赫伯特·马尔库塞写的《爱欲与文明》,这个概念就是"爱欲"。从这本书和这个概念中,大家也可以了解到"60 年代"的精神遗产是什么。

谢谢各位!

主持人:感谢庄老师的精彩讲座,下面是互动环节 。

现场提问 1:我是来自经济学院数量经济学专业的学生。今天晚上听您讲了"60 年代"婴儿潮一代给我们留下了很多遗产,但是在他们的运动当中和他们提到的很多观念,和人类的道德伦理、传统哲学上的东西有冲突,到现在还是有很大争议,比如他们提出性解放等观念,这和我们的伦理是相悖的。那么今天我们应当做怎样的选择?

庄礼伟:我讲的"60 年代""60 年代人"的社会文化造反运动,可以把它理解成一种人类青春期文化、酒神文化的集中体现和再度回潮,同时也可以理解为西方社会文明出了毛病之后的一次自我修复的探索之旅,当然它是以一种激烈的对抗性的方式来修复。我们看到"60 年代"的一些社会结果,虽然家庭、婚姻的纽带是松弛了一些,但并没有走向解体,因为嬉皮士一代在青春期之后也有反思,有不少人重新走向了家庭、宗教。另外我们还要搞清楚"60 年代"的精神遗产的主轴是什么,它当然不是像性解放之类的,或某种激进的无政府目标或混乱的生活方式,"60 年代"的精神遗产的主轴是一种干净清澈的理想主义情怀:和平、友爱、生态主义,这些才是"60 年代"最重要、最主流的精神遗产。另外,我们也可以思考一下家庭、婚姻会不会是人类社会永远持续的基本单位、基本组织形式。未来有许多可能性。"60 年代人"的生活方式,我们也可以理解为这是西方社会的一次撞击试验,许多人看到了撞击的结果,然后开始了自己的独立思考。例如奥巴马的妈妈是不信教的,奥巴马小时候也不信教,但他成年后他说自己要回归家庭、宗教这些传统价值观。据说他是在妈妈去世的时候，觉得自己应该要信教了。青春期文化有一个试错的权利，不过它也可能造成破坏。我前面说了“烧穿宇宙”这种精神，并不是说一定要对这个社会造成很大破坏，“烧穿宇宙”主要是对传统思想秩序和工业社会权力体制的抗拒，要“烧穿”的是这些东西。“60年代”虽然有学生暴力运动，但是从整体来看，非暴力还是主流，所以它的剧烈对抗性、社会代价，其实远远小于它创造的各种积极、健康的精神历史遗产。

也有人说过这样的一句话：一个人如果30岁之前不是一个理想主义者，他就是没有心肝；如果他30岁之后还是理想主义者，那么他就是没有头脑。我觉得这种说法可能有点绝对了，一个人30岁之前也可以是一个保守主义者，30岁之后也可以是一个理想主义者，一直到生命的终点，这其实是有头脑、有大智慧。实际上我接触到的一些老嬉皮士，他们在30岁之后又有头脑又有心肝，因为嬉皮士文化、嬉皮士的理想主义对主流文化、主流体制的抗衡，永远是我们这个时代所需要的。如果我们这个时代没有头脑，我们就会拒绝“60年代”。如果我们这个时代的人是聪明的，我们就会向“60年代”和“60年代人”致敬，并且还要把他们的理想主义遗产当作我们这个时代的精神动力源泉。

现场提问2：老师您好，我是外国语学院日语专业的学生。您刚才提到村上春树，说他也算是一个嬉皮士文化的代言人或代表，我就想到他在耶路撒冷文学奖颁奖词上说了这样一句话，他说在鸡蛋和墙壁之间，我永远站在鸡蛋那一边。我们老师也提到这句话，我们老师说正因为他这种观点，可能导致他永远都没有办法获得主流文化的接纳，他写了那么多作品，但是始终没有获得诺贝尔文学奖。我觉得是不是嬉皮士文化永远没有办法战胜主流文化，嬉皮士文化是不是还是有它自己的弊端？

庄礼伟：可能我跟你对村上的理解不一样，村上之所以拿不到诺贝尔文学奖，也可能是因为他太主流了，而不是说他靠不上主流。我们时代已经能够接受嬉皮士开创的这种自由主义的、“小清新”的生活方式，现在有很多人喜欢“在路上”，很多人喜欢另类文化，青年亚文化大量涌现，另类已经变成主流了，至少是时尚文化的主流。村上这么流行，诺贝尔文学奖的评奖委员会就觉得可以放一放，这也算是他们历来的做法，我们知道有不少伟大的作家都没有拿到这个奖。

另外，你刚才讲到村上是嬉皮士文化的代表，这要看我们怎么解读。村上的文学实际上是嬉皮士与雅皮士相结合的文学，而且有时候他更像是嬉皮士包装下的雅皮士，同时嬉皮士气质永远也潜藏在他的内心。从《挪威的森林》中渡边对全共斗、对学运的疏离态度，可以看出他并不是一个特别激烈地想去烧穿宇宙的这么一种人，但是他内心的火到底有多大，有时候也不是完全能够看出来。可能我对村上读得不够透，他的雅皮士的表象之下可能心里也有一团火。他确实是将“60 年代”当作他的精神故乡，因为他自己说过他是“60 年代”的孩子。在村上的小说当中，他经常会借嬉皮士这个壳来说他的东西，所以在这个意义上我说他是“60 年代”留下的一个遗产，他是这么一个人，他老是把“60 年代”的摇滚乐（如鲍勃 · 迪伦）、“60 年代”的一些老生活做派作为他文学的外壳，但是我确实不知道他的内心和嬉皮士到底有多么接近。他终归是一个东方人，也会有东方人内敛温润的一面。另外也不排除他会聪明地利用嬉皮士文化和大家对“60 年代”的怀旧来包装他的小说，从而吸引了大量读者，包括大量想挣脱乏味生活的中国读者。切 · 格瓦拉，大家也知道他已经成为商家利用的一个文化符号，虽然是一个叛逆的已经过去的符号，但现在仍成为流行商品的外壳。那么村上是不是也在利用嬉皮士的符号外壳在推销他雅皮士的人生观？这个假设可以去探究。

现场提问 3：我是文学院古籍所的学生。在历史上人们曾经认为黑奴是非常正常的事情，但是随着社会的发展，一些人产生了解放黑奴的理想，解放黑奴就变成了社会主流舆论。您刚才说到嬉皮士文化和“60 年代人”的一些理想，现在部分成为现实，但是有一些还是不被所谓的社会理性所接受。是否有一天嬉皮士文化会成为未来社会所谓的主流，或者未来是否会出来一种更离经叛道、更革命性的文化呢？

庄礼伟：嬉皮士文化在当下已经是一个比较普遍的现实，包括它被主流社会接受的方面，如反战、生态，以及被主流社会反对的方面，如吸毒。从某种程度上说，我们就是生活在嬉皮士创造的社会文化氛围之下，很多在当时看来叛逆、少见的东西，现在都是再普遍不过，以至于要面临着再次被叛逆的可能。因此“60 年代”的观念主轴就是要挑战，要改变，要创造，因此它也允许自己怀疑自己、自己否定自己。这种观念很可能在未来就是主流的观念，所以未来的人类社会当然会有很多种可能。

我们现在的商战策略、职场发展、国家发展也常常是在讲创新和改变。现在大家穿搞怪的文化衫，女生穿短裙、短牛仔裤，当年这些都是叛逆的行为，但现在都再正常不过。所以，嬉皮士的精神、嬉皮士的气质就存在于当下。我们要感谢嬉皮士一代、“60 年代人”为我们创造的观念氛围，这种追求爱欲审美实现的各种文化，包括率性、奔放、人道主义、超越国界的友爱等，他们虽然生活潦草、随便，但心怀干净的理想，追求审美和有意义的人生，就像“无国界医生”一样，他们都是很美的人，在做很美的事和过很美的人生，这种理念当然也是很美的“60 年代”的精神遗产 。

主持人：让我们以热烈的掌声感谢庄礼伟教授，今天的讲座到此结束 。

变局中的我们

曹景行

曹景行，曾任凤凰卫视言论部总监、《时事开讲》节目主持人、凤凰卫视新闻评论员、凤凰卫视资讯台副台长、《亚洲周刊》副总编辑、《明报》主编、《中天新闻频道》总编辑。

我父亲二十多岁时在暨南大学当教授，今后我也想见到我们在座的二十多岁时能够成为暨南大学的教授。我们不应该倒退！当时为什么可能？现在反而不可能了？这一点我一直很感慨，作为我自己来说，我到大学教书已经很晚了，就我们这一代的成长经历来说，实际上我们的环境要比他们那一代好得多，但是我们的成长比他们慢。不管怎么样，我们每一个时代都不同。

我今天讲的题目有一点投机取巧，变局可以很大，我们是谁？我是想跟大家谈一个最近几年我想得最多的问题：这个世界变化太快，我们到底怎么办？这个"我们"，指我们国家，指我们个人，也指我们群体。我想在座大多数都是"90 后"，有的甚至是 95 后。我在清华见到最年轻的学生是"95 后"。从我父亲这一代，到我这一代，再到在座各位这一代，每一代都有自己的宿命，我想用这个词，因为你自己很难选择。而且每一代也许都会自己来探索，很难想象我父亲那一代将什么真正的能力教给我来应对我那一代的环境，同样我这一代，我觉得也未必有能力来教你们应对你们所处的环境。

2010 年，在上海世博会上，我主持了一个论坛，请来了一位日本很有名的小说家，最近刚刚去世，这就是渡边淳一，《失乐园》的作者。他去世的时候，大家谈到他时很多都是关于写作、关于情爱方面的东西，但是在那次研讨会上他讲的那一番话，我一直记得很清楚。他认为，人类不会有太大的长进，每一代人都在摸索自己的道路，而且都会犯差不多的错误，都会遇到同样的命题。我想未必，我们现在就比诸子百家那时候聪明太多，只是环境不同。人类虽有积累，但是都在面对自己的问题，而且在这些自己的问题当中都会碰到很多自己方面的困难。我想今天我们就谈谈这个变局，我们所处的这个世界我们能不能真正地把握住？人类有没有真正把握住自己的命运？

马上就要过圣诞节了，一百年前的圣诞节是怎么过的？一百年前中国人可能不过圣诞节，但是在欧洲，大家在过圣诞节时正好是第一次世界大战爆发时。最近有一家公司拍了一部广告片，大家如果有兴趣可以下载来看一看。这部广告片是基于一个历史事实，后来这个历史事实也被拍成了电影。

这个广告片是说在圣诞节当天，在第一次世界大战的战场上，德国兵、奥地利兵、英国兵、法国兵在那一天突然都不打仗了，都放下了枪，然后走出战壕，拿出各自家乡的特产，一起度过了一个和平的圣诞节。这是一百年前的情况，一百年前的这个事件发生在 20 世纪刚刚开始，当时整个世界，尤其是欧洲，大家都在享受工业文明的成果，人类从来没有过这么多工业文明带来的成果，就像我们今天一会儿拿着手机，一会儿拿着电脑，一会儿又有什么新的东西来了。当时汽车、飞机都还没有被造出来，火车早些时候已经有了，留声机有了，电话有了，电报更早一些时候也有了，电影也快出来了。我们今天能够想到的文明的东西，他们那时都刚刚有。当 20 世纪到来时，整个欧洲，包括美国，他们认为这是千年盛世的到来，人类社会从来没有这么繁荣过，这么多文明成果，人的寿命也大大加长，因为医药技术和城市建设的加快。

当时大家都在享受着这么多的工业文明带来的成果，最突出的就是

1912年的泰坦尼克号。将各种文明成果堆在一艘船上然后开出去，没有想到撞到冰山了。这是一个对人类发展的预兆，就是说你到底能不能看清楚未来是什么。当泰坦尼克号沉没两年以后，整个欧洲社会撞到了一个大的“冰山”，这就是第一次世界大战。而且在这之前，没有人想到他们会碰到这样的灾难，更没有想到这一场仗可以打得超过一年。他们为什么要在战场上过圣诞节呢？原来他们认为圣诞节可以回家，但是我们都知道，“一战”结束是在1919年。在当时，文明发展是一个方面——前所未有地加快发展，但是另一方面，人类对自己未来的判断以及把握，在那些做出决策的最聪明的那一帮人或者最有权势的那一帮人手里，他们是操控了欧洲未来方向的人，结果把欧洲拖到了一个从来没有过的人类大屠杀的绞肉机里，而且用的恰恰是工业文明的成果。我们今天很多工业的东西，包括航空业怎么发展起来的？当时拖拉机刚刚出现就被改装成坦克车，缝纫机大家用得很好，家里的东西，但是变成了冲锋枪的梭子和轻机枪、重机枪。大规模的杀人武器在第一次世界大战当中用到了极致，因此，学化学的人原来可以制造农药的改成去制造毒气。在这样的情况下，人类对自己的把握在一百年前确实让我们看到了这样的一个教训，而且当第一次世界大战打完之后，以为可以取得一个长久的和平，结果引发了第二次世界大战。

我们回过头来看，从开场到收场，20世纪收场时世界上的国家就以为冷战基本上结束了，尤其是美国。有一个论调今天还在争论、还在谈，这就是历史的终结。但是，当我们在迎接21世纪，我们说千禧年到来的时候，谁想到第二年会发生“9·11”事件？就拿美国来说，美国整个决策机构多少人、多少精英，最聪明的脑子集中在这些地方，但是除了少数个别人有所感觉之外，整个决策机构谁会预料到2001年的9月11日早上会有这么一个事件？现在回过头来看线索是有的，但是没有一个决策者看到。我们还记得那个镜头，当天小布什在一个小学里参加朗读会，为学生读一本书时，他的幕僚在他的旁边咬耳朵，如果大家没有看过的话可以看一看，当时小布什的脸一下子就呆住了，那么多的情报、这么多的智囊在帮他做决策，但还是完全没有料到。那天早上，在美国，如果八点钟打开新闻，开车的人在纽约打开广播，那天的新闻我们现在还有一段录音，那就会听到：今天是一个阳光灿烂的日子，非常适宜出行，秋高气爽、9月11日美国纽约已经是秋天的感觉，然后是蓝天白云。几分钟之后，一切都改变了，这些是我们没有预料到的，21世纪居然是这样开场。

而后面整个的变化，如果是以20世纪的人来看今天21世纪的变化，有谁能够预料到？我们再预料今年，21世纪的第十四年所发生的事情，在2013年我觉得都没有人能够预料到。乌克兰发生推翻亚努科维奇政权时的所谓革命的时候，西方国家高兴得不得了。但是谁料到马上发生了引起西方国家和俄罗斯之间的这么尖锐的对立，直到今年年底，12月了，这个对立还在加深，而不是在缓解。联系到前两年我们所关注的“阿拉伯之春”，今年第二件大事就是年中时发生的，在阿拉伯世界造成了连锁反应的国家政权的动荡，但是最后的结果是，今年年终给了我们四个英文字母：ISIS。去年听到过吗？没有，我也是第一次听到。甚至有一个朋友的英文名字就叫ISIS，我说你怎么取这个名字？他说“是我先取，又不是它先取的”。ISIS现在变成了伊斯兰国，当伊斯兰国出现时，开始大家还不明白这是怎么一回事，而美国到今年年底时要判断的就是到底要不要出兵和派地面部队，这个事情会怎么发展下去谁讲得明白？关于ISIS的消息，是他们将中国的炼油厂拆掉了或占领了，然后将所有的设备拆到他们自己控制的炼油厂，加强那边的设备去了。我们在那儿投资的时候会想到吗？我们这几年在伊拉克的石油投资不少，但是我们没有想到过可能会碰到这样的问题。现在ISIS最复杂的问题是，跟它正面作战的力量也是国际所不承认的库尔德人。这些事情发展下去，整个中东格局就会改写，如果它赢了那就是伊斯兰国，这是不得了的事情。现在他们已经在利比亚——另一个“阿拉伯之春”的国家，建立他们的基地。他们在也门的势力也在扩展。如果他们输了，库尔德人要建立国家，那又是西方世界从来没有想到、没有料到的局势。年中发生的事情,到现在,整个西方国家,甚至整个世界,对伊拉克发生这样的事情也不知道该怎么处理,也不知道发展下去又会怎么样。

年尾,现在、当前又发生了新的事情,我自己的判断,最大的事是石油大战。这两年开车的老师和同学都会感觉到压力减轻很多,油价已经六连跌了,可能还会七连跌、八连跌下去。从去年一桶最高 150 美元,这两天只有 65 美元左右一桶。这件事情大家有没有料到?当然这件事一开始有各种分析,油价下跌是美国要整俄罗斯、要整普京,让沙特进一步将油价压下去,那俄罗斯、普京的日子会很难过,甚至有人说是要整伊朗。这里面当然会有这样的作用,但是如果我们看刚刚出版的《经济学家》的封面,有两个人物,一个是沙特阿拉伯人,一个是美国人,这是一场美国和沙特阿拉伯的战争。我也比较倾向于这个,我不大赞同太多的阴谋论,说沙特要整伊朗,要整早就可以整了。但是这期的封面焦点放在美国和沙特之间在石油问题上的重大冲突,之前能料到吗?

这一年,我们回过头看发生了这么多事情,哪一件是我们在 2013 年年末时能够料到的呢?没有。我们做新闻的时间长了,观察这些问题,世界的问题天天都在讲,做评论也好,做各种探讨也好,但是我自己觉得很无力,这种感觉是从"9 · 11"之后,一直到今天,现在不是能够很准确地把握和预测未来,但是恰恰我们在这样的环境当中应该怎么把握住自己,也许是更重要的一件事。这就是变局,而这个变局往往是我们难以把握的,只能稍微把一个大概的方向把握准,能做到这一点,我觉得已经是最大的限度了,而这一点对国家也好、对每一个人也好,都很关键。我们每一个人都在研究我们的未来,比如我们国家现在在讲顶层设计,这个世界变成现在的样子,我们的这种静态的顶层设计有用吗?这么变动的一个世界,卢布如果跟中国的贸易来一个顶层设计,基于一美元兑多少卢布的价格来做设计,一些对俄贸易的商人这两天吃大亏,一美元从 20 多卢布跌到 30 多、40 多卢布,现在是 50 多卢布,最近有笑话说普京 63 岁了,美元兑卢布大概要跌到63,一桶油价也要跌到63美元,很快了,所以今年63对俄罗斯而言是一个很巧的数字。我们要设计对俄罗斯的贸易关系,基于什么呢?如果不考虑这个世界的大的变局,或者你至少认识到这个世界有一种改变,可能会发生变化,不要认为今天看到的就是明天的,这样自己会有所准备。

就拿能源来说,两三年前我在清华讲课,我不知道暨大是不是这样,现在大学都会这样,就是很喜欢给老板上课,我们把这叫继续教育,这很有必要,企业家也需要。当时有个班上课,我就谈了中国经济,讲能源结构可能会有重大变化。三年前我第一次听到这个名字,不知道在座各位同学有没有听到过这个词,就是"页岩气"。当时看到这个词的感觉,后来我在班上跟一些企业家就有谈到,一些做煤的朋友被告诫,如果能够转让出去早一点转让,煤价的下降可能不是一时的,很可能是永久的。不要认为现在经济放慢了,煤价才下跌,今后经济上去了煤价又上去,你单看中国是这样,但是世界不是这样的。当三年前第一次听到"页岩气"这个词,到今天油价暴跌,整个世界的能源结构大变动也影响到我们中国,我想做企业的、做能源的,还有地方政府的决策者,如果能够早一点预测,比如山西省,三年前不要再讲再造能源大省、重振煤业,而是讲经济怎么转型,也许现在的日子就会好一些,原因就在于美国页岩气的开发满足了美国自身能源的需要。页岩气的开发速度非常之快,这次我到宾州州立大学,他们学校因为校园面积大,宾州又是页岩气开发的主要州,结果宾州州立大学收到相当大一笔款,就是页岩气公司买了他们的开发权,在他们的牧场、校园附近开发出页岩气,然后学校的经费就多了很多。美国现在南部几个州的日子非常好过,兴旺得很厉害,就是因为页岩气的开发。页岩气的开发使得美国对中东进口石油基本上可以不依赖了,而且美国开始从三年前开始出口煤,卖给谁?卖给中国。美国有一条铁路,两边是黑的,因为都是被风吹来的煤屑,这条铁路通到靠亚洲的港口,而这个港口的货物主要就是运到亚洲和中国。为什么中国要进口美国的煤?因为比山西的便宜、比内蒙古的便宜。

从三年前我们对页岩气这么一个还没有太强感觉的东西，到今天整个世界的能源结构变化，再到今天中国自己的能源结构变化，天然气会越来越多，煤的价钱会越来越低，对这样的趋势我们能够把握住吗？如果我们不能把握住，也许我们是受害者，虽然现在沙特阿拉伯和美国开始打石油战，将油价压得这么低，主要的进口国像中国、印度、日本都是受益者。但是反过来说，如果我们自己的能源生产不能够感觉到世界已经在变，还在进行我们原有的这种把握，比如说煤的开发、能源大省还是以煤为基础、为未来在把握，就会带来很大的问题，这个问题不只是 GDP 的问题，不只是税收问题，可能会带来全省的问题，像山西很多地方会陷入困境，因为煤卖不出去，一旦关闭，那么一个县、一个镇就可能会遇到很大的问题。内蒙古、山西这些能源大省，现在必须面对能源价格暴跌的问题。石油跌了以后，整个原产品的价格都被压下来了。这两天又碰到一个问题，海南岛的天然橡胶胶农今年日子很不好过，他们的天然橡胶只割了三成，七成扔在那里不要了，当然农民也不会再施肥了，有的干脆把橡胶树砍掉改种槟榔。到底为什么？因为整个原产品、初级产品的价格随着石油在一起往下跌。石油跌了，当然人造橡胶的价格也在跌。对中国未来的影响到底会是怎样的？因为农产品的价格也在下跌，现在中国种的农产品价格要比世界市场高，按照 WTO 条款，如果大量进口粮食，中国农民又会怎么样？我讲的是未来。

整个世界变动的因素实在太大，而且我感觉到这种变动的节奏在加快，不是几年一个大变，而是一年当中就有很多变化。一个事情当我们刚刚想明白了，一个新的变化又来了。我们可以说自己把握自己的命运，但是在全球化的背景下，起码一点，汇率会怎么样？油价国际市场的变化对你有没有影响？当然有影响。美俄关系这么大的变化，对中国当然有影响。哪些是利，我们可以怎样趋利？哪些是害，我们要怎样避害？这些不是我们自己说想怎么样就可以怎么样的，而这些变化一定都会影响到我们每一个人,包括我们自己。我是做新闻的,从20世纪80年代后期开始做新闻,原来我是做研究,后来转到做新闻,这二十多年的时间,整个行业以及每一个人都在变化,每一个做新闻的人,不知道在座是否有新闻专业的学生——未来的记者、未来的新闻工作者,在你们未来做新闻一定会跟我们不一样。当我开始做新闻的时候,报社有排字房,现在大家谁知道什么是排字房吗?有谁见过吗?老师可能知道,里面全部都是中文铅字,排字工人拿着稿子在手里,对着盘子一个一个挑字。挑好以后,排得方方正正,根据版面大小压出清样,校对之后进行修改,之后经过一系列的程序印出报纸。但是排字房后来不见了,所有的铅字除了自己想留做纪念的,全部都变成了废金属了。今天没有地方可以买到铅字,除非卖古董的地方。变化很快是因为电脑。当中国北大方正技术通行时,电脑排版取代了铅字。这些铅字工后来怎么样了呢?有些很有经验,排了几十年,从小学一直到退休都是做一件事情,能改行的改行,如果还要留在报社里,你会不会打字?不会打字,对不起,没有你的工作,或者改成别的工作。他们有些原来是搞技术的,是这些排字工里面很高级别的,像我父亲写的字非常潦草,报社有专门的排字工可以看懂他的字,不然的话可能错得一塌糊涂。但一旦电脑来了,他们或者失业或者提前退休。

整个报社里,在媒体里还有许多类似的行业,当电脑一步步发展,开始还有打字员,稿子都是让打字员打。很快,我们要求所有的编辑、记者会打字,没有人教,我自己在《亚洲周刊》带头,自己学。当我们都会用电脑打字了,打字员也被淘汰了。我们原来在《亚洲周刊》做杂志,它是新闻周刊,有很大的资料库,有二十多个同事专门负责每天的剪报,然后贴好。如果我要做某个题目,他要从资料库几十万张剪报当中找出我要的东西。几年以后,也就是在排字房被淘汰之后,淘汰的是打字员,再淘汰的就是这二十多个我们说是研究员。道理很简单,电脑化了,从1993年开始可以上网搜索之后,我们就不再需要这样的资料库,所有剪报上的东西基本上都可以通过网络搜索获得,这个时候研究员也就变成了多余行业。20世纪90年代应该是中国大陆平面媒体最兴旺的时候，但是不到二十年的时间，平面媒体现在也在哀叹自己可能的末日。大概三天前有一份报纸停掉了，当然这份报纸不是很重要的报纸，我们不说其他各种各样的原因，包括贪污的问题、造假的问题，我们就说报纸本身的存活能力。我们现在拿到的报纸比前两年薄了许多，大家有没有感觉到？报社、报纸，包括杂志，今年下半年突然进入了……如果说之前是“深秋”，现在我觉得已经是进入“寒冬”，而且是生死存亡之际——到底还能不能撑下去、撑多久的问题。当然整个行业一定会维持下去，但是原来这么多家的报纸现在只剩这些，大家都在探讨这个问题。

我们说报纸要衰落，这是平面媒体世界性的趋势，总觉得电视可以撑的时间比较长。但是最近我听电视台的朋友说，有一天我去上海东方卫视做节目，但是我到那儿一看同事怎么不在办公室、人这么少，他们说因为请来了一个讲新媒体的专家，结果整个办公室的人都去听课了。我问他们听了之后有什么收获，他们说实际上听的时候也不知道怎么办，但是不听的话心里更不踏实。我们做媒体的这二十年的变化，从最开始我们刚用电脑的时候，没有想到数码会给平面媒体，包括电子媒体、传统媒体带来这样的变化，甚至不仅是行业的变化，而且影响到每一个人信息的获取和传播，变化是非常之大。现在报社，包括电视台，做新闻专题、调查报道的，有没有做有分量的、深入的，花很长时间做的新闻报道？基本上没有了。现在数码媒体、手机、移动互联网让大家看的是快、短、热闹，重大的新闻有，但是不会有分析得太详细的东西，然后你会转到互联网上去看其他一些比较有分量的东西，当这些东西在互联网上呈现之后，报纸做什么呢？在成本考虑之下，现在报社做调查报道的记者已经越来越少，甚至没有了。中央电视台原来的调查专题、新闻专题，现在做得怎么样？《新闻调查》这个很有分量的专题报道，现在都边缘化了。

在新的媒体环境下，最后我们要得到的东西也改变了，而这种改变回过头来又将我们变成了什么样的人？一个人是受自己的信息环境影响的，如果一直看现在数码上推出来的东西，你也会变成这样的东西。这些变化，有的很剧烈，有的是一个相当长期、但是一直变的环境。过去几年我在清华大学给同学们上新闻方面的课，我在说你们就将我们讲的当作历史来听听算了，因为你们不会跟我们做同样的事情，你们遇到的是你们的问题。凤凰卫视当时是怎么将新闻评论做起来的？你们知道其中许多东西的原因是什么吗？你们可以了解一下一个媒体的变化和发展是怎么一回事，但是我们做过的事情你们一定不可以重复。我自己感受到一点，就是这个变化当中、这个变局当中，我们到底怎么来把握？我觉得自己的运气比较好，做了平面媒体八年以后，觉得有一点腻了，后来我想做别的，正好碰到凤凰卫视，做电视媒体，又是电视媒体发展比较好的时段。做了十年以后，我差不多想走了，于是去教书，也做了一些新媒体方面的事情，就是现在这个时候。但是你能不能有这样的机会，能够事先、早一些就感受到变化的环境，而不是做平面媒体就只会做平面媒体，排字工人就只会排字，那你可能在这个变化当中，不是被挤到边上就是被淘汰。在这个变化当中，我想跳出具体的环境，谈一下在今天最大的变局是什么。

21 世纪最大的变局，尤其对中国来说，应该是数码技术和其他新技术，加上全球化，这两个方面因素的同时到来。新技术从电脑开始，是 20 世纪后半期，也就是七八十年代之后最大的变化，到了这个世纪，它带来了全面的数码化。而全面的数码化现在正在深入我们生活的每一个环节，尤其是移动互联网、人工智能的出现，这些都在整个改变、重塑着我们生活的方方面面，且速度非常快，我常常将 2005 年作为一个界限，到今年九年，明年就是十年了。2005 年之前使用手机的人主要是用手机来通话，还有就是发短信了。移动互联网只不过是最近五年的事情，而 2005 年对我来说是电脑出现 Web2.0 宽频时。这两件事情对我们的影响实在太大，大到什么程度，你今天能够脱离它们？2005 年我们在新闻学院教书，还教的是传统的传播方式，谁也没有想到当宽屏进入到我们许多人的家庭，或者当电脑联上网以后，居然有人可以什么资本、什么条件都没有，就变成全国知名的人物。

说到芙蓉姐姐，大家会笑，但是从媒体的角度来看这是一个革命性的变化，她知道没有媒体，没有谁来帮她，她也没有资本，包括她的形象，但是她知道可以将照片传到网上给大家看，这就会产生影响。结果她在不断地上传，在座的学生已经不知道九年前、十年前她怎么样从水木清华的网站上扩展到中关村，然后传播到全中国，大概只花了三个月的时间。今天大家把她当作笑话，或者不是太重要的人物，虽然在这个关键时期她所起的作用，她自己未必非常有意识，但是她就这样成功了。就像当年许多人都在做电视，为什么凤凰卫视成功了，我也说不太清楚。后来网上不仅可以上传照片，还可以上传视频，第一个上传视频的其实也是一个无名小卒，他可以打败陈凯歌用三个亿投资的电影《无极》，大家还记得吗？那个视频叫《一个馒头引发的血案》。在一个大的变局当中，也许视频上传者没有意识到自己会有这么大的力量，会有后来那样的结果，但是他就是第一个这么去做了，今天可能有成千上万的人在上传视频。YouTube 的开创也是很偶然的，但是环境变了，互联网进入了 Web2.0 的情况下，YouTube 那两个大学生，包括 Facebook、推特等的这些创办人，他们为什么成功？就是因为他们抓住了机遇，包括马云、马化腾，在我看来都是这样，在这样的大变局中，一定会有人遇到机会，也会有人被淘汰了。

在变局当中，数码化、新技术以及全球化全面渗入社会的每一个方面，而在全球化当中，中国、印度以及其他一些新兴市场所带来的改变结合在一起，可以看到有的行业是整个没有了，比如说百年品牌像柯达，做新闻的人对柯达很有情感。学新闻的人都知道罗伯特·卡帕拍摄的照片，一个共和党士兵的死亡，大家看过没有？西班牙内战时非常著名的照片，那就是罗伯特·卡帕当时最出名的一张照片，一个士兵张着手快倒下时拍下的，在新闻摄影史上这是一张经典照片，为什么当时他能够拍到这张照片？是因为柯达有了拿在手里的小的 135 照相机，也有了 135 能够快感的胶卷，这样才可以在刹那间抓住士兵倒下的时刻。而柯达这个名字，从我们做新闻拍照片的角度来说，那是一个经典，是有崇高性的，但是柯达倒下了，柯达前几年宣布破产，转型成打印等企业。为什么？因为数码化。

作为一个国家来说，芬兰总统说苹果毁了他们两个基本的经济支柱，诺基亚和造纸。芬兰最有名的就是诺基亚，甚至芬兰就等同于诺基亚，我最开始使用手机就是瑞典的爱立信、芬兰的诺基亚，但是诺基亚这个品牌已经被正式并吞掉了，不管芬兰要不要把它买回去，这个品牌在我看来在近期内已经不可能有什么作为了。苹果智能手机出现之前，谁想到手机会派上这样的用场，但是一切都在改变，随着数码化，很多工作都在一个一个地被消灭，一些产业也被拔掉。在这个过程中，中国处于什么样的位置？我觉得还是比较幸运的。

在 21 世纪的变局当中，在新技术的变化当中，中国不是领跑者，没有一项重大的发明是中国的，但是中国是重大的应用者，在 21 世纪有这样的位置对我们来说是幸运的，如果没有这个位置，那么就会像世界其他地方一样，包括“金砖五国”当中其他四国都不是太妙。在全球化的过程中，中国是主角之一，全球化的主力还是资本，当然中国在资本方面很难成为第一，但是起码我觉得作为这么大的市场、这么多的劳动力投入全球化所起到的影响力，不是第一也是第二了。中国的金融政策，这两天经济数据出来就可能引起全球股市的波动，这已经是这些年来的事实。在这样的环境当中，中国本身就借着这个势头，实际上我们经济的发展也是靠着这两个因素——新技术加上全球化。2001 年美国发生“9·11”，这是中美关系当中给中国的一个机会，原本中美关系在当时的情况下可能会出现很大的波折，美国可能会以中国为对手，但是突然发生“9·11”，这样大的国际格局发生变化。今年我们本来担心的是奥巴马政府会重回亚洲、战略再平衡，对中国好像越来越收紧，但是对中国来说也是机遇，一个乌克兰，一个伊斯兰国 ISIS，现在又加上石油这件事情，三件事情对中国都有利。从大的格局来说，目前全球化中中国所站的位置还是不错的。

新技术方面,当然我们说苹果手机中国分到的钱不多,最大的份额被苹果公司拿走了,然后是设计者,包括中国台湾、韩国、日本,有芯片设计,还有加工的核心零部件,剩下的就是中国做最基础的加工,但是毕竟我们在这当中还是占了不小的一席。当 Iphone6 在全球发行的那一天,我们工业化程度起步比较晚的河南郑州,那天运出去的苹果手机是多少吨,大家知道吗?100 吨,专机运出去的。阿里巴巴在美国上市,这确实也是很威猛的一件事情,马云讲了一句话,他说以前我向你们借 200 万你们不借,现在我来多借一些。而且更有意义的是,数码这个东西给我们带来了中国经济结构变化当中的新动力。我们一直说经济要转型升级,现在我自己比较感兴趣的比如说淘宝村,原来小商品生产主要集中于沿海地区,但是现在集中在以淘宝、互联网贸易发展起来的中部、西部这些地方。支付宝创立十年,大家有没有计算过在其中用了多少钱?想不想"剁手"啊?现在用移动互联网购买和支付最多的是西藏、青海、宁夏,这些原来商品经济最不发达的地方,现在他们因为用手机可以直接上网,跳过了我们用台式电脑、笔记本电脑上网的那个阶段。不知道这里的学生是不是还喜欢拿着电脑上淘宝网淘宝,现在越来越多是用手机,这是很大的跳跃。现在印度很多家庭也是直接跨越到用手机,没有用固定电话。中国也是如此,过去很多地方一个村子都没有电话,但是现在几乎家家都有一部手机。手机已经成为农民工二代上网非常重要的工具,因为农民工家庭中有电脑的比例很小,但是农民工二代中,现在用手机上网的比例非常高。

用原来的模式来思考,现在都已经出现了变化和跳跃,而这种变化和跳跃不仅是在中国,也在印度。印度的手机发展非常快,如果你要去那边推广,包括中国的小米等,必须要适合那边的特点。印度农村的电供应不足,所以手机可能要续航能力非常强,或者里面可能同时有四块电池。印度家庭人口多,一个手机可能是几个人使用,因此一个手机可能要插五张卡,这些都可以设计,这些都是变化。顺着势可以怎么做,逆着势是不行的，最近大批国家陷入了困境，而这种困境落到每一个社会里都可能产生的是对年轻人的压力，对整个社会结构的压力。2008 年以来爆发的像“占领华尔街”事件等，这背后的原因是社会的变化，这些年的国际化、数码化以及高科技的发展，所带来财富的分配是极其不平均的。20 世纪资本主义陷入危机，大萧条以后，国家的政策可能都是致力于服务国家或者是再分配，希望能够拉近一些阶层之间的鸿沟，但是实际上，在 21 世纪，我们看到的是 1%对 99%这样一个比例的重新出现。2009 年“占领华尔街”事件出现，世界上特别是发达国家所产生的这些问题，都是因为在全球化和数码化、新技术推广之后，整个社会结构产生了新的变局，这是又一个变化。我开始说了经济生产力，从技术加上全球化，但是这个社会结构的变化，现在我们已经看到了。

美国是经历了 2008 年金融风暴之后西方国家里恢复最快的国家，但是它最担心的问题是就业，所以美国一直采取宽松的货币政策，以就业为衡量标准。现在就业率开始上去了，但是美国社会贫富之间的差距没有缩小，甚至还在扩大，因为恢复就业后，他们的收入仍达不到以前的水准，也就是说工作有，但是好的工作并不多。普遍的或大量的都是服务性行业、低工资的岗位，对于恢复最快的西方经济来说，贫富分化所产生的社会矛盾体现在最近我们所知道的小镇黑人枪击事件，不仅一个镇发生了黑人和警察之间的冲突，而且凡是出现这种冲突的地方，都是经济落后，而且经济恢复慢、失业率高，黑人青年找不到工作的地方。

法国经济学家皮卡迪来过中国，他写了《二十一世纪资本论》，两个月之前被翻译为中文，很厚的一本。这本书如果花很多时间用心去看它，也许你得到的结论也就是当前最基本的资本主义社会的内在矛盾，这个内在矛盾和马克思写《资本论》时一脉相承，还是同样的问题，就是资本下的剩余价值分配问题。市场经济离不开资本运作，资本运作财富的生产，资本运作和资源结合，生产产生我们的财富，财富的分配当中去掉成本就是利润了。现在世界各国都遇到这样的问题，那就是市场经济下资本运作的财富分配。为什么现在世界各国,包括英国等欧洲社会,尤其是存在欧洲债务危机的地方,年轻人失业率达到20%、30%,在我看来社会矛盾背后确实有财富分配的问题。皮卡迪提出了这个问题,马克思当时开出的药方是无产阶级革命,皮卡迪认为是不是应向富人征税,增加税包括遗产税等,我觉得都不是可行的,第一实现不了,第二即使是真的,也解决不了根本的问题。资本下面的财富分配是谁主导的?当然是资本主导。

资本和劳动共同创造财富,但是资本主导分配。这是一个现实的问题,所以我们现在回过头来看,在现有的西方国家体制下,财富再分配的能力在削弱,资本的流动性尤其在数码化下资本运作的这种巨大力量重新获得了基本上控制分配的力量,这是我自己对《二十一世纪资本论》的理解,这是新的资本主义社会的运作模式或者是市场的运作模式,在这个运作模式当中,皮卡迪也讲到,首先你有钱就会有更多的钱,或者你老爸有钱你也可以有钱,这就是资本运作、资本主导。这样的一种社会结构,从开头我说到的,技术和全球化所带来的变化形成的现在社会结构的变化,而这种变化只要我们在市场经济当中就脱离不了,这是一个全球性的问题。而这样的一个变局,落实到我们,则更多的是对年轻人的影响,这个社会如果年轻一代成为问题,这当然是我们的问题,或者说这个世界在全球化下实际不可能互相分割,当今天我们在谈这个变局当中要把握住自己所处的地位时,应该说今天的年轻一代更应把握,我指的是全球性的,不只是讲我们中国大陆,一会儿再来谈具体的。全球年轻一代可能是“二战”之后最不幸的一代,因为战后的每一代的生活、物质条件、教育水平都超过了上一代,可是这一代人很可能是比上一代要差,这是一个现实。说起原因,每一个国家情况不同,但是很重要的一点,就是这一代人碰到了很不妙的事情,那就是21世纪的金融危机。金融危机恢复的力量很大程度是技术力量,但也很难再恢复到2008年之前那样的环境。

今天,尤其是像欧洲,在危机下各个国家的年轻一代很可能成为被遗忘的一代。台湾有一个媒体人陈文茜,原来也从事政治,现在主要是从事媒体,大家有没有看过她的书、文章或者是微博？她这两年出了两本书,一本是《只剩一个角落的繁华》(2012),这本书有简体字版,还有一本是《树不在了》,面对的都是台湾的年轻人,都在跟年轻人说你们必须意识到这一点,你们当前所处的这一代不是我们那一代,你们这一代面对的问题可能要远远比我们那一代严重。她在第一本书《只剩一个角落的繁华》的一开始就说到,这本书是2011年写的,也就是三年前写的。她说,他们生在1990年泡沫前的假繁荣时代,享受历代人类未曾拥有的物质富裕的童年,然后在浑然不觉中,环境的门关上了,光阴真的如同故事,在等他们成长,等到2008年,他们18岁,2011年,21岁,过了12年、13年,人生也数不清要等待多少个年头,他们终于慢慢地清醒,这一切不是一时的灾难,年轻的他们注定要被时代狠狠地抛弃,不管是累、是笑、是怒,或是怨,他们都将被遗忘。这是她对当时2011年全世界的年轻人所下的一个断言,当中她还应用了国际上一些非常著名的经济学家的一些断言,包括像IMF(国际货币基金组织)的。欧洲中央银行主席特里谢担心这些人或将成为失落的一代,因为全球经济复苏可能需要接近十年,到时候这一代年轻人已经太老,而比他们年轻的人将取得新出现的工作,这一代可能成为永久失业的一代。

我不知道各位的感觉如何,也许在中国还没有这么强烈的感觉,但是走出中国,普遍都会感觉到这一点。数码化、全球化、金融危机,这背后金融势力的操作带来了这样的一个变局,年轻人处于前所未有的不利状态,有没有认识到这个现实？从"占领华尔街"到欧债危机,再到"阿拉伯之春",每一个年轻人参与的动荡,这背后实际上都有他们地位的失落。有一个最重要的对比,就是他们不可能像他们的父辈一样,以前我们知道美国大学生要自己赚钱、自己读书、自己交学费,也要自己买房子,结婚之后要自己住了。但是现在越来越多的美国人变成啃老族,啃老族本来是中国的发明,但是他们那边也同样遇到这样的问题。

在座的各位，能不能跟这一代世界年轻人有所不同，他们是被遗忘的一代、失落的一代，但是我们还是可能成为一个有前途、有希望的一代，至少能够更上一层楼的一代。你们的后代我不知道，但是你们这一代，这一轮的世界变局来了，我国港台地区都有可能被挤到一边，但是中国大陆能不能在这一轮中占有比较好的位置，甚至比21世纪初还要好一些的位置？至少在整个世界的产业接替当中，可能超过其他人。我不是说GDP的总量，说世界第一、第二没有多大的意义，而是说在新一轮的产业革命当中，有的人说是第三次工业革命，是人工智能和制造业的结合，互联网将整个社会进行连接，无人驾驶汽车、无人驾驶飞机等变化非常快。我又要讲媒体的变化了，以前我们到各个场合如果有大的聚会要进行航拍，都是使用直升机，而现在航拍到处都有，无人控制的东西，这次到台湾看选举，一些小东西飞过来，这些都是摄像头，在进行航拍，原来直升机航拍的业务用那个小东西就可以做到。到4.5G和5G时代，手机都可以进行直播了，那时还要转播车干什么呢？在这个变化的过程中，你到底能够站在什么样的层面？中国大陆的机会显然很大，至少和台湾和香港比较是如此，我不敢说和日本怎么比，但是和欧洲许多国家比，和其他的第三世界新兴国家相比，比如说和巴西比，甚至和俄罗斯相比，俄罗斯的一半收入靠石油出口，但是显然中国大陆地区，尤其是经过这二十年的变化，我们已经有实力支撑我们争取一个比较好的位置，当然又会带来我们每一个人在世界竞争有没有比较好的位置的问题。

未来到底会怎么样，不知道，我不相信有任何人能够讲出明年会发生什么大事，就像2013年不能预料2014年这样。但是能不能看清趋势，自己往这个趋势上靠一些？包括我们自己每一个人对未来的规划。现在有一些大学生到了大学才开始有一些独立的想法，这已经很晚了，在清华大学的校园开放日，来的都是爸爸妈妈、祖父祖母，看不到学生的，学生在准备考试、在补习，每一个系都在给学生的爸爸妈妈做介绍。我不知道暨南大学是怎样的情况，我想应该差不多。爸爸妈妈听了以后再来决定你们干什么，是不是都是这样？但是对于潮流的把握，我想可能更多还是要靠自己，这当中讲不出具体的到底该怎么办，很多事情要靠运气，我觉得靠运气很重要，但是大致的方向别错了。就像一个行业将要被淘汰时，你们先别进这个行业，除非你是有特别的某种癖好。目前的教育基本上是将现成、现有、当前的东西教给你，从中学开始到大学，基本上教育是被当作一种比较凝固的东西，而不是动态性的东西。但是21世纪的世界就是一个动态的世界，除了学习知识，能不能让我们的学生从动态的感觉当中，还要知道如何不断地更新、发展自己，能够跟得上这个社会的变化？我们有没有改变的能力，或者是有这种能力发挥的空间？

还有就是创造能力。今天我看到可以允许大学生停课创业，我不知道具体怎么做，反正就是暂时不读书去创业，这是不是和现在700多万人的就业有困难有关系，还是确实看到创业的重要性。我们知道美国几家互联网公司的创始人都没有读完大学，哈佛大学的教授，以前上过比尔·盖茨课的人，他说他一辈子的贡献就是让比尔·盖茨在上课的时候打瞌睡、没有将他叫醒，因为比尔·盖茨晚上要编码，后来比尔·盖茨就不上学了。而我们有没有给创意发挥的空间呢？包括大学毕业生。现在从国有企业到政府招聘，一开口就是“985”“211”，700多万人当中不是“985”“211”毕业的，那么多的人才到底他们有没有未来的空间？国有企业能不能带头打破这个界限？公务员招聘能不能从中学生就可以考虑？原来我们僵化地以学历为考虑，对年轻人创业、创意的约束和束缚是不是到了需要重新思考的时候？

我们还需要国际视野。也许我们觉得外面有各种各样的人打我们国家的主意、不怀好意，但是这个世界是变化的，如果我们再将自己封起来，在第三次工业革命当中再脱离大环境一次，我们有没有可能再次追上来？现在是一个好机会，需要我们更加国际化。所以，英文不重要、外语不重要吗？我非常反对现在说可以不用考外语了。外语不容易学，我花了很大精力学外语，我们种了十年地之后重新拿起书本，拼了命将外语捡回来。对于未来,中国人能不能掌握好外语,特别是能够掌握好最通用的英语,是中国未来发展的关键因素之一。为什么?很简单,到后来日本人做电脑就比不过美国人,包括手机。日本人可以将产品做得很好,但是到数码问题上就不行,为什么?是不是他们英语比较差的原因?电脑的母语是英语。

我和大家讲的都是自己的想法,在这样一个变化的时代,中国年轻人能不能不变成被遗忘的一代、失落的一代,而要成为有希望的一代,这就是我今天想讲的如何在变局中把握住自己。谢谢大家。

现场提问 1:曹老师,您好!我是外国语学院的学生,我是学日语的,日语很好。您那个年代,以您的岁数,感觉学英语比较困难,您是如何学英语的?确实像您所说的,这个时代变化实在太快了,在移动互联网、互联网思维、3D 打印等先进技术的冲击下,在变局中的我们,还有一两年步入社会的大学生,怎样在变局中才能不被淘汰?我是一名文科生,听完老师的讲座感觉文科生就要被淘汰了,工科、技术类或者是 IT 类比较吃香。

曹景行:但是今年就业中,很多 IT 类的毕业生也是过剩了。

实际上对这个问题我并没有太有效的办法或者药方,我自己的体会是,在大学这几年是你一辈子学东西最多的时候,因为你有时间。在这个时候如果你能够将最重要的东西掌握就很好,文科生实际上学习范围也很广,比如说我们做新闻的。如果文科生你只是学习新闻,我觉得就很弱了,不是一般的弱了。但是如果你同时学习法律、经济、历史、国际关系,甚至历史考古、自然科学,比如刚才说到的页岩气,它是怎么一回事,你能不能讲得明白?我自己是看过,页岩气是用里面有高压蒸汽的管子将水蒸气以及化学溶剂,再加上一些沙,一起压进去,将下面的岩层压碎,使里面藏着的天然气从管道引出来。所以可以多学一些东西,当然也包括外语。

日语本身是很有用的语言,尤其现在大家对日本的兴趣没有因为中日关系而受影响，实际上对日本的兴趣是在增加。如果有英文再加上日语就很好，我现在有一个朋友，他原来是驻新德里的记者，央视的，现在调到日本，他只能用英文采访，这对他来说就是一个局限。对我们做新闻的人来说，如果你具备两三门语言的能力这就太棒了。但是最重要的，通用的还是英文，我们到什么地方去采访，一般来说用英文都可以，再有就是国际场合，各国的人都在用英文交谈，而且应该说英文中信息量最集中，或者说研究某一个学科，你要查资料和论文最集中的可能还是英文资料，这是一个现实。中国人口多，但是中文不可能普及到像英文这个样子，至少从目前的情况来看以后世界语是英文。语言能力不是指一般的能够对话，中国学生的英文能力现在并不是太差，尤其是城市里好的大学里的学生。除了口语比较溜，对语言的掌握并不只是能看美剧，对文学、对专业应该都能够深入，这还是要花很大的功夫。我学英文时被中断了学业，结果再读大学就是十二年以后，这十二年当中没有碰过一个英文字母。但是进入大学之后，因为当时刚刚开始改革开放，我觉得我们要了解这个世界，不能只通过翻译的东西，我希望能够直接地了解，这就是我当时为什么要拼命学习英文的原因。我其他学科都可以学好，但是我将一半的时间放在英文上。我是学历史的，直接拿英文的教科书来看、拿英文的历史原著看，先把它们当作英文教材，一个字一个字地抠。字典也被翻烂了，当时我们也没有电脑，完全就是靠一页一页翻字典，花时间阅读，然后自己做大量的翻译，翻译成书，后来也出版书，最后解决的就是听力和写作。到今天为止我的英语能力还是不平衡的，写作对我来说是很大的缺陷，因为我没有太多的机会用。能解决从看、读到听的问题，到美国等地方基本能应用英语，就是靠自学。怎样把它和自己的其他学科结合起来，比如说我后来研究美国经济，就大量研究美国媒体，有空的时候看美剧或者看电影，多花一点时间，当然做其他事的时间就会被排挤掉，就看你愿意不愿意将时间都集中起来，这其实是没有窍门的，你愿意多花多少时间在学习上、在读英文上，最后就可以看到多少成效。当然你也要做出一个判断，你要牺牲的是什么。

现场提问 2:曹老师您好,我也是外国语学院学日语的学生。您说大学生如果从大学阶段开始思考自己的学业方向可能有点晚,那么大学是不是年轻人职业化的台阶,还是说大学培养的是职业之外的东西?

曹景行:你大概有一点误解我的意思,我刚才谈的实际上不是职业,而是一个思考的能力,一个独立思考、独立判断的能力,这可能比只是思考自己的职业重要得多。从中学开始能够比较独立看自己、看世界、看周围,去思考许多问题,而不只是跟着为了考大学而读书这一套东西在走。我自己在大学教书之后有一个体会,现在的中学教育确实跟我那时候相比差得太多了。最严重的是限制了学生的头脑,限制了他们去寻求广阔世界的兴趣,连这个兴趣都没了,从这个方面来说,人就不是一个健全的人,不是一个完整发育了的人,尤其是思维上。我讲的不只是对职业的判断,而是对整个世界能不能充满兴趣地探索思考,你的职业、你的未来可能就是基于这样的一种探索和思考。如果在中学阶段,就可以对未来充满一种好奇、向往,然后你再确定自己的未来,而且这是一个过程,是一辈子的事情,而不只是进入大学做一些事情,大学毕业找到工作就完了,不是这样,尤其是在现在这样变化的情况之下。

现在我们看到那些做出一些事情的人,比如马云在担任大学教师时,他是不是想到将来做什么了?不可能,我想他最大的优势就是灵活性,他对整个世界的判断——原来这个东西可以这么做,于是他就投入下去。如果你连这样的判断能力都没有,我想可能就是做一种比较单一的工作,而且随着世界的变化,你是非常被动的,这是在教育当中。如果说回我们那一代,那时的空间比现在还大得多,至少我们一年看的书也比你们在中学里看的不知道多多少倍,而这才是我自己感到最有用的东西。在这个过程中,我也会有自己独立思考问题的能力,后来我再读大学。所以,像怎么样选择自己的职业也好,后来又有怎样的变化也好,都是很关键的。

现场提问 3:我是法学院的学生。在司法改革的过程中,媒体发挥着越来越重要的作用,但是这个作用并不是特别好,可能会影响到司法的公正。另外在新媒体的冲击下,为了吸引眼球可能会采故意用标新立异的方式写,比如说"标题党"。我知道您是一位非常著名的时事评论员,在面对社会转型时期,以及社会在开放过程中思想变化最大的时候,作为一个媒体人,是应该保持客观的立场,还是更加鲜明地提出自己的观点?

曹景行:做新闻的如果能够多懂一些法律,甚至修有一个法律学位是挺好的,或者有法律学位的人再去做新闻也是很好的,这样可以弥补现在越来越重要的各个领域都需要涉及法律问题时的不足。我们到底应该怎么办?首先有专业知识,就不会闹笑话,再就是公正性,包括我们对法律本身的维护的重要性的认识,这些都是不可缺少的。我自己一直觉得做新闻的人,除了读新闻,更需要读包括法律在内的另外一些东西。现在你说到媒体做得不好的方面,如果和其他一些地方相比,我们有些媒体做得很过分,或者说媒体有另外一种作用,就是它好像在判案。媒体判案有两种情况,有一种媒体判案本身带有某种政治任务的性质,这就不在我们讨论的范围之内。但是另外一种情况,舆论在做审判,我自己的看法有两个方面:一方面,我们现在法制本身不够健全,在法制不健全的情况下,社会的弱势往往需要通过媒体来寻求公平,在这样的情况下媒体所发挥的作用甚至有些超越它本来的位置,有一点像是媒体审判的这种感觉,实际上是一种社会法制不健全的产物,是用媒体的过分评判来平衡法治的不足,我觉得这是阶段性的积极意义。当法制健全时,就不需要这样了,媒体只要老老实实地做媒体该做的事了。但是在某种情况下,在法制本身就不健全的情况下,媒体在这些方面的作用不能完全否定。另一方面,就是媒体本身确实已经走过头,而且用煽动性或者"标题党"这种东西来吸引人,尤其是在涉及法律问题时,媒体本身有很大责任,中国的一些媒体实际是不成熟的。市场化的媒体,在中国来说只有从 20 世纪 90 年代到现在的二十年的时间，二十年时间里我们并没有积累起足够的经验或专业准则、专业道德，而“标题党”的出现，这种吸引眼球的做法，无非就是要讨好受众。在竞争压力下，在发行量、收视率的压力下，这样的标题确实能够吸引人，所以，出现这些高点击率、高发行量或者高收视率的话，那我们社会、我们每一个观众和受众是不是也应该想一想自己的责任？这个社会，不可能观众、受众很成熟，而媒体不成熟，这是不相匹配的。我们自己也在谈这个问题，但是日子这么难过，没有标题吸引大家怎么办？人家弄得很煽动，结果卖得很好，你怎么办？明天收视率一出来，人家上去了，你怎么办？这些都是很现实的问题。随着法制的健全和社会发展，媒体和社会的成熟，那种不像话的做法应该是会受到制约。另外我们也需要《新闻法》，用《新闻法》管住媒体，我想这些都是未来可以期待的。

现场提问 4：我是新闻学院的学生。您说我们不要成为被遗忘、失落的一代，当时我就在想，就像时势造英雄还是英雄造时势一样，到底是时代造就了我们，还是我们造就了时代？就像今天的题目一样，“变局中的我们”，究竟是我们制造了变局，还是我们被迫在变局中生存？这个问题让我觉得有一点矛盾，从曹老师的题目来看，“变局的我们”，让我感觉到我们属于被动的处于变局中，要寻找一种出路。就像您刚才讲到“标题党”的情况一样，双方是一种互动，有你才有我，这个变局中的我们也是一样，虽然我们是处于变局中，但是这个变局也是我们造成的，不能说我们现在已经要成为被遗忘的一代，而是说由于我们的一些失误，或者是由于前一辈的失误，形成了一些经济危机之类的情况，才使现在陷入类似于障碍中，但是这种障碍始终让我感觉，就像您刚才所讲到的，说吃的苦还不够，可能这就是我们这一代成长的经历，每一代都有成长中的必然经历，这不代表我们今后就会成为失落的一代。

曹景行：开始你提到这个失落一代到底是谁的责任或者是谁造成的，现在年轻人不是变局中的主力，你们不是主动的，而是被动的。在这个过程中,能不能将变局看清楚,能不能从变局当中找到相对来说比较优势的位置,这是我想讲的。包括台湾,台湾说现在这一代是草莓族,看起来很鲜艳,但是一碰就要破损。我一开始就说了,就是渡边淳一说的话,每一代都要解决自己的问题。我想起宿命这个词,我们生在这个时代不是自己能够决定的,但是我们生在这个时代,就要面对自己的宿命,就是这一代人要碰到的问题。责任当然不在年轻人身上,就像现在责怪这一代年轻人喜欢物质的东西,追求流行的东西,吃不了苦,等等,但是我觉得这种流行的东西还不是上一代人想出来赚钱的东西吗?现在这么多年轻人玩的东西,还不是上一代的人用资金投资造出来的公司搞的吗?我们说流行文化,流行文化还不是上一代人弄出来的吗?宿命在于你们不可能,我指的不只是现在在座的各位,而是整个世界的这一代年轻人,这一代可能比他们的父母的一代差,不是说能力差、脑子不聪明的差,而是说他们的机会、他们未来发展的可能性要少。因为已经失落了这么长时间,未来很残酷,而且资本家要雇佣的是对自己而言最能够制造利润的人,这是市场经济中最现实的问题。如果达不到资本家的高层次要求,你愿意不愿意做低层次的?如果在两个选择都没有的情况下,你该怎么办?这就是陈文茜在书中所谈到的,也就是对现在社会感到失落的年轻的这一代,而这一代很可能造成新的社会矛盾。

现场提问5:我是新闻传播学院的学生。刚才您说到在学习知识的同时,还要更新自己的观念,紧贴时代的发展。您认为现在哪一个国家的教育可以做到这一点?他们又是以怎样的模式推行这个理念的呢?

曹景行:我并不太了解世界各国的教育,而且要了解世界各国的教育也是一个很深入的问题,我只能从自己的感受来说。我只知道我们现在教育的不好之处,因为和我自己所处的20世纪50年代时的教育相比,我觉得我们那个时候可以有更多的时间玩,小学的时候玩的时间很多,中学的时候看书的时间很多。大学时,1978年、1979年基本上都是靠自学,当然那个时候工作是分配,不需要做太多实习这样的事情,大学四年几乎将时间全部放在自己的学习上。我想,这对我非常有用,无论是小学玩的环境、中学看书的环境都是非常必要的,而现在都不太可能存在,从幼儿园开始就不那么有一个自己发挥的空间。相比较来说,我还是觉得比如美国的教育比较好,学业不是太多,但是比较多元化,甚至玩的时间比较多,这对多数的孩子来说是不一样,但也是必要的。不能为了考大学,从幼儿园开始,我们就将孩子变成考试机器,把他们放在流水线上,而且变成获利工具,靠这个来赚钱,这样的教育模式绝对不是好的、符合教育规律的。另外,在1977级、1978级、1979级这几届当中,当时每一个有不同经历的人都可以来读大学,我们同学中年龄相差最大的有十四岁,凡是我们这一代人都有这样的体会,这当中我们可以有不同的经历,读了中学,再过十二年也照样可以读大学;当中也有小学没有读好的,小学的学业都不完整的也照样可以读大学;还有从来没有学过英文一个字,进了大学才从ABC开始学起的,到后来成为研究国际问题的专家,完全用英文来上课。也就是说教育本身不是"一刀切"的模式,而1977级、1978级、1979级这三届当中的规律,如果现在回过头来看,说不定倒可能是教育改革的思路。给不同的人、不同的孩子在学习当中有自己发挥的空间,可以给他们创造好的条件,而不是以一种模式,而且是一种违反科学规律的模式去培养可能更好。

现场提问6:曹老师,您好。我在大学里做老师。都说每一个人心目中都有一所自己的大学,大学对每一个人来说是一个梦,也是我们的精神家园。但是现在对中国大学各方面的诟病很多,对大学改革的议论也很多,您在清华做了九年教师,也有非常不易的求学经历。您认为中国大学的改革应该从何改起?这是第一个问题。

刚才这位同学让我帮提一个问题,他说因为他是学新媒体专业的,作为一个新媒体专业的新闻人,他们应当做一些什么样的准备和努力?

谢谢。

曹景行：教育改革本身是需要全局考虑的，尤其中国 13 亿人，这么多的学生，就数量来说就是非常复杂的问题，包括招生等，各个省的利益实在是相差太大。比如上海和北京，一讲到外来家庭的就地考试问题，这些利益冲突就很厉害。我觉得应该找一个模式，不一定找外国的，从 1949 年以后，哪一个阶段的教育最好呢？我觉得就是我们那几届。“文革”之前强调“红专”，在清华有许多尝试，但是毕竟是在计划经济体制下，有违反教育规律的。但是后来我们不说教育产业化，从 20 世纪 90 年代市场经济的介入，再加上高考这样的体制，这种体制就和 20 世纪 80 年代非常不一样了，包括现在学生的状态都不一样。我倒觉得能不能回到 1977 级、1978 级、1979 级时的教育模式，当时刚刚拨乱反正也好，百废待兴也好，那个空间真的很大，而且学生也活跃、老师也愿意，那时候师生关系也特别融洽。这次复旦要举行校庆，我们都要去做演讲，讲讲那时候的情况。那时候的老师刚刚从“文革”当中走出来，多少年没有教过书，又重新开始教书了，也没有什么科研的压力、教育经费的压力、评级的压力，什么都没有，就是想将书教好。那时候老师使用的教材，都是教师用蜡纸一个个打出来，然后油印给我们的。当时有一位已经七十多岁的老师教我们历史专业的英语，他本身是一个大家，是全国有名、世界著名的大家，但是他在教我们本科生的专业英语。我们同学当时就是一门心思将书读好，年纪大的那批同学带动年纪小的同学，年纪小的同学看到我们读什么书就看什么书，当时我们购买《资治通鉴》，上课就看，他们也买。上历史课并不只是听讲，我们都在看《资治通鉴》，讲到哪看到哪。那时候我在宿舍里放交响乐，“文革”时从来没有这些，他们也开始听。那时候大学的环境，我不知道西南联大时是怎样的，至少 1949 年以后我认为那时候是最好的，所以能不能以那个为借鉴，而不要空谈什么模式，只是恢复到那样的气氛，让大家都有一个很好的学习环境，将这四年好好地用好，学到最好的东西，这四年就能够成为你今后的基础。我后来做新闻，很大基础就是从早年看书到整个大学四年的整理，这个整理使我今后能够有能力不断地学习、不断地增加积累，包括改行。我读大学时学到的，在后来做新闻时非常有用，包括资料的整理、逻辑、文字，包括写作等。我在香港进入媒体行业，能够有不错的竞争力，都跟这个有关，这才是我们的大学要起的作用。

至于新媒体这件事我没有多少可以说，因为我不相信现在有人能够真正将新媒体搞明白，因为它是新的，而且发展非常快。就是请新媒体行业的人将这个问题讲明白的也未必有，而且没有什么教材。新媒体是做出来的，你先要去试，如果你读这个专业，我建议你一边读一边要先在新媒体环境中做起事来，要先取得感受，但是你今天做的，可能明天又不一样了，就像今天大家感兴趣的是微信，但是三年前时是微博啊，再往前三年是博客。新媒体的销售等一套套的东西，还不如自己找一件事情先做起来。我最近有一个体会，跟上海外国语大学的同学到美国采访，他们正在做中期选举，共二十个学生，这是一个课程。我将这些东西放到我的微博上了，结果在新浪微博上我们这个题目十天里达到了一个亿的阅读，为什么？我也不明白。回过头来，如果我们进行研究，是不是可以将这样的东西变成和新媒体的一种结合，将课程和新媒体进行结合，又如何和微信结合，这些都在探讨。但是谁能够真的讲明白新媒体是怎么一回事，我自己是到现在也不知道。如果是新媒体的同学，更应该有一个自己对新媒体实际的感受，如果没有实际感受，就像现在我们听老师讲课一样，如果完全不懂老师的讲是怎么一回事，我想未必能够有太大的作用。最好是老师带着你们一起做，而且可以看到许多实际效果，新媒体并没有太高的门槛。

主持人：晚上吃饭时我和曹老师讲了一个当年他父亲在校园里的笑话，他父亲右手拿着一本书，左手牵着一只羊，在校园里放羊，看着书牵着羊，后来羊就不见了，因为学生在他看书时将牵羊的绳子剪掉了。这就是大学，大学需要有故事。最近我看了一本书《独特的风景：大学生活的春花秋月》，大概讲的话跟曹老师讲的差不多。我们必须给学生一个立体化的校园，不仅是有几栋大的房子，而是里面有很多人文故事在发生着，这才是一个真正的大学校园。听了今天曹老师“变局中我们”的讲座，文科生听了觉得很着急，因为他们觉得没有掌握技术，理科生听了也着急，因为他们觉得自己没有掌握技术发展的动向和信息。怎么办？最好的办法就是来听我们的讲座。感谢曹先生给我们带来精彩的讲座。

历练与生活

苦练七十二变，笑对八十一难

六小龄童

六小龄童，本名章金莱，现为中央电视台国家一级演员，被誉为“当代美猴王”“国猴”“再世孙悟空”“天下第一猴”“猴圣”。出生于“章氏猴戏”世家，为南猴王“六龄童”章宗义的幼子，其家族是国内外公认的“猴王世家”。

1959年4月12日出生于上海，祖籍浙江绍兴。从小随父学艺，曾出访美国、法国、意大利、摩纳哥、西班牙、韩国、泰国、新加坡、马来西亚、越南、新西兰、南非、澳大利亚等国及香港、澳门、台湾等地区，《西游记》在当地播出后掀起“《西游记》热”和“六小龄童热”，至今在海内外重播率、收视率达三千多遍，创下了世界最高纪录。2012年9月，获得联合国友好协会主席诺尔·布朗颁发的联合国“世界和平使者”。2014年4月，在扬州获得首届“中国电视演员形象金榜”第一名。同时，因前后历时七年(1982—1999)完成一部世界名著改编的电视剧《西游记》，六小龄童成为中国影视界第一位被载入大世界基尼斯纪录的人！

今天来到暨南大学珠海校区，很感动，我们两位学校的领导，姓氏跟我同一个音，我是立早“章”，文章的章，我们两位领导是弓长“张”；我们还有一个猴缘，我是演猴，他们俩是属猴，1956年出生的。有机会来到在中国非常著名的，在东南亚海外也有一定影响的名校，我们百年名校暨南大学的珠海分校，个人深感荣幸。看到我们这么多同学，而且听在座的几位同学讲，是五点多就到了，我早上去的北京师范大学珠海分校，昨天晚上,很多同学都在礼堂外搭了帐篷,凌晨五点钟就往里面涌。我今天看到这么多的同学,走廊里都站满了人,旁边的人都在扒着那个窗户,来了这么多同学,我感觉真的像到了花果山一样。所以说,如果有一天有不实媒体报道,我们当今年轻的大学生是对传统文化缺失的那一代,是垮了的那一代,你让他们今天来这儿看看,并不是那样的。我到全国乃至海内外两百多所大学去讲演,包括五月份在缅甸的仰光大学,三月份在越南的河内大学等,上个月去了法国,跟留学生去交流沟通传统文化的魅力、人生的哲理,互相交流各自的感悟,下个月还要去剑桥大学。但是我去过的学校,从北大、清华、中国人民大学、北京师范大学往下数,北京的大学,我都跑遍了,可以肯定地说,在中国影视界,我是去过大学院校演讲最多的一个人。几乎所有的老师都跟我讲,我们学校来了很多的大家,办了很多讲座,讲得非常出色,也非常好,给同学们留下了非常深刻的记忆,但是像这么热烈,这么自发地对传统文化的有兴趣和热情的讲座,从来没有过。所以这不是我六小龄童的魅力,而是我们中华传统文化的伟大。刚才我这样跟老师讲,我们这么多的同学,只要有这样一个机会,我们同学对民族文化的这种热情很快会被点燃。刚才我进来时,很多同学让我非常的激动,就这样老远地喊:“六老师,您好!”有一个男同学,站在自行车上喊:“六小先生,您好!”有两个同学说:“小龄童爷爷,您好!”我很疑惑,有没有人喊我一声爷爷的,刚才有同学这么喊:“侯老师。”我以为是后头有姓侯的老师。今天有很多同学拿着笔记本,想让我签个名,我也想留个纪念,我们互相留个纪念。我正写着时有个女同学过来:“老师老师,我是看着你长大的。”啊,她是看着我长大的。除了大学,我还去过三百多所小学以及幼儿园,很多的同学们会问:“幼儿园的孩子们在干什么?”好玩着呢。我问小朋友:“知道你们自己爸爸妈妈的名字吗?”小朋友说:“知道。”“知道老师的名字吗?”“知道。”“喜欢孙悟空吗?”“喜欢。”“你们知道我是谁吗?”“演孙悟空的演员。”我还怕他们不知道。他们看看我,再互相看看,“六小龄童。”这让我很感动,这些小孩看到我,就想到六小龄童,那是我最感动的一瞬间。为什么?我们心目当中都有自己那个时代的明星和偶像,你们现在心中的明星肯定和爸爸妈妈、爷爷奶奶的不一样,你听爷爷奶奶说,这个演员年轻时我可喜欢了,你一看,觉得没什么,怎么他们那么喜欢呢!我喜欢的是谁谁谁。但是真正好的传统艺术,一定是随着时间的推移,越来越受到大家关注的。刚刚张老师讲了我这个版本的《西游记》播了三千多遍,不光在中国乃至在世界上,它的重播率是最高的。有一个大学生给我写信,说老师你看了多少遍自己演的《西游记》?他说我看了七十二遍,我说我自己都没看那么多遍。但它为什么三十多年来影响着一代又一代,包括我们在座的一些同学?有一次到上万人的会场,那是四川农业大学体育馆,当时挤满了人,门口还有大屏幕,很多同学在外面听。我斗胆做了一个测试,我说:"在座的如果有哪一位不管是老师、学生甚至是孩子,说六小龄童演的这版《西游记》我一集没有看过的请举手。"一个都没有。我们中国的演员包括一些大腕,还有现在的一线二线演员,就是连好莱坞的演员都算上,谁都不敢拍着胸脯说:我演过的戏,十三亿中国人基本都看过。什么叫国际影星呢?我们现在的一些艺人说是和好莱坞合作,一看戏,结果就两个镜头,不能体现我们中华民族真正的艺术和文化传统的魅力。你们可能最近关注手机有一个头条,我平常不大关注这个,其中最近的一条是六小龄童赴美国拍摄 3D 版《西游记》继续扮演美猴王,今年年底就要开机了,2016 年也就是猴年,就可以和在座的观众还有海内外的观众见面了。所以我讲到这里也就想说,人应该是有梦想的,大家不要以为"章老师,你今天是不是要给我们上政治课了?"我是无党派人士,就像孙悟空经常讲的一句话,俺老孙跳出三界外,对,不在五行中,自由自在、独来独往。可以说,像我这样目前在央视的演员,包括大家熟悉的演员,但是没有一个经纪公司包装的,在中国几乎是没有的。现在一般年轻的演员都有经纪公司去包装,但我们都是没有的,我并没有对这个现象表示质疑,包装也是一种宣传方式,挺好,加大演员的宣传力度,但我觉得我自己没有必要,我觉得自己完全有可能就自己的目标、理想、信念去追求。今天看到这么多的同学,跟大家交流、沟通、学习,对我来说是一个非常好的机会。如果我的前半生是在传承中国猴戏艺术的话,我希望我的下半生可以更多地传承中国的猴文化,谢谢大家。

其实老师刚刚在说演讲,但我没有说演讲,我一直说的是讲演。你看我也没有稿子啊,也不叫脱稿,连提纲都没有,想到哪里说哪里,就像孙悟空的思维模式一样,一个筋斗云十万八千里。要是听不明白的请举手,脑子糊涂了,我再给他拉回来,这样讲可能鲜活、生动一些,大家听着也比较有意思,如果像这样讲:第一个问题给大家讲中国传统文化的魅力;第二个问题……大家马上就睡觉了。我看到网上有一个大家,我们其实非常尊重他,他也值得敬仰,但他一讲话下面的大学生就睡觉,有人采访我,说"老师您怎么看?"大部分的媒体都在批评大学生,都觉得不应该这样,说应该尊重老师,这种演讲,不管怎么说,你也不能睡觉。其实,我不这么看问题,我去过海内外这么多大学,别说睡觉了,很多同学老早就来了,没吃饭,连上厕所都不去,甚至有的同学是逃课来听的,我们不主张逃课,但他会说回去会补上。我自己心里也不安。我们不是有意组织的,有的组织会事先跟学生说好"同学们,不能走啊,先生哪里说得好的时候大家一起鼓掌啊"。这不是发自内心的,因为我想那一天可能同学们是被组织去听的,因为他不是学这个专业的,你却给他讲专业的东西,比如说,今天我给大家讲如何演好美猴王孙悟空,听着听着,慢慢地、慢慢地你也睡着了,这是寓教于乐、雅俗共赏、深入浅出,我们要往这个方向去努力,让同学们再热的天,再不好的条件都在坚持听。今天的条件是最好的,很多的男孩子、女孩子拉着那个杆子两个小时就这么听完了,有好几对听我的演讲,后来都谈恋爱了。有好几个同学,后来给我写信说他们就是那天在一起听讲座,然后问对方是哪个系的,之前都不认识,后来两个人就对上了。所以我不光希望你们学业有成,还希望有情人在大学毕业以后能终成眷属。我为什么不说演讲,说讲演呢?我们真正从汉字上理解是这样的,我是又讲又演而且就我一个人，你们以前听过很多演讲吧，肯定不是像我这样的，我是先讲话后表演，我们过去有一句话叫“是驴是马，上台遛遛”，这话可能有点直白，但是我觉得非常准确。很多同学看荧屏电视和荧幕电影，我可以告诉你们一个秘诀，不要过分地去信这个的东西，艺术的东西除外，我说的是一些高科技二线武打的东西，除了像成龙先生、李连杰先生这些真正的国际功夫巨星以外，还有相当一部分是假的。所以我提出了一个观点：文艺也需要打假。很多人以后再说他自己是武打巨星，那让他上台来表演表演，给我们看看行不行，他可能会说最近腿不太好，最近身体不太好，说了几句话就走了。刚刚听学校领导讲我们这个学校两岸三地的人都有，有香港同胞、澳门同胞，还有很多少数民族同胞，是一个大家庭。《西游记》中当时五个人就开始了西天取经，被全世界誉为最牛的团队，离开谁都不行。小孩都知道，一开始问《西游记》师徒有几个人？回答两个人，唐僧和孙悟空；再问，第三、四个，最后问，到底有几个？是五个，前面把谁给忘了？白龙马。没有小白龙，师徒四个能取着真经吗？不能！所以我认为师徒五个人合在一起就是我们中国最完美的男人。我们有些女同学不能要求猪八戒很好玩，因为他长相本来就有点丑；沙和尚兢兢业业、老老实实，任劳任怨，因为他比较憨，说话也比较少。我那个徒弟，也就是闫怀礼，经常演沙和尚，三年前去世了，他是一个非常好的演员，我们非常怀念他，但是今天我就不说怀念的事了。他非常关注新版《西游记》的那些沙和尚的形象，跟我说，这形象还可以，头发好像是烫的，我们这些大学生有的说它像方便面一样。他跟师父、大师兄、二师兄没完没了地说话，成了话痨，但沙和尚有这么说话的吗？沙和尚不爱说话。所以闫老师好在哪？有个东西叫敬业。我们戏里有很多台词，很多人说要加戏，说要加动作镜头，但有些演员，央视一套播了无数遍你主演的戏，大家还是没能记住你。我们《西游记》不是在那里夸大其词，当然也有很多不足，不是完美无缺的作品，那个时候的女演员，基本上一集戏就能红，而且一红就是三十多年。比如李玲玉老师演的天哥、女王，在座的年长一些的都知道，在广州这边也很红。在《西游记》里演一个天竺少女的，那个玉鼠精，不对，是玉兔精，就一集那个戏；卓琳老师演那个女儿国王，也是一集的戏；还有演小白龙的演员，我们老师们可能知道，他是我们中国当年非常有名的小生，就像现在的一些偶像级演员，比如说黄晓明、陆毅。他也演了许多戏，比如《笔中洗画》，一部以王羲之为背景的戏，他演男一号，但是最后让大家记住他的就是那一匹马，他自己也说了，他在《西游记》里马形比人形还多，大家都记住了他饰演的小白龙，别的全忘了。所以我刚才为什么说闫老师，他非常严谨，主动跟导演说把很多台词去掉，比方说："师父，大师兄是对的，二师兄是傻的。"这种台词，有意思吗？孙悟空三打白骨精，沙和尚完全知道大师兄是对的，大师兄火眼金睛是不会错的，可师父那边，他又不肯得罪。我这个角色因为戏重，在前面瞭望，挠挠痒，对师父说前面到什么山了，猪八戒就上前了，他就垫着肚子、拿着钉耙在那喘，马老师也会演戏。沙和尚从来都在后头，我们把他挡住了他从来都不计较，后来在画面中，他也别扭，拍了半天，人一点都没有。我就跟他讲："你也别在意啊，在这个画面中，我们看到你的禅杖的前头部分了，这样你不也就完了吗？"他也老实，点点头说也是。生活中，他就是这样。马德华老师，前几天和我们在一起聊，因为我们马上又要拍《西游记》了，他经常去大学演讲，他说我们一些新版的猪八戒一看到女的就往上扑，那不成流氓了？为什么说《西游记》讲的是一种人性？人是有弱点的，猪八戒就是小农意识非常浓的人物形象，你们知道演猪八戒的演员叫什么吗？对，马德华老师，刚刚有个学生跟我说刘德华，不是啊，刘德华是香港歌星。马老师演戏非常准确，别看他傻乎乎、憨乎乎的，他吃东西也有个度。他很风趣，富有幽默感。"坎途逢三难"的那一集有一个片段孙悟空被黄风怪迷了眼睛，进屋后猪八戒他饿了，别人喂他吃，他吃，喂他喝，他喝，吃得津津有味。一个女孩拿着烛光照亮，然后猪八戒眼睛看着姑娘一直不动，姑娘下意识他发现后说，他这人怎么这么没礼貌，怎么这么样一个人，这么样一个和尚，老是看她！马老师一看她看自己，马上呵呵地笑。

玄奘，也就是唐僧，他就不一样了，因为最希望取得真经、取经的愿望最强烈的就是他了，他会想起整个西天取经历程上的大大小小的艰难，佛祖在那儿夸他们，总结他们整个取经过程中功过的时候，主要是功为主，他一直听着，等到说"封你为功德佛"才慢慢抬头。这个细节演得非常好，迟重瑞老师，最后一集是他演的，我们的私交也是最好的。话说回来因为唐僧的性格，所以他会回答"多谢佛祖"，对吧？那么孙悟空就不是这么表演，如果我要是说"佛爷爷，我呢？"那就不是孙悟空了。因为前面他们都封完了，我这一琢磨，一看："佛祖，俺老孙呢？"很随便地一问，前面把他的台词说完，最后，孙悟空一听说"斗战胜佛"，很容易念错，而且是胜利的"胜"，不是大圣的"圣"。孙悟空当时一琢磨，眼珠子一转，心想："唉，这个还行。"包括小白龙被封八部天龙，我们五个人当中只有两个成佛了，地位都超过观音菩萨了，孙悟空成佛了，八十大佛有斗战胜佛那么一位，所以你看他最后很随意地，眼珠子一转："嘿！多谢佛祖。"然后跳开了，这就是演戏。

我们也有艺术学院，院长是张铁林先生，我们也有过交往，他是一个非常好的表演艺术家，我觉得演戏就是讲分寸，我说这个话对应我们每一个学生的专业。张铁林先生是从电影学院毕业，我了解的 78 班电影学院那批学生，他们这个班里，出了很多有名的演员，按现在来说都是个奇迹。演第一任唐僧的汪粤，就是他们班的，还有很多年轻演员，老师们应该知道，像方舒、李小力、周里京、张丰毅等，都是那个班的。导演也很厉害，有陈凯歌、张艺谋，78 班出了很多人，比如何群、尹力，都是当今影视界的中坚力量。张铁林先生一开始是演生活戏，我印象当中有一部叫《有一个青年》，演得不错。后来他一直出国，回国以后，第一件事就是演的"小燕子"的"皇阿玛"。他有他自己的风格，可能不一定完全按人物的真实的角度去演一个皇上，他称自己是"卡通皇帝"，大家就记住了他，他是一个戏一个戏这么积累过来的。但是我不是，我以前是搞戏曲的，因为演了一个《西游记》以后,大家非常熟悉了,这个戏重播率太高,所以像很多的家长跟我说话的时候,有的时候经常讲:“老师啊,你都不知道我们这个孩子,连‘爹妈’还不会叫的时候,就会叫你呀!”我说:“这怎么可能!”“是啊,看那个电视,别的电视它没那个色彩。”现在大家不是很关注,但像《西游记》那样的,各方面画面都比较丰富,有时候你看猪八戒那个猪型出来了,一会儿这个狮子精出来了,一会儿孙悟空出来了,孩子老看的话,有一天他突然指着孙悟空这个形象,这就是“猴儿”,对吧?你说在中国还有谁不知道《西游记》讲什么故事?不知道孙悟空是谁吗?太清楚了。所以我就说,人,得有自己的追求和信念,尤其是得有梦。

我想象着三个大梦,现在已经完成两个半,简单跟大家描述一下:“国家有国家的梦,民族有民族的梦,我们有‘西游’的梦。”在内地,我们家族被称为“猴王世家”,国外不这么说的,他们说“中国有个章氏猴戏的家族,专门产猴子的”。那么我们怎样才能够把《西游记》这样的一个故事更好地记录下来呢?我经常讲的一句话就是:感谢时代,感谢生活。为什么呢?我小时候看我爸爸演的《三打白骨精》,他取得这么大的成就,这么辉煌,被誉为“南猴王”,“北猴王”叫李万春,京剧方面老师,也是我的老师。毛主席看了爸爸演的《三打白骨精》以后,专门写了一首诗词,老师们都应该知道,其中有一句叫“金猴奋起千钧棒,玉宇澄清万里埃”,那个时候演员是没有什么奖项的,比如最佳男演员这些是没有的,尤其是戏曲,所以父亲觉得这是主席对我们最高的评价。这个戏如果被拍成电影,发行到 72 个国家,可能跟孙悟空七十二变有点关系,那在世界上影响会很大,可以说是戏曲片中在全球影响最大的一个关于猴戏的电影。但之后,他就没有拍,只留下这一个剧,我小时候就想:爸爸只演了一个《三打白骨精》,我要是把《西游记》给拍下来,那就厉害了。我当时才二十多岁,心想怎么办?于是刻苦练功,跟同学比,偷着比,其实好多地方我不如人家,但是我有比别人强的地方,就特别加强对自己长处的训练,克服自己的弱点,扬长避短。因为人不可能是全才,就像我们学习一样,不可能每个学科你的分数都那么好，每次我跟爸爸出去，人家介绍："唉，这个是六龄童的儿子。"我心里就很不舒服："怎么老说六龄童的儿子！"爸爸就讲："什么时候人家介绍他，说这是六小龄童的爸爸，说明你就成功了。"拍《西游记》前11集时，大家如果是老观众，应该有印象的，首次播出以后，按现在来说就是红了，那时候的电视剧也少，我们现在电视收视率大概零点几、一点几、二点几，就叫收视高得不得了了，也就是说100个人里面有一两个人在看，哪怕只看一个镜头也叫看。我们那个时候不是的，我拍的那个《西游记》的收视率在全国十几亿人口当中是98.8%，这个奇迹，我估计以后也不太可能会有了。因为电视节目现在多元化了嘛，不可能老看电视剧。很多来自农村的同学，你们当时可能还小，不知道，回去可以问你们的爸爸妈妈，那时候生活条件相对的艰苦一些，十里、二十里有一个黑白电视机，一到那个时间，大家全聚在那儿看。这个戏红了以后，因为我爸爸是全国政协委员，我去看他，很多的记者观众就"哎哟，六小龄童，给我们签个字签个字"，我就给他们签字，其实我是去看我爸爸的，结果把老爷子晾在一边儿了。很多记者观众都说："哎，这个老人怎么跟六小龄童长得有点像，他是谁呀？"其中旁边有个人就说："你不认识他？他是孙悟空的爸爸！"我父亲就不乐意了："我是老猴王，我怎么成孙悟空的爸爸了！"其实他内心很高兴，他知道我演的这个难度很大，我不是第一个在中国演孙悟空的演员，在我之前上万个都不止，但是我要创造一个新的荧屏美猴王，那是第一次。以前更多的是脸谱戏曲，画脸的那种，我们有来自全国各地的同学，比如安徽有黄梅戏，广东有粤剧，上海还有沪剧，河南有豫剧等，都有演孙悟空演得很好的演员，而且风格都不一样，脸谱服装和表演风格都不一样。但是我有幸在23岁的那一年拍了四大名著中的一部，也是四大名著当中唯一一部从头到尾都是主演的一部戏。"三国""水浒""红楼"不是这样的，"水浒"大家更清楚，这几集写林冲，那几集写武松，只有《西游记》从头到尾只有一个男一号。老师和杨导去演讲，《西游记》放完以后，大家评价说："哎哟，六小龄童版的《西游记》我们看了,演技最好的是那个演沙和尚的演员。”那叫成功吗?我们现在很多戏都是这样,主演没记住,记住了配角儿,或者记住了高科技,“哎哟太震撼了!”像某部由《西游记》改编电影,观众看后会说:“哎哟!高科技太震撼了,哎哟!比那个时候那一版的技术真的提高了,挺好挺好。”“不是,表演怎么样?演得怎么样?”“哎呀,演得不行,演得不行。”学校是德在先,学习在后,我们讲的是德在先,艺在后。技术是为内容服务的,你看完这个剧,没有记住人物,没有记住戏,记住了它的技术,那还是美国工业的一种操作方式。但是《西游记》,我们得知道它的精髓、它的魂是什么?我们那个年代技术很简陋,我被“吊”起来后,变成孙悟空一飞,后面的钢丝露出来了,孙悟空“咣”的一声从石头缝里蹦出来,一看就是泡沫、塑料那一类东西,没有人去责怪的。就像我们那一代人看卓别林先生的作品一样,早期的无声电影,你不会去注意他胡子没粘上掉下来了,化妆很假。不可超越的喜剧艺术大师,那才是伟大的艺术家,不是看技术的。在那个年代,用了十七年的时间指一部电视剧,被载入了吉尼斯纪录。这个纪录是什么呢?我估计就是百年以内没有人愿意去打破它了,也不可能了。现在 41 集的电视剧用多长时间拍完?两三个月,最多半年。没有人傻乎乎地非得用十七年拍一部 41 集的戏,只为了要去打破这个吉尼斯世界纪录,不可能了,那是时代造就的。《西游记》这部小说成书 400 多年以来,我们这部戏算是以电视剧的方式最完整地把它记录下来。

第二个梦:现在的孩子喜欢《西游记》,喜欢孙悟空,可是吴承恩是谁?他们不知道。为什么 16 世纪中国产生可以跟西方塞万提斯齐名的一个大文学家,以至于 400 多年以来,我心目当中可能还没有一个真正的大家可以和吴承恩先生相提并论,那个时候没有炒作,没有公司去包装他们。《西游记》在全世界各国的文字版本当中,无数次地被翻译,应该是中国小说当中被译成各国文字最多的一部,也是全世界拥有读者最多的一本书之一。现在同学们的条件很好,也更有智慧、更聪明和机智,想象力丰富,反应也快,怎么就写不出那种能够传世的作品了呢?包括我在内,比如要拍出那种传世的、能够经得起时间考验的、大家心目中的经典的东西,但急功近利,急于求成,演员也希望一夜成名,静不下心来。而像吴承恩先生,一生只做成、做好了一件被大家全世界认可的事,其实他的书法、绘画、诗词也非常好。有一句话:“吴承恩先生因《西游记》流芳百世,《西游记》因吴承恩名垂千古。”大家一代一代地在传播他的西游文化和他的作品,以至于后来的人很难去望其项背,根本超越不了。吴承恩先生用一生的心血创造这部戏,可是大家不熟悉,怎么办?于是我咬牙,要演吴承恩。有一个记者说过这番话:“六小龄童演吴承恩的话,那演李逵的演员不就可以演施耐庵了吗?”当时我很受刺激,但是那个记者没有污蔑我的意思,他说:“我们对章先生还是很尊敬的,他在《西游记》里头变换地演了很多人物,都挺好:小妖怪,喇嘛,甚至老妖婆婆,但是无论如何,他们对吴承恩还不了解,投资方也有问题。”同学们,你们有理想、有信念又觉得自己能做到能做成的事,千万不要轻易放弃,要坚持住。但是,十年里,投资方谈了又推,推了又谈,原因在哪里?那个时候一部戏很重要,但是吴承恩从 28 岁到 82 岁的这个传奇经历,是否可以请某某演员演,比如说张铁林老师,他演那部戏肯定比我强,但是我想,我对吴承恩的理解是别人不具备的。当我看到观众给我留言说:“如果说孙悟空身上流淌的是吴承恩的血液,那么六小龄童身上流淌的是孙悟空的血液。”我很感动,还有一种说法让我更感动,他说:“如果说吴承恩先生赋予孙悟空的是生命,六小龄童赋予孙悟空的是灵魂。”这话说得有点过,但是给我增强了自信。我觉得我可以,演十年一直没有演成怎么办,所以不能松懈。执着跟偏执不是一个概念,我敬重自己的思想。过去很多的老艺术家,年轻的同学可能不太了解,尤其是戏曲界,比如刚才讲的电影学院、戏曲学院毕业的都是高才生,学文化知识是比较全面的,过去的戏曲演员从小练习戏曲,像我哥哥小六龄童三岁就演戏了,没有上过一年学,后来自学成才。他们虽有一些心得体会,但记录的文字很少,怎么办?所以我写书,我已经写了四套书,一套叫《六小龄童品西游》,把我们家族四代人一百年演猴戏的历史讲了出来。我还把对《西游记》十七年拍摄的感悟，写成了一种西游文化哲理的一本书。大家可以探讨、共勉，是季羡林老先生题的书名。还有一套书是写给小朋友的，叫《听孙悟空说西游》，卡通的。再有一个就是《西游记》(典藏版)。我有感于很多《西游记》小说当中对唐僧的原型玄奘大师传奇的一生，但几乎没有介绍，吴承恩先生悲欢离合的家庭故事也没有文字的记录，鲁迅、胡适这些文学大家对《西游记》的评注考证里也没有，于是我把这些资料都融合起来。我用了很长时间写完这本书，2007 年我等到了第二个机会，有一个导演叫阚卫平，如果没有他跟我合作《吴承恩与西游记》，我这个愿望可能到现在都没有实现。他曾经拍过一部很著名的电视剧，叫《大宋提刑官》。明年就要播这部 46 集的连续剧——《吴承恩与西游记》，我主演的，第二个梦就实现了。

第三个梦，我是出生在上海的，上海马上要建一个迪士尼乐园，它在世界上大概有五六个。但是听说上海要建迪士尼乐园，我高兴不起来，香港已经有一个了，虽然不能说这是西方文化对我们的下一代的一种潜移默化的攻势，但是有一点，作为一个中国人，我们都有责任和义务，为我们民族和国家做贡献。如果简单地夸你们，男的是天之骄子，女的是天之骄女，我们国家和民族未来的希望都在你们身上，我们都会老去，都会离开这个世界的。但是现在，在我们 960 万平方公里国土上，还没有一座属于三亿四千万青少年儿童自己的乐园。我呼吁了十几年，在广东珠海也呼吁了，可能当时的领导觉得珠海没有必要营造这样一个乐园，如果建造的话我觉得比现在还要好。现在只是空气好，环境好，人少，没有雾霾，但是如果有一个乐园，能够吸引全世界尤其中国的儿童到这里游玩，如果一个孩子愿意来，家长肯定也跟着来。通过九九八十一难那种心路历程的艰难，让孩子们去感受中国传统文化、西游文化的魅力，寓教于乐，效果会很好。情愿建造一个什么谷，弄一个什么山，没有文化内涵、文化底蕴，也不能一味地引进迪士尼。如果中国人的“西游记主题公园”造到美国纽约、法国巴黎、英国伦敦，尤其是日本东京，那才是我们每个中国人应该大笑的时候。

我们的电视剧、电影，都在学别人，“克隆”没有意义，没有价值，没有生命力，有的电视剧完全是套版韩国，套版日本……甚至有些艺术工作者把自己比作是“戏子”，我很奇怪为什么要把自己看扁成这个样子？曾经有一个很有名的艺术工作者说：“我的这部电影，只有 20 天的商业期，20 天以后是垃圾，和我没有关系。”艺术工作者的良知没有了！今年 3 月 15 日不光是习总书记在开会，这次文艺座谈会也是 72 年前的文艺座谈会的继续，也许是有这么一种隐喻，会上一共是 72 个代表，文学、戏剧、影视，包括舞蹈……也有一种说法，说孔老夫子那时有 3000 弟子，72 贤士。

我很荣幸能参加这个会议，为什么？仔细看一下，影视界的演员只有两个人，一个是陈道明老师，另一个是我，只有我们两个人，我们都是中央电视台演艺中心的演员，这是一种荣誉。这么多年来，国家一些领导人也有在关注我，这让我很感动，我一直是不遗余力地在推动我们国家的传统文化传承，现在我敢挺着腰板说出(以前也是)六小龄童最大的优势是什么！一些演员支持我，说：“老师，你不拍没关系，我们都支持你。”当时《西游记》被恶搞到疯狂地步的时候，大部分观众还在支持我，这让很感动。最后开完会，习总书记接见我们每一个代表，他远远地见我后，过来就和我握手说：“你最近在拍什么戏？”

“《西游记》。”

“是电视剧还是电影？”

“这次是电影。”

“很好，如果是电影的话，《西游记》可以拍很多部……”

他还和我讲了一下“西游记主题公园”，包括它的推动，还有玄奘大师的影视剧，他都一直在看，在关注……

“这部戏拍出来以后，肯定会受到更多观众的欢迎与喜爱。”他说，他是通过这样一次会议，给我们文艺演出定了一个方向。有人会问：“会不会左了？”不会，肯定不会。

总书记提出来的想法,我非常赞同:一部艺术作品,首先要关注的是社会效益,第二是经济效益,如果社会效益和经济效益能结合得很好,那是一个最佳的效益。

我演的这部剧,是沾了老祖宗的光,到现在为止,你要是说它是一部艺术片,它的重播率、收视率,包括买的价格,在全世界是最高的(这样一部电视剧),高达几个亿,当然和我没有一分钱是挂钩的,如果要挂钩,我是演员,那我不就是最富的人了吗?但是我没有这么想,国家已经给予我们太多了……我们无非就是一些普通的演员,演了这样一部名著,是有老百姓的支持、人民的支持,才有今天。到现在为止,大部分海内外有关影视的大奖,我全拿了。其中有一个奖,当时给我的颁奖词是:一个演员,一生只演了一部戏。还有一次,评选的是"中国十个不可超越的艺术形象",我拿了第一!第二是《白蛇传》中白娘子的饰演者赵雅芝女士,第三是《上海滩》中许文强的饰演者周润发先生,最后一个是内地演员:《红楼梦》中林黛玉的饰演者陈晓旭。

刚才我说的主题公园,是半个梦,今年8月1日,江苏淮安的市委书记姚晓东给我颁发了一个证书:西游文化乐园唯一的形象大使——六小龄童先生。我奋斗了十几年,把这件事做成了。

中国是文化大国,但不是文化强国,更不是文化产业的强国,在这方面,有其他国家会比我们做得更好。另外我还有半个梦,就是电影《西游记》,我们期待2016年这部戏会推出,将会有很多外国友人参与。我们那个年代,所喜欢的那些男演员,是双眼皮、大眼睛,你们现在喜欢的是单眼皮、小眼睛,审美观不一样,每个阶段都会有它自己的审美观。未来的戏剧,它肯定会是国际化的,如果要想传播我们的中国文化,就必须要找一个"点"。我们不要只是"喊""说",必须要找一个作品,像美国的电影都会引领并且传达一种美国精神,特别厉害,你看完之后,肯定会说:"哎呀,太厉害了!"所以中国如果想真正推出一部走向世界的电影,我个人认为《西游记》的题材是首选。第一,有浪漫的神话故事,各种人物的造型,我们国家的山山水水，天上地下和人间美景……像很多电影，比如《哈利波特》《蜘蛛侠》《变形金刚》就仅仅是故事，《西游记》比他们丰富得多。但是我们一直没有做，这次这部电影，不知道是3D还是4D，会与美国合作。第二，主导权在中国，我们的编剧、导演，我们的作品，我们的主演……作为一个演员，不是演一两部戏就够了，你要代表一种文化。我不敢说外国人一定演不了孙悟空，但是我敢说，演孙悟空最好的演员，一定是在我们中国，当然，不一定是我。

而且我也希望，今后我们的影片与美国合作是东方的艺术和西方技术结合，而不是某个单方面。但是我们中国真正能够走向世界的电影究竟是哪一类呢？就像导演卡梅隆的《泰坦尼克号》这一类，不仅故事吸引人，打动人，而且他用高科技去制作一部伟大的作品，去塑造故事中的人物，最后两个恋人在水下分手的场景，引起了很多年轻男女掉眼泪，这就是“戏”！

我们讲究的是技术、内容都要符合。但是也有可能某个电影、某个演员，获得了很多大奖但我们都不认识。

这样的情况并不少见，仔细想想，中国的文化真正走出国门了吗？以后有机会的话，去国外问一问，我们国家那些大导演以及他们的电影，在国外放映的时候，是真正的人山人海吗？有人自己从口袋里掏钱吗？大家都在看这部电影吗？如果这些都没有，只是拿一个奖就回来了，这只是表面的工作，我们还必须往深里做。

一般我们都会说中国的电影怎么好，票房一天比一天多，尤其是现在。但我们不能只看高票房，要静下心来想一想，真正的经典留下了几部？不能只说有多少票房。别的不说，就是对《西游记》这部原著小说来说，被恶搞到了疯狂程度的时候，我们更要理智地去应对这样的一个事件。

像《西游记》题材被恶搞这样的事件，我举《孙悟空三打白骨精》这个例子。孙悟空的真善美我们要去弘扬，白骨精的假恶丑我们要去抨击，但现在有些戏里已经到了人妖不分。是非颠倒的地步。比如《孙悟空三打白骨精》里，孙悟空和白骨精居然谈起了恋爱，孙悟空把白骨精叫“精精”，白骨精把孙悟空叫“空空”，他们500年前是恋人，孙悟空有一盏很厉害的灯，原本是白骨精的，白骨精就记恨他，她威胁说，你们师徒去西天取经，我要吃你师父唐僧的肉，把你也给吃了……这完全是胡编乱造！

戏说不是胡说，改编不是乱编，神话剧也不是说胡话。我们有权利让年轻人选择“我喜欢这个演员”“我喜欢这个导演”“我喜欢他演的这部戏”……但是静下心来想一想，这种行为是对我们民族和先贤的一种侮辱。他们可能觉得大学生学习忙，生活压力大，有危机感，想通过这样的方式来释放情绪，看着唐僧玄奘和女妖上床了，就说：“哈哈哈，这太逗了，孙悟空和猪八戒要是也有女朋友就好了，这样更好玩，哈哈哈……”

在2004年的时候，我去很多学校演讲，之前很多媒体报道中国大学生喜欢吸收各种恶搞的《西游记》，我觉得这太不可思议了，我当时就说了一句很严厉的话：“一个民族没有自己的文化是可怕的，有了文化不去弘扬是可悲的，一个民族，当你优秀的文化被国人践踏，那就是可耻的。”还有一句话更为严重，“这种行为就是要钱不要脸”，对我们现在的人，尤其是小孩子很不利，“六小龄童叔叔，孙悟空在取经路上到底有几个女妖精朋友啊？”会这样想……

有一次在北大演讲，有个学生就说：“老师，您不能生气，我们也理解您，我们也尊重您的看法，其实我们也看他们那些《西游记》，因为我们觉得他们那些人物、台词、爱情都很感人，所以我经常看，我觉得很经典。”我问他：“你是哪所学校的？”但我认为，不管是哪所大学的，每个年轻人都应该有继承、传承、创新发展的意识，而没有、恶搞先贤经典这样的权利。

我最难过、最伤感的是什么？一部卖得不错的影片，观影者百分之八十都是年轻的同学们，他们不停地说“震撼，很震撼”。你回去问父母，他们不会看，问爷爷奶奶，他们肯定也不会看，大部分老师也不会去看，为什么呢？为什么你们爱看？你们自己去想。有一句商业上的名言，叫作“市场决定一切”，如果我们中国人，尤其是年轻人，都不去支持这种现象的话，他们肯定就没有市场了。

在国外，举办很多大活动的时候，播放的都是我们这部《西游记》。这部剧不是我个人的，是我们剧组一千多号人，用了 17 年的时间拍出来的。1990 年亚运会，当年，播放这部《西游记》的时候，中国的历届亚运会中拿金牌最多的一次，当时是猴年，亚洲其他国家很多运动员都在发牢骚，很多报刊到处发表文章说：“不行，这次在北京举办的亚运会不算，因为当时中国每天晚上在放映一部叫作《西游记》的电视剧，我们运动员天天看，都不参加练习了，全都输了……”

国家奥组委给我发邀请函，希望我去参与奥运吉祥物的设计，像孙悟空的金箍棒，是秤杆式的那种金箍棒，但是现在那些纪念品都是尖的。我和刘翔、姚明，我们三个上海人站在一起，说孙悟空一定能够拿到奥运会吉祥物，当时会是在北京体育馆开的，我在那等，后来他们放了烟，有东西在晃悠，我看了一下，像是不倒翁那样的，当时我就想：没有孙悟空，有一个猴子也行，但是没有。到最后也没有出来。

当时央视的记者全都用摄像头对着我，拿话筒等着我，让我说话。我一看这个情况，就一句都不说了，但是最后我们还是去了，我觉得是重在参与。我当时在想，孙悟空没有成为吉祥物，要是 2008 年北京奥运会播放《西游记》，说不定当年我们的运动员也会是历届奥运会运动员中拿金牌最多的。结果 8 月 8 号晚上，央视首播第一套节目就是《西游记》，这次奥运会也是我们国家第一次成为在奥运会上拿金牌最多的国家。

这是一种巧合，我没有那么大的能力，我只是一个普通的演员。

我去年在一个学校演讲的时候，有一个老华侨到后台来和我说演讲完后，那个话题就该画句号了，就不能说了。当时他是这么说的：“六小龄童先生，你们回到中国内地以后，告诉中国大陆内地年轻的朋友们，我们中华民族五千年优秀的历史文化，不缺少可歌可泣的爱情故事，希望给美猴王留下一片情感的净土吧！”

理性与灵性

王五一

王五一，1953年生，山东青岛人，经济学博士，澳门理工学院中西文化研究所教授。曾在山东大学、中国社会科学院工作，曾先后于美国加州伯克利大学、内华达大学做访问学者。主要研究方向为中西文化比较、制度经济学、博彩经济学等，致力于跨学科研究。著述颇丰。近年来在全国各地作过多场以弘扬中华传统文化为宗旨的学术讲座，受到广泛好评。

主持人：今天，我们请来了澳门理工学院中西文化研究所的王五一教授，王老师是第二次来给我们作讲座，去年11月他曾经做客我们讲堂，讲得非常好。王老师今年62岁了，却仍怀着一颗年轻的心，前不久，他骑着自行车完成了一趟奇妙之旅，从珠海到中山，绕了一圈，很难得他还有这样的情思和雅趣，这曾经是我在十几岁才会做的事情。

今天晚上的话题是理性与灵性，讲座之前我问王老师，这到底是怎样的话题呢，他说这是哲学范畴的命题。很深邃，我不太懂，我和大家一样怀着很大的兴趣来了解王老师要阐述的理性与灵性究竟是怎么一回事。掌声有请王老师。

王五一：大家晚上好，很高兴有机会跟年轻的朋友们一起讨论这样一个有价值的话题。刚才主持人说这可能是一个深邃的话题，其实一会儿大家可能会有另外的感觉，这个话题跟我们每一个人都切身相关，是一个很实在的话题。当然它是一个哲学话题，这个哲学话题里涉及的这两个概念,应当看作外来词。

“理性”与“灵性”,在西学东渐之前,在西洋文化进入中国之前,我们的话语体系中已经有了这两个词,但不是这样的意思。2015 年是新文化运动一百周年,一百年前《新青年》杂志发表,我们把它看作新文化运动开始的标志,中国话语体系和思想体系中就开始了中西文化交汇,在交汇的过程中就存在着翻译的问题。回顾中国的翻译史,非常有意思,一些词汇刚刚开始我们不知道怎么翻译,干脆就音译,当年有“德先生”“赛先生”,这是新文化运动的两面旗帜。“德先生”怎么来的呢?就是因为当时我们不知道怎么翻译民主这个词,干脆就把它翻译为“德莫克拉希”。科学这个词也不知道怎么翻,于是把它翻译为“赛因思”。这就是“德先生”和“赛先生”的来源。

还有其他一些词,比如说“费厄泼赖”,鲁迅说“费厄泼赖应当缓行”,它是什么意思呢?其实就是 fairplay。回想那个时代,中国思想界打开大门、放眼看世界,中西文化开始交汇时有很多很有趣的事。今天中国思想界在讨论的问题中,有很多词仍然是外来词,虽然中国语言系统中,千年以来已经有这个词,但不是这个意思。

今天我们要讨论的是理性与灵性,理性这个词的英文来源就是 rationality,如果是形容词就是 rational,使用更多的是 reason。中国人原来也说灵性,比如说这个人很有灵性,但是与 spiritual 这个词还是有很大的差距。大家可能对今天这个话题有一点好奇或者有一些想法,我就先做这样简单的交代吧。

当今中国世俗思想界有四大哲学共识,我们就从这里开始今天晚上的讨论。“当今”、“中国”、“思想界”、“哲学”都很好理解,为什么加上“世俗”两个字呢?就是要将和尚、道士、牧师、神父等这些人排除出去,我们今天不讨论这些人的思想,而是讨论世俗知识界的思想。我归纳了一下,当今中国世俗思想界,有这么几个哲学共识。

一是科学真理论。科学就是真理,这是咱们中国当今思想界的共识之一。本来科学是人类探索真理的诸多方式中的一种，可是在中国，科学等同于真理。我们大家在讨论的这个事是科学的还是不科学的，洋人很少这样说话的，也没有这样的说法，但是中国人常常这么说，这个说法不科学，那个说法科学，科学就是对的、科学就是真理，这是当今中国世俗思想界一个很大的共识。

二是历史进步论。大家都相信历史在进步，离开了当今的中国，从整个人类思想史来看，历史进步主义从来就没有当今中国这样占据主导的地位。在古代思想史上，应当说是历史退步论或者历史堕落论占主导地位，欧洲思想史上认为人类在堕落、人类在死亡、人类在灭亡的观点从来没有消失过。但是在当今中国，在中国世俗思想界，无论左派还是右派，哪一派都相信历史在进步。

三是经济主导论。这是当今中国思想界非常奇特的现象，世界上没有哪一个国家的思想界会像中国思想界这样相信历史的命运是由经济来主导的。

四是制度决定论。就是认为一个国家好坏、强弱、优劣取决于它的制度。

这几个共识是怎么来的？是在争辩、辩论、争论、思想交锋当中形成的。比如科学真理论，大家争论来争论去是不是就达成了共识呢？不是这样的逻辑。是因为争辩的双方，我说你那个观点不科学，你说我这个观点不科学；我说我这个观点科学，你说你那个观点科学，说来说去，最后谁的观点、谁的思想科学，没有结论，但是首先将科学真理论给凿实了。你说你那个思想是进步，我说我这个思想进步；我说你那个思想倒退，你说我这个思想倒退，最后没有争出结论来，将历史进步论给凿实了。你说你那个想法高效率，我说我这个想法高效率；你说你那个时代的经济增长速度快，我说我这个时代的经济增长速度快，最后谁也没有说服谁，但是将经济主导论给凿实了。你说你那个制度优越，我说我这个制度优越；你说我这个制度不优越，我说你那个制度不优越，大家谁也没有争出长短，最后将制度决定论给凿实了。这是不是当今中国思想界的现状呢?

我做学问有一个思维怪僻,越是共识的东西我越是怀疑它。今天中国思想界论战的左右两派,或者不管多少派,大家论战的擂台就是由这几根“柱子”撑起来的。擂台上谁胜谁负我们看不出来,我也不关心,我关心的是这个擂台的四根“柱子”结实不结实,我想将这几根柱子分别检查一遍,这就是我现在要做的事。今天晚上我们首先查第一根“柱子”——科学真理论。

科学有一个更普遍的说法,这就是理性。科学的基础是理性,那么咱们今天就讨论理性。而理性怎么讨论?什么是理性?理性在中国世俗知识界里是一个出现频率非常高的词汇,是一个非常受人崇拜的词汇:要说一个东西是好东西,最好说它是理性的;要说一件事是坏事,最好说它是不理性的。现在我们有很多类似于理性爱国、理性“保钓”、理性恋爱、理性婚姻,还有理性赌博的宣传口号。

要说什么是理性,还真不好说,当然也可以用形式逻辑的方式给它下一个定义,比如理性就是人们面对问题时的有序思考,理性就是由概念、判断、推理而形成的整个逻辑过程。非常多的定义,你看了这些定义对于你了解什么是理性并无多大帮助,为什么?因为理性这个东西作为一个精神活动,如果用形式逻辑的方法,你是很难来把握这个概念的。什么是瓶子?瓶子就是用来装水的容器,这就是我给瓶子下的简单定义,给瓶子下定义是用形式逻辑的种属关系的方法:容器是种概念,瓶子是属概念,把二者之间加一个限定就出来一个定义了。我不知道大家在大学里学不学“形式逻辑”这门课,“形式逻辑”是一门很古老的学问。

要想把握一个精神活动,要想给一个精神现象形成一个概念从而理解这个概念,最好的办法是学中国的《老子》,学中国古代古圣先贤们的辩证逻辑的方法。就像《老子》所说的:“有无相生,难易相成,长短相形,高下相倾,音声相和,前后相随。”什么是“有”啊?谁能给“有”下一个定义?我把它的对立面找出来,把“无”找出来,把有、无配成一对,“有”的概念就把握住了。什么是高呢？不低就是高。什么是低呢？不高就是低。这就是辩证逻辑把握概念的方法。我希望在座的同学们，特别是搞社会科学的，将来大家要有这样的雄心壮志，说我今天晚上敢于向共识挑战、敢于向定论挑战，而且向共识和定论挑战时，你要在方法论上有突破，你要学会玩辩证逻辑。我们今天给理性配上对，这个概念就好理解了。我们给理性娶上“媳妇”，让它媳妇来收拾它，这样我们就好来调理、认识、检查理性这根“柱子”牢固不牢固。

我们给理性和灵性配上对之后，列上这样一组名词，大家一看就对理性和灵性有感性把握，这就够了。大家一看这么一组词，你由此就得出了关于理性和灵性的感性认识，这对今天晚上你跟我往下走就够了。我不花很多时间来说，因为很多事是不可说的，我们要把一些思想互相进行交流。灵性这个词是从西方来的，本来是从宗教里面来的一个东西。不同民族有不同的宗教，但是这些宗教信仰有共通之处，所有宗教信仰的东西都可以被称为灵的东西。后来有一些东方的宗教传到西方，比如说佛教、道教、禅、印度教等，在西方社会生活当中，这些宗教实际上没有创世说法，跟西方以创世为基础的宗教体系有很大差异，以至于人们分不清佛教到底算不算宗教，但是有人说它们即使不是宗教，但至少是灵性的东西，渐渐地，宗教就变成了灵性。今天我们说的灵性，统一将宗教包括进去。模糊不清、说不清是不是宗教的，至少算是灵性，都进入我们今天讨论的视野。在美国，有人穿印着这些文字的文化衫：“我不信宗教，但是我有我的灵性”。

我们就把中国传统文化中各家各派的东西抽出来，对灵性的东西做一个简单的交代。先说道，它是整个灵性思想体系的核心、根本。道是宇宙的客观存在，从《老子》到《庄子》，对于“道”都有一些描绘，比如《老子》说“有物混成，先天地生”，在天地生之前，道作为一个精神实体就已经存在着了。我无法说出它的名字，也无法跟你说它是什么样，“吾不知其名，强字之曰道，强为之名曰大”。《庄子》说：“夫道有情有信，无为无形;可传而不可授,可得而不可见;自本自根,未有天地,自古以固存。”就是说,道是宇宙的本源,宇宙间、天地间万物是由道产生出来的,这是中国道家思想对道的基本描绘。儒家也承认道的思想,所以有人说儒家思想是从道家思想中衍生出来的。我也接受这样的说法。儒家的《中庸》说:“道也者,不可须臾离也,可离非道也。”不但儒家讲道,基督教也有道。在座有没有同学接触过基督教,或者甚至信仰基督教的?读《新约·约翰福音》,开头第一句话就是:“太初有道,道与神同在,道就是神。”道就是上帝,基督教说得更加明白,是上帝创造了万物。在这个问题上,东西方的灵性思想体系高度一致,在宇宙本体论上是高度一致的,都认为道是宇宙的本源,宇宙的本质是精神的。

道与万物的关系是什么呢?道生万物。怎么“生”呢?一阴一阳之谓道。《易经·系辞上》说:“易有太极,是生两仪,两仪生四象,四象生八卦。”《老子》说:“道生一,一生二,二生三,三生万物。”通过阴阳的运作产生万物,这是道与万物的关系。道和人是什么关系?和人的道德体系、和做人的原则是什么关系?道是可以由人来悟的。怎么悟呢?可以修。怎么修?修“定”。由定来生慧,得慧便悟道。如何得定?如何入定?以戒为师。这是佛家、道家在修行上所持的非常一致的一些哲学原则。如果要继续问的话,修行是什么道理,什么是修行?其实修行很简单,就是四个字:明心见性。就是咱们广东人六祖慧能说的这四个字。所有的修行方法无非就是如何明心。我们的心不明,就要设法坐下来、静下来看着自己的心。我在美国看过一本书,现在西方国家对于灵性的东西也非常热衷,而且不管是谁写的书,在书店里都放在“东方哲学”这一类架子里,到那里一看这些书多得很。有一本书吸引了我,开头第一句话就是,你能看到自己的眼睛吗?就是说你用心来想自己的心,这就是明心。

德和道是什么关系呢?道由心悟,得者为德。谁能得到道,谁就是大德。对灵性,我就做这样简单的交代,宇宙之间、天地之间有一个大道,这个大道是最本源的,我们人作为万物之灵,可以通过自己的修习来悟这个道，这是人生最根本的任务，你来到这个世上走这一趟，得道而归，这是人生价值的真谛。我们就在这么短的时间内对灵性哲学体系做一个非常简短的介绍。

现在我们再来谈理性。理性是怎么来的？理性来自于分别心。“灵性褪，理性兴；七窍生，混沌死。”这句话从哪儿来的？《庄子》。《庄子》有一个寓言故事：有一个人叫混沌，将七窍凿出来之后就死了，用这个寓言来说人是怎么误入歧途的。为什么理性兴起来了？是因为我们的灵性退了。灵性退是理性兴的标志，核心就是分别心，分别心是中国哲学体系中出现频率很高的词，在哪里出现频率高呢？佛家，特别是禅宗。禅宗修习破的就是分别心，具体来说，它破的是各种各样的相，比如说人我相、生死相、时间相，修无我破的就是我相，修空破的是空间相，修当下破的是时间相，还有文字相，各种各样的法相，为什么要破这些相？这些相就是分别心，是分别心产生了这些相。时间这个概念是由分别心产生出来的，时间自身本无时间这个东西，你将它作为一个相装在脑子里，修行把它破掉。禅宗的修习，不同的老师、不同的寺庙有不同的修习方法，但说到底都是为了破相，都是为了破掉分别心。

分别心在基督教里被看作人的原罪，基督教哲学体系建立在人的原罪的基础上，它相信人都有原罪。什么是人的原罪呢？现在流行的基督教，不管是天主教还是新教，大家都是这么说的：当年亚当、夏娃没有听上帝的话，偷窃了伊甸园智慧树的果子，违背了上帝的意志，所以犯了原罪，这是基督教今天对原罪的说法。我不这么看，我当年在美国跟一些基督徒讨论过这个问题，我说我作为一个佛教徒可能比你们更能理解摩西为什么要编这样的一个寓言故事。上帝造了伊甸园，告诉亚当、夏娃这个伊甸园就是他们的了，这里面什么都归他们，所有的植物、动物他们都可以享用，只有智慧树的果子不能吃，吃了他们必定死。在《创世记》里还有明确的说法，说吃了这些果子之后就知道善恶了，就有了分别心。果然，后来亚当、夏娃偷吃了果子，上帝有一天来伊甸园找不到这两个人了，喊他们两个人的名字,他们两个人躲在树丛里不好意思出来。上帝问:“为什么你们不出来啊。”他们回答说:“我们没有穿衣服、光着的。”上帝就知道他们吃了智慧树的果子了,他们有了分别心,这就是美丑的分别心。人的分别心有三大类:分美丑、善恶、真假。智慧树的果子之所以不能吃,是因为吃了之后就会有了分别心。

我们在中国禅宗里找一个佐证。当年慧能修行拿到衣钵成为六祖,师父赶紧送他走,说走晚了可能会遇害,会有人不服。六祖慧能背着衣钵从湖北往广东走,他的很多师兄弟果然在后面撵,有的人就想让他将衣钵放下,说他不配。跑得最快的是行者惠明。惠明说我不是来追衣钵的,而是求你点化我,我是来求法的。于是慧能对他说,你现在“不思善,不思恶,正于么时,那(哪)个是明上座本来面目?”不思善、不思恶,就是说修行的分别心在破除的过程中,将真假意义上的那些相都破掉了,美丑相也破掉了,最后一相就是善恶相了。作为凡夫俗子,大家千万不要说我现在要破掉善恶相,没有到这个火候之前,你破掉善恶相就成了坏蛋。惠明已经到了这个火候了。在中国禅宗史上,到最后关口破的都是善恶相,而人的原罪,当初亚当、夏娃吃的那个果子,第一个分别心就是分善恶的心,上帝说得非常明白,分别心是理性的起源,也是人类灵性思想体系中所认为的原罪。

理性经历了一个发展的过程,从古希腊时代苏格拉底到柏拉图再到亚里士多德这师徒三代的思想演化中我们可以看出来,在苏格拉底那个时候的理性体系还没有成形,他认为美德就是知识,善理就是真理,向善就是理性。向善就是理性这个思想,跟近代思想家马克斯·韦伯的价值理性有一点相似。这是苏格拉底最初关于理性的概念。到了柏拉图,他开始探讨相和形的关系,他觉得在宇宙的万世万物当中都有许多共相,这些共相实际上是可以理解的,他或多或少已经开始对事物进行真假意义上的理解,而不是像苏格拉底所说的美德就是知识。但是柏拉图认为,相和形是可以通过冥想、静修来认识的。到了亚里士多德,他就说得很明白，比如说苹果，他认为世间所有苹果一定有共相，但是这不是像老师柏拉图所说的可以通过冥想、静坐来理解苹果的共相，而是要观察一个一个的苹果，把苹果的共相用理性抽出来。到了亚里士多德，我们可以看到师徒三代的思想演化当中，理性是如何逐渐生成出来，而灵性是如何一步步退化的。我刚才讲了形式逻辑，形式逻辑是谁发明的？亚里士多德。我们今天用的种属关系的三段式判断方法，概念、判断、推理，基本的体系框架就是亚里士多德建立起来的。所以从那个时代以后，古希腊思想迅速沿着理性的道路发展。

随着古希腊哲学由冥想向实验观察和逻辑推理方向发展，欧洲思想史上另外一个脉络插了进来，这就是基督教。希腊共和国向罗马帝国过渡这个阶段，基督教传入欧洲大陆，在这之前，古罗马有古希腊的思想，古希腊的思想和基督教思想一结合，对于欧洲理性的发展起了一个很大的推动作用。基督教对于理性的发展有这样的一个积极作用，它认为这个世界是由上帝造的，但上帝是怎么造的世界呢？是按照一定的规律，上帝不可能亲自用手一个一个去造宇宙万物，是造了一个规律，然后用规律推动，天地就产生了。奥卡姆是文艺复兴初期的英国思想家，他是虔诚的基督徒，不相信任何规律，不相信任何逻辑推理，他觉得上帝是万能的，既然承认上帝是万能的且相信上帝是万能的，上帝就有这个能力一个一个地造宇宙间万物，每一个物体都是上帝具体造的，这一块石头和那一块石头之间没有关系，你不要去找石头和石头之间的共相，不要抽象宇宙间的规律。没有想到奥卡姆这样一个极端态度，后来为欧洲实验科学打下了基础。

科学史上有一个非常重要的人物，就是实验科学之父培根，他相信"一切经过实验"。培根和笛卡儿正好配上一对，他们几乎是同时代的，但笛卡儿是培根的晚辈。笛卡儿和培根论战时也非难过关于"一切经过实验的观点"，因为这个观点崇尚的是归纳的方法。比如说我观察了这个世间所有天鹅都是白的，所以我得出一个结论：世上天鹅都是白的。笛卡儿就说了，你观察了所有的天鹅都是白的，但是天鹅是观察不尽的，因而你的结论很容易被证伪，如果我发现有一只黑天鹅，你这个结论就被证伪了。他说，我有一个办法能够证明真理，这就是数学和逻辑。笛卡儿是一个数学家，被称为“高等数学之父”，我们今天在高中学的解析几何就是他发明的。

我们对理性的演化过程、灵性的本体简单地做了这么一个介绍，现在我们对二者进行一个比较。从本体论的角度来说，理性崇尚的是自然主义，理性认为一切现象都可以用自然过程的术语来解释。而灵性则认为，或者站在人格主义的立场上，就是说你将身外之物、将我们的大自然用所有严密的逻辑加工，但是你想过没有，宇宙之间真正丰富的内容存在于我们每一个人心里。你用的所有的那些方法，对于理解一个人的心灵世界毫无价值。而宇宙大自然里的所有万事万物加起来也没有一颗心灵丰富，所以这些东西是没有多大价值的。这是从人格主义的角度来看的。另外在西方还有一种唯我论的观点，尼采的名言说道：“人只能体验到他自己。”笛卡儿的名言：“我思故我在。”这也是一种唯我论的观点。笛卡儿是一个科学家、哲学家、数学家，但是笛卡儿也是一个怀疑论者，他觉得世界上没有哪一个东西不能被怀疑，只有一点不能被怀疑，这就是我在这里想事这件事不能被怀疑，这是“我思故我在”这句话的来源。

佛教《心经》里有句话，“观自在菩萨，行深般若波罗蜜多时，照见五蕴皆空”。将来如果有同学想修行的话，怎么下手做功夫？可能“观自在”这三个字就是你下手做功夫最简单的办法。当你观自在的时候，你可能觉得世间万事万物本身的意义很小。

从认识论的意义来比较。从理性的角度来说，它认为事物不依赖于认识主体而客观存在。灵性则认为，认识结论是认识主体和认识客体相结合的产物。如果你说现在市场上卖的苹果不好吃了，但当年我小时候吃的苹果那么好吃，所以当我们说出这句话时，很多人没有想到苹果好吃不好吃这件事是由你的嘴和苹果这两个东西相结合而形成的一个结论。

当你觉得今天的苹果不好吃时,你不知道是苹果变了,还是你的嘴巴变了,这是哲学上一个天大的问题。王阳明和学生对话,学生问王阳明,山谷里美丽的鲜花如果我不看它的时候,它还在不在?王阳明说你不看它的时候它不在,只有你看它的时候,它才在。鲜花这个概念就是一双眼和花相结合而形成的概念,没有花形成不了鲜花的概念,没有眼睛也形成不了鲜花的概念。灵性的认识论强调主体,为什么要这么强调主体?因为主体是可以修行的,灵魂是可以训练的。而人的智、愚、苦、乐,取决于人的心灵,与外界环境的关系很小,这就是灵性为什么强调主体。

从生命观来看,理性认为人生没有意义,死神面前人人平等。哪一个科学家告诉你生命是有意义的?我们的科学实际上很有意思,自然科学告诉我们生命没有意义,但是社会科学教导我们历史有意义,个人没有意义,历史在进步、在发展,而没有哪一个人感觉到这里面有什么矛盾。科学告诉我们生命就是一个装满分子的皮囊,它"无所从来,亦无所去"。人是怎么来的,科学告诉你就是父精母血这一瞬间来的,走了就灰飞烟灭、吹灯拔蜡,什么都没有了,这是科学的人生观。而灵性认为人生是有意义的,你来到这个世上是有事要干的,而且你在世上干了什么事、在世上的表现,对你将来的去向是有影响的。今天我们看到的生命个体差异是有根据的,是与它前世的行为相联系的,这是灵性的观点。理性主张人在世上就是认识和改造客观世界,比如说推动生产力生产出好东西让我们来享受。理性还认为生命是物质现象,生命随着肉体的生灭而生灭,生命就是一个机械。而灵性则认为人在这个世上是要通过修行以求生命升华,生命是一个精神现象,生死是生命的两种存在方式。学生问王阳明什么是生死?王阳明说,知昼夜即知生死。生和死的关系,就是昼和夜的关系。

今天西方所形成的西医和中国人在东方所形成的中医,这两套医学体系的形成绝非偶然,是与这两种文化的哲学基础紧密相连的。西方将生命看作机械,看作装满分子的皮囊,按照西医的方向发展医学。而中医将生命看作精神实体,《黄帝内经》开篇第一句话是“百病从心生”,把人当作一个精神实体来对待。我问中山大学好几个学西医的学生,“你们有没有想过中医的经络图是怎么画出来的”,他们说肯定是一代一代的积累,今天这个人把这个地方扎一针觉得管用,把它记下来,后人再在这个基础上总结,最后365个穴位就画出来了,奇经八脉就出来了。我说古代可没有今天这样的信息交流体系,古代既没有报纸也没有杂志,古代的医生基本上就是师父带徒弟,《黄帝内经》两千年的时间了,通过这么一套方法就可以画出放之四海而皆准、大家共同承认的这样一套经络图体系吗?可能吗?符合逻辑吗?他们说那你说是怎么来的。很简单嘛,古人在定中看见画出来的。我们今天定不了、看不见了,就说这是迷信,幸好现在没有人敢说中医是迷信,因为中医还能治病,按照经络图扎穴位还能管用,但是有很多人说它是伪科学。有人说中医是伪科学,这是中医他们自找的,如果它一开始就明确宣布自己不是科学、胜于科学,谁能说它是伪科学?

我们把理性和灵性在生活态度上做一个比较。理性讲究的是趋利避害、成本收益分析,这个事我能做就做、不能做就不做。而灵性则讲的是知不可为而为之、为而不有。梁启超老先生写过一篇文章——《“知不可而为”与“为而不有”主义》。文章不长,大家可以去看一下。“知不可而为之”,这是孔子的思想:这件事我觉得我该做我就去做,我不会考虑我能不能做。我的灵性、我的天性、我的天良觉得我该做这件事,这是灵性的原则。“为而不有”是指,如果这件事做成了我不觉得这是我的成果,把这件事拿在我的手里。我是为天下做这件事。“No pain, no gain”,没有痛苦也就没有收获。我把这句话颠倒过来,用来描绘我们东方的灵性,“No gain, no pain”,不求收获也就没有痛苦。东方灵性讲究的是清心寡欲,尚内乐,而理性崇尚的是物欲,要知道“理性”这个词在不同学科里有不同的定义、不同的含义。

经济学有两个基本假设:第一,人是理性的;第二,资源是有限的。经济学所讲的理性是什么意思？是私我，所谓人是理性的，就是说人是自私的。正是因为人是自私的，所以经济学理论体系才能建立起来。正是因为人是自私的，所以每一个卖者都想卖高价，每一个买者都想买低价，价格模型才能建立起来。正是因为人是自私的，所以在合约当中，每一个人都会最大限度地实现自己的权利，最小限度地履行自己的义务，只有在这个前提下合约理论才能建立起来。假定来假定去，已经不再是假定了，至少在中国思想界已经成为一个既定的结论性的东西了。人是理性的、自私的，我亲眼看着中国改革开放三十多年如何一步步走过来，对我们是如何来缔造我们的文化的深有体会。

我是“文革”后第一届学生，1977 级。我们这一届作为中国历史的见证人，特别是读经济学的，简直是太有意思了。刚改革开放时，我们面临着一个重大难题，这就是自私不足，就是这个社会、这个经济当事人、这个企业不自私，这使当时体制改革的推动非常艰难，人必须是追求私利的，是为了实现利益最大化的。而那个时候的基层老百姓、工人，包括企业家、厂长，他们追求私利的观念需要相当长一段时间才能逐渐训练出来，需要通过承包制、股份制等，将那些“坏蛋”培养出来。我们今天回头看整个改革开放，当我们将西方经济学理论当中的假定拿到中国来使用，就发现其实那个假定并不是人的天性，而是欧美的文化。

从自然观的角度看，理性认为人是自然的主宰，自然是供人取用的取之不尽、用之不竭的资源，我们用完了石油有煤气，实在不行我们还有其他的办法，总是有替代能源。而我们这个大地可以容纳数之不尽的垃圾，可以找地方堆，找地方填，找地方烧，找地方扔，液体垃圾往河里倒，气体垃圾往天上喷，这是理性主义给我们今天的生活带来的结果。而灵性则认为天人合一，我上次来这里讲的题目就是文明累了，主题就是垃圾。为什么要讲垃圾呢？我记得当时咱们这外面还贴了广告，对“文明累了”这个话题还做了一个简短介绍，当然那是我自己写的，意思是说大家这些年来沐浴在文明的阳面当中，今天我带着大家到文明的阴面看看。

文明的阴面当然很多，比如说人越来越坏，人活得越来越苦等，我就拿出最显眼的东西也就是垃圾来说，这是文明的阴面。当然我是在城市里出生，在城市里长大的，如果我是在农村出生的话，那么62年前我出生时所看到的那个世界，基本上跟三千年之前的世界没有多大的区别，我家无非是土坯房子，点着小油灯，房子后面养着猪、积着肥，我还会拉着牛到田里种地。可是到了今天，五十多年的变化，我们面对这个文明所带来的花里胡哨的东西，觉得历史在进步、文明在发展，应该过得越来越幸福、越来越好。可是我们忽略了一个东西，我们从根本上改变了前人栽树、后人乘凉的这种人类生活逻辑，将这个逻辑倒过来了，现在是前人享受、后人吃垃圾。而中国传统文化当中，早就有大量关于保护自然、爱护自然的思想，不仅仅是在儒家思想当中，我们宗教里的一些戒律戒条也有。古人说得很明白，比如董仲舒说"天道施，地道化，人道义"，我们在这个世界上生存，天是给人类施加阳光雨露，地是用天施加的阳光雨露生长出万物，人是干什么的呢？人就是做好人，"道义"啊。

从历史观的角度对理性和灵性做比较。理性上认为历史在进步，一代比一代强，所以理性崇今。灵性则认为每一个人只能走自己的路，一代不如一代，历史在堕落，所以灵性尚古。灵性这种尚古精神基于一个基本事实，我们需要将理性和灵性的思想体系中整个做学问的方面做一个比较，为什么灵性尚古、理性崇今？因为理性的东西是可以说的，是可以积累的，是可以写成数学公式的，是可以让后人来读的。而灵性的东西是自己心里的，是冷暖自知的，前人的东西无法变成后人的。灵性的东西在一代一代的师承传习当中是要有衰耗的，灵性体系当中，特别是中国古代教学中经常说后生小子。我们现在生活在崇尚理性、崇尚科学的时代，因而相信一代比一代强这样一种思想体系。刚才走在路上，我和主持人聊起来，我说今天中国的问题是：我们没有思想领袖了。中国这四十年基本上是处于没有思想领袖的年代，这在古今中外的思想史上极为罕见。中国人常说江山代有才人出，各领风骚几百年。可是今天我们感觉不到在思想圈里有这样的人物了，为什么？江山代有才人出，这些才人一定是哲学家，可以充当思想领袖的人一定是哲学家。而今天中国人崇尚科学，所以中国人中知道爱因斯坦、知道牛顿的人很多。但是在西方，即使是今天的西方，真正大师级的人物，能够充当起思想领袖的人仍然在哲学圈里，从黑格尔、康德，到马克思，到后来海德格尔、尼采，还是这些人在主导着思想界，只有哲学家才有资格当思想领袖。中国这些年之所以没有思想领袖，就是因为我们没有哲学家了。为什么我们没有哲学家？是因为我们的灵性丧失太快了。后面我还会说到中国灵性丧失的过程。

《老子》说："大道废，有仁义；智慧出，有大伪；六亲不和，有孝慈；国家昏乱，有忠臣。"意思是说当你在推崇仁义时，可别忘记了仁义这个好东西的背后隐含着一件坏事——是因为大道废了，所以你才讲仁义。当你在推崇智慧的时候，你可别忘记了智慧这个东西一定会引出大伪来、大虚假来。当你说孝慈时，那是因为已经六亲不和了。当你在推崇忠臣时，是因为国家已经昏乱了。每一样好东西，当你从理性上去推崇它的时候，它背后都隐含着一个坏东西。我用《老子》的行文方法，加了这样几句：市不靖，有"天眼"；天不净，有氧吧；水不净，有瓶装；热岛成，有空调；钱币，有金融；地力竭，有化肥；菜不香，有味精……我们今天所谓的科学进步，所谓的发展，背后隐含着的实际上是我们不得已被历史的堕落而推着一步步走，我们只不过是将坏事说成好事而已。

从社会观的角度来说，理性崇尚的是人我利益冲突，讲究自由竞争，财富是人生产的。灵性则认为人我一体，自利利他，万物皆备于我。苏格拉底有句话，我建议大家把它记住，这是一句很有意思的话。他说："在这个世界上，除了阳光、空气、水和笑容，我们还需要什么呢？"我们现在将阳光毁了，将空气毁了，将水毁了，将笑容毁了，我们以这些东西为代价，换来腰包里的钱。灵性的幸福观很重要，灵性认为人苦还是乐，在于主体自身。你苦是因为你自己苦，你乐是因为你自己乐，没有哪一件事能让你苦，也没有哪一件事能让你乐。

从经济的角度来说，理性崇尚生产，灵性崇尚分配。孔子说：“不患寡而患不均，不患贫而患不安。”这个社会不怕东西少，就怕不公平，不怕大家穷，就怕你不安分。

灵性的生活观是崇尚节俭，中国传统文化当中关于如何节俭的论述，那可是连篇累牍的。中国传统文化到了明代开始集大成，开始浓缩和通俗化，所以明代有很多东西，包括《弟子规》《三字经》《菜根谭》等，如果大家想学习中国传统文化就倒着学，别一开始就读诸子百家，尤其不要上来就读《诗经》《尚书》。可以先从明清时代，特别是明代的一些通俗读物开始读，甚至可以先读《了凡四训》等很通俗的小故事。《菜根谭》里这句话就说得很明确，“智械机巧，不知者为高，知之而不用者为尤高”。科学技术最好是不知道，但是你知道而不用那就更厉害。

从学术观的角度来说，这跟在座的同学们关系很密切了。理性和灵性的学术观，《老子》有一句话：“为学日益，为道日损。”《老子》直接就将理性和灵性的学术观区分开了，你要是做学问，就要不断地往你脑子里加东西、往身上背东西；你要是修道，就要不断地往外扔东西，直到将你的心扔空了。我想起了一个伊斯兰学者写的书。因为灵性的东西本质上不可说，大家都是拐弯抹角来说这件事，所以这位伊斯兰学者说灵性这个东西当然很难说，但是我们不妨这么理解，假如说我们有一个办法，让一个人一生下来就不接触外界的任何感觉经验，让他悬在空中，让他所有的感官都不接触任何外在的信息，我们看看他心里还剩下什么。这个话实际上对《老子》的“为道日损”是一个很好的注脚，当我们将后天经验的东西扔掉，心里还剩下的东西可能最接近跟宇宙大道的关系。我也是凡夫俗子，这是我自己在学习上的理解。

理性讲究的是循名相，“名相”是佛教的术语，也就是概念的意思。关于名相我想多讲几句，因为这与将来大家做学问实在有很大关系，尤其是做社会科学。在科学史上，一些划时代的人物之所以能够成为划时代的人物，很大一个原因就是他们在方法论上有突破。而在社会科学史上，那些划时代的人物之所以能够成为划时代的人物，很大原因是他们创立了一套自己的概念体系。我们看卡尔·马克思，他之所以对思想史，甚至对人类历史产生那么大影响，是因为他创造了自己的一套全新的概念体系，他打破了在他之前的古典经济学的那种在他认为是比较肤浅的体系，因为他之前的古典经济学基本上都是按照自然科学的方法，从现实生活实践当中来现成地拾取一些名相，再给它取上一个名，比如说这瓶水卖一元钱，这叫价格，经济学就研究这个价格。价格在现实生活中客观存在，我研究它是怎么形成的，西方经济学基本上就是这样的逻辑。而马克思说不对，直接从生活现实中拾取一个概念是庸俗经济学，而他这个经济学所创立的概念是通过他的科学抽象思辨建立起来的，现实生活当中虽然没有，但是它更深刻，比如说价值。他不研究它的价格，研究它的价值，他从价值出发研究劳动、劳动之间的交换、由价值产生剩余价值、剩余价值转化成利润，所以他建立起了自己一套体系。马克斯·韦伯在理性上进行了深入的分析，有人总结出马克斯·韦伯的理性一词中至少有 16 种含义，不同的互相矛盾的含义。将来大家学社会科学，一定会涉及如何理解名相，社会科学里的概念十之八九都是人的脑子创造的，它不是自然科学。例如，自然科学中化学的概念，分解和化合，是因为我在实验当中真的看到了这个现象，这个现象叫分解、化合，我给它取一个名，就成为这个学科中的概念了。法学的基本概念是权利与义务，包括今天咱们所说的理性与灵性，这两个概念都是脑子创造的，现实生活当中没有。我后天会到广东省图书馆讲制度与文化，这两个词也是我们用脑子创造的，我们所能看到的就是这个人群、这个社会，我们将人群的生活方式分成制度和文化，这是我们脑子加工的结果。包括哲学，你会不会玩概念，会不会设定概念，这是基本功，所以名相问题很重要。

灵性要求的是破名相，那是修行，你要做学问必须要玩名相。理性是有公理的，而灵性是没有公理的，理性的魅力也在这里。我们现在来看，就整个人类思想史而言，科学其实只是一个新兵蛋子，不用说科学在中国只有一百年的历史,在整个人类思想史上,相对于哲学、艺术,包括相面术、占星术、风水术等,科学也是一个士兵,一个新兵蛋子。为什么科学这个新兵蛋子一入伍,就能迅速爬上总司令的位置?秘密就在于它有公理,这个东西大家都承认,而且这个公理可以推导出另一个公理,整个逻辑规则也是公理,这是科学的真正力量所在,我们要承认的。灵性是无公理的,不但是没有公理,而且根本没有理,因为灵性的东西不是用理来说的,灵性是一种感觉,就像冯友兰所说的,西方哲学是用思辨的方法来证明一种东西,构建一个体系,让你觉得这个体系构建得很美妙、很有说服力,于是它就成了一个体系,成了一家学说。而中国哲学家呢,他不去构建体系,只告诉你他看见了什么。灵性天然不可说,为什么灵性的东西不可说?因为大家没有共同语言,人类的语言是在交往中形成的,比如我现在用来讲话的这个台子叫台子,这个语言是怎么形成的呢?首先,当年有人共同给这个东西取了一个名字,在中国语言中台子可有讲究了,我看见人家那些讲究的、懂行的人,能区分什么叫台,什么叫几,什么叫案,什么叫柜,什么叫桌,于是大家形成了共同语言。后人学也很容易,前人教给我们,说这个东西是台,我们就学会这一类东西叫台。比如我妈妈教我,说这个叫台,我就学会这个词了。可是还有一种语言不是这样形成的,还有一些词、一些概念不是这样形成的,比如说我们人的感觉。对于人的感觉来说,我们也有一些共同语言,比如说什么是疼,什么是痒,什么是酸等,大家也有共同语言。可是回想我们小时候这些词是怎么学会的,谁能教给你什么是疼呢?这个词是怎么来的?你猜的啊。我们看着大人经常说一个词"疼",某一天我有感觉了,我想可能它就是大人所说的"疼"的感觉吧,后来我猜对了,所以就是这样学的。问题是在人的灵性活动中,大量的感觉只有少数人才有,疼是所有人都有的感觉,所以才能形成人类的语言,我们可以用"疼"这个词进行交流。但是有些感觉只有极少数人有,不可能形成人类的语言,因而不可说。没有语言怎么说?没有词怎么说呢?不可说的东西就是假的,就是迷信,这个道理恐怕很难站得住脚吧。

科学这个新兵蛋子,现在在人类的思想界中特别是中国的思想界中,形成了它的霸权。所以我们将所有人类灵性活动都说成是迷信。而现在灵性虽然敢于对科学进行反驳,却不是那么理直气壮,从中国的宗教思想史上就可以知道原因。比如说对理性也有一些批评,批评理性为分别心、所知障、迷执颠倒、认假为真,这是佛教在教学当中经常说的话。现在的问题是,原来大家自己的一些东西,纷纷往科学上靠,什么东西都是科学,原来的“老兵油子”们现在都转而拜倒在科学这个新兵蛋子面前。

我们现在回顾一下历史,刚才我们在逻辑上对理性和灵性做了简单的比较,让我们有一个简单的印象。回过头来看一下思想史,特别是欧洲的思想史。欧洲在中世纪开始逐渐衰落,然后有了文艺复兴,出了很多名人,从艺术、哲学、文学上来讲,我们有了但丁,然后又有了哥白尼,而且哥白尼启动了著名的“哥白尼革命”,最终将人类的哲学思想推向了一个新的状态。同时,在文艺复兴时期,大家打的旗帜都是人本主义。“人本主义”这个词,如果单独这么说,不给它配上对是说不清楚的,你说人本主义是什么意思呢?就是刚才所说的辩证逻辑的方法。文艺复兴时期所说的人本主义,它的对立面是神本主义,也就是说文艺复兴讲的以人为本,说的是不以神为本。

文艺复兴时期的人本主义说得很明确,对立面是神本主义,是不以神为本。文艺复兴时期产生的浪漫主义和理性主义,都体现了人本主义的精神。到今天,中国的思想界之所以没有感觉到文艺复兴以后的浪漫主义和理性主义之间有什么矛盾,是因为中国当今思想界非常崇尚人本主义,也没有人去追究西方思想史上这两个脉络、这两个潮流相互之间是什么关系,中国就是一味崇尚西方,崇尚人本主义。其实,欧洲思想史上浪漫主义和理性主义之间是有很多矛盾和碰撞的。

我们看浪漫主义。欧洲浪漫主义出现了很多大师,浪漫主义和理性主义是对立的,浪漫主义相信激情高于理性,当然他们也相信自我至高无上、真理自在人心，跟东方哲学很接近，有很多相似之处。我在《欧洲哲学史》这本书中注意到美国哲学史家塔纳斯所说的这样一段话，我觉得这段话对于理解东西方文化之间的联系很有意思。他说："歌德在形态学研究中，通过使客观的知觉充满他自己想象的内容，寻求体验每一种植物和动物类型的形式和本质。"这句话谁能看懂啊？我觉得翻译这本书的中国人也未必能够看得懂，但是我觉得我能看懂，为什么？因为我有东方文化、东方哲学的修养。这句话用中国话说，就是中国思想史上大名鼎鼎的两个字：格物。

另外值得注意的是，西方思想史发展到了近代，19 世纪出现了以叔本华和尼采为代表的唯意志主义。我们从尼采的著作当中看到了大量个人修行的感觉、自我强化的感觉、人格升华的力量，尼采说意志就是知识，苏格拉底说美德就是知识，虽然不好理解，美德就是美德，怎么就是知识呢？从价值理性的角度来说勉强还可以说得过去，但是"意志就是知识"，怎么来理解？在佛教里就很好理解，佛教修的就是大威猛狮子吼式的精神，通过它实现人格的升华和超越，最后成佛。除了这个，人生没有别的知识。佛教所说的慧就是意志，就是通过意志力来提升自己，这是唯一的知识。如果你有东方哲学的底子，读西方哲学相对要容易得多，因为西方哲学发展到叔本华、尼采时，他们之所以能够在西方引起这么大的思想震动，确实是因为它和东方哲学本质的东西有很多契合。

我们看《欧洲哲学史》这本书所描绘的尼采思想，"真理不是某种人们证明或者反驳的东西，它是某种人们创造的东西"。人们创造的东西不一定都是真理，真理是在自己灵魂当中创造的东西，是通过意志力改造自己，成为超人，在这个过程中所产生出来的。

《周易·乾卦·象辞》中说："天行健，君子以自强不息。"关于中国人通过锻炼意志进行修行，这样的教导多得很。

我们再来看，进入 20 世纪之后的西方存在主义，更是在逐渐向东方灵性靠拢。比如萨特所说的，"人的存在先于人的本质，人可以自由地选择本质”。这句话对中国人来说,如果没有东方哲学修养,看着非常累,很难懂。可是如果你看《心经》里的观自在,存在先于本质,你通过观自在的修行来揭示出自己的本质,即明心见性。存在和本质之间的关系,就是明心和见性之间的关系。当然明心有很多方法,今天禅宗里讲的这些所有的法门,目的其实都是明心,而且有的学生适合用这种方法,有的学生适合用那种方法。明心就是为了见性,见性就是为了成佛,人可以自由地选择本质,就是你的自由在于你的修行。到了存在主义这个阶段,西方哲学的主流逐渐摆脱了科学对它的约束,西方哲学已经不再跟从哥白尼到培根、笛卡儿、牛顿。之前,西方哲学跟在科学的后面,当科学的跟班,科学每进一步,哲学也就来一套新体系。而到了 20 世纪,西方存在主义兴起,存在主义思想的脉络已经不是跟科学接茬,而是跟浪漫主义接茬。存在主义哲学和文艺复兴、启蒙运动时期的浪漫主义接茬,实际上就带着整个欧洲思想,和东方哲学有一个合流的趋势。海德格尔说:“只有当我们终于认识到,被颂扬了几个世纪的理性,其实是思想最顽固的敌人,只有这时,我们才有可能开始思想。”实际上,理性在佛教中就是叫文字相、逻辑相,只有将这些相破掉之后你才能真正开始思想。

理性是可靠的吗?《老子》说:“智慧出,有大伪。”这个话怎么理解?举一个例子:合成谬误。人很聪明,人是世间最聪明的动物,但是只有在人类的社会生活当中才存在着合成谬误的现象。什么是合成谬误呢?在个体上是正确的东西,到了整体上就变成了错的。合成谬误这个词是美国经济学家萨缪尔森提出来的,当然这个词是他提出来的,是客观存在的。讲到合成谬误,他还举了一个例子,有一个农场主发明了一种新技术,他取得了丰收。但是如果你认为整个农业所有的农场主都采用这种新技术,大家都会发财,那就是错的。因为当整个农业,所有的农场主都采用这种新技术之后,农产品的价格会下降,大家不但不会发财,反而会吃亏。在人类社会生活当中,这种现象比比皆是,比如原子弹。第一个有了原子弹的国家是世界上最安全的国家,但如果由此推导出全世界所有国家都有了原子弹，这个世界就是一个安全的世界，这个结论就是错的。我们整个工业文明就是一个巨大的合成谬误。

理性是可靠的吗？理性是美的吗？在思想史上，理性给人类造成一次次的心理打击，从哥白尼到培根、到笛卡儿、到牛顿，好几百年的历史。哥白尼革命证明的是什么？将人和神之间的脐带切断了，哥白尼证明了地球不是宇宙中心，太阳才是宇宙的中心，地球只是茫茫宇宙洪荒当中的一个普通的荒岛，上帝创造大地、创造伊甸园这些都是胡编的，没有这个事。就像有的思想家所说的，人走上了自绝于自己的伟大造物主的不归路。而人的神性一断，人性也保不住了，人之所以神圣、人之所以是万物之灵，是因为人是上帝造的，一旦将这个精神脐带切断了，人就无所依归了。人在自己的精神彷徨时，第二个打击又来了——达尔文的进化论，达尔文告诉你人不但不是神造的，而且是猴子变的。人跟神断了联系，跟畜生联系起来了，这是科学给人类的第二个心理打击，人类在自己的心灵当中，形象越来越丑。第三个心理打击是精神分析，这是弗洛依德造成的。你说人是猴子变的，但是猴子变成人之后，毕竟不同于猴子，人的精神世界已经完全与猴子不同了，人有很丰富的灵魂活动，有哲学，有艺术，有自己的灵魂活动。但是弗洛依德说这也是胡说，人的精神完全是可以分析的，特别是对精神病的分析和梦的分析。弗洛依德说人可以分为显意识、潜意识、集体无意识等层次，基本可以搞清楚，一点神秘之处也没有，人的精神活动也不神圣，所以人的形象在我们自己的眼中更丑了。最后一个心理打击是遗传工程，也就是今天的生物工程，它使人可以不用爹妈生育，用技术手段创造出来了，人根本就是一个机器，克隆一个细胞就可以长出一个人，就像过年种的水仙花，我掰一块插上就活了。

我们先不说科学揭示的这些事是真是假，但有一个问题：理性是美的吗？刚才我讲了合成谬误时讲到理性不可靠，认为理性能够到达真理这不可靠，我用合成谬误一个例子就可以证明。关于理性是否是美的问题，威廉·巴雷特在《非理性的人——存在主义哲学研究》说道，“理性威胁着要吞食信仰;西方人现在站在十字路口,被迫在或者信仰宗教或者陷入绝望之间作出选择”。其实现在在中国的大学中,理性已经将我们的信仰给吞食了。就像当年尼采在《权力意志》里所说的:“我们拥有艺术——以免我们亡于真理。”就算你说的科学、理性这些都是真的,我们还要有自己的灵的活动。为什么当今的人会经受这么大的精神折磨?为什么科学每进步一点,每有一个新的成果,人类在我们眼中的形象就越来越丑恶?为什么会有这样的问题?是因为我们罢黜百家,独尊科学,是因为科学是“总司令”。如果科学不是“总司令”,那上帝的归上帝,凯撒的归凯撒,科学的归科学,艺术的归艺术,灵性的归灵性,理性的归理性,大家各干各的。可是当你罢黜百家,独尊科学时,科学每有一次变动,每发一次烧,可能你就跟着感冒一次,哲学和思想体系都跟着一起震动。

美国生物学家约翰·圣弗德在《退化论:基因熵与基因组的奥秘》写道,“现代思想有一个核心前提,即人类只是无意义的自然过程的产物”。就是人是由无机物到有机物,再由低级动物进化成高级动物,最后再进化成人的,是自然过程的产物,而这个过程本身没有什么意义。“这种学说被广泛传播,其逻辑结论使我们相信,我们人类只是些毫无意义的装满分子的皮囊。分析到最后,万事都无所谓。如果这一学说是假的,那么,它就是人类设计出来的最阴险和最具毁灭性的思想体系。……正是由于这个原因,绝大多数曾经相信生命不仅仅是化学反应的年轻人在大学里失去了信仰。我相信这也是我们在整个文化中所看到的普遍的自我毁灭,自我否定行为的原因。”他说的对不对呢?有多少人在大学里学了科学以后丧失了信仰?

西方人把人的精神活动分为知、情、意,围绕着知形成了真与假的概念,围绕着情形成了美与丑的概念,围绕着意形成了善与恶的概念。真假、善恶、美丑这三对范畴,来自于知、情、意这三个精神领域。中国古代的人做学问讲究半日读书、半日静坐,讲究吾日三省吾身。可是现在,知从灵性的智慧结构中离析出来,成为头脑单独的技巧,既然如此,那么它就跟一个人身体的其他部位没有关系了，跟一个人是好人还是坏人也没有关系了。真从真善美的统一中离析出来，成了鉴识客观事物的单一的标准。广东省图书馆大门写着一则标语，“历史潮流浩浩荡荡，顺之者昌逆之者亡”，就是说，我们所崇尚的，我们对于历史、事物已经不再用善恶的标准来衡量。

知识与德行分裂了，中国古代的学术思想，是中国人两千年持之以恒的灵性追求，是中国人两千年的学问。我在这里做了这样一张图，就西方思想史而言，灵性与理性基本上是在平行轨道，而且自始至终都存在着，中世纪更加不用说了，中世纪时的哲学和艺术很盛行。启蒙运动之后，浪漫主义同时也跟着盛行，到了今天，随着欧洲科学的发展，哲学已经完全摆脱了科学的羁绊，开始走自己的路，所以它的理性与灵性是平行走的。而中国思想史是这样的过程：两千年的灵性思想史被新文化运动截断了，而这一百年的理性思想史使我们从一个极端走向另一个极端。这是不是事实？今天我们在学校里，孩子们受的教育是一种偏瘫式的教育，我们已经不知道人之所以为人不是因为人有理性，而是因为人有灵性。猪狗也有理性啊，只是不像人有这么多花花肠子而已。趋利避害，猪狗也是遵循这样的，理性不就是趋利避害吗？这不是经济学界定的理性的定义吗？人之所以为人，是因为人有灵性，而我们今天的教育系统中没有对人的灵性的训练了。

马克斯·韦伯创造了一套理性体系来解释他的观点，他写了一本很著名的书叫《新教伦理与资本主义精神》。在这本书中，他分析了为什么西方国家的资本主义制度能够发展起来，西方文明能够建立起来。他用基督教新教的教义来解释。基督教新教有一个特点，在背叛天主教形成了自己的新教之后，它的教义有很大调整，比如说不再像天主教那样追求来世，主张现世要好好受苦追求来世的结果；现在新教说你要想成为上帝的选民，就要通过在本世的行为，你要在本世好好做人，而不是只要在教堂里登记上、注上册，耶稣基督就知道你了，等最后审判时你就自动上天国。基督教的禁欲精神被新教继承下来,基督教的禁欲加上对现世的责任心,二者结合就产生了资本家,资本家就是通过履行自己的尘世责任来积累自己的资本,实现自己的价值,从而成为上帝的选民,于是就有了资本主义制度。

我对马克斯·韦伯这套理论之所以不认同,核心一点就是他不知道人这种动物。他假定人这种动物怎么想就会怎么做;他假定书本上怎么写,这些信徒,就是念这些书本的人在脑子里就会怎么想;进而他又假定人在脑子里怎么想,在行为上就会怎么去做。这将人这种动物看得太简单了,人可不是这样的动物,人说一套想一套、想一套做一套,这种事太多了,这根本不是弄虚作假的问题,而是人的天性。而且按照弗洛依德的观点,人根本不知道自己在想什么。我们今天看到中国的一些思想家像配菜一样配文化,这个文化要素学日本的,那个文化要素学英国的,好像他能够给中国创造文化。学这个,学那个,学来学去什么都没有学成,只学成了一个东西,这就是民族自卑感,而民族自卑感是中华民族的万恶之源。这个"感"比这个"理"要重要得多。如果大家有时间的话,可以去学学日本历史,就会知道日本这个民族在多大程度上是跟着感觉走,多大程度上是跟着道理走。

尼采在《查拉图斯特拉如是说》里说:"任何民族不判断价值,便不能生存;如果它要自存,它判断的标准,应当与邻族的不同。许多事物被此民族称为善的,彼民族却认为可耻而加以轻蔑……在这里被斥为恶的,在那里却穿着荣誉之紫袍。"

梁启超在《国性篇》中说:"国于天地,必有与立。国之所以与立者何?吾无以名之,名之曰国性。……缘性之殊,乃各自为国以立于大地。苟本无国性者,则自始不能以立国。国性未成熟具足,虽立焉而国不固。立国以后而国性流转丧失,则国亡矣。"国性是什么呢?用今天的话来说就是民族文化,而国与国之间的国性不同,因此各国有各国的民族文化,有了自己特殊的国性才能立国。立了国了,国性又流转丧失了,将人家的价值拿来当作自己的价值，自己没有国性了，那么国则亡矣。

我就讲这么一些，大家有什么问题可以进行互动。

现场提问1：我是经济学院国际商务的研究生。王阳明有一句话，是他一生的写照，应该是四句，您讲了前两句。“无善无恶心之体，有善有恶意之动，知善知恶是良知，为善去恶是格物。”请您解释一下后两句吧。所谓哲学，还包括科学，都是有破有立的，我觉得您今天晚上“破”了很多，关于我们的民族自卑感之类的，我们听了很泄气，您的“立”是什么呢？请问老师您的座右铭是什么？

王五一：王阳明临死之前跟自己的学生说了这四句，相当于佛教里的偈子，而且这句话里最重要的就是对格物的理解。宋明理学对格物这件事讨论得特别多，因为在《大学》里好像“格物”这一章找不着了，而且“格物”这个词在中国思想史上的歧义最多，以至于西洋科学传进来以后，科学被翻译为“赛因思”之前还有一个名字，就是格致学。现在香港大学的校训就有格物致知。王阳明所说的格物，就是行善，行善就是格物。

现场提问2：您刚才有提到，追求向善的本性并不代表了理性或者灵性，那您所说的行善，我觉得还是抽象的。

王五一：关于王阳明最后这四句话，他在跟学生交流时，会有关于格物的争论，即什么是格物。王阳明刚出道的时候，在格物上下过很大功夫。到后来，他实际上就是将自己的格物和知行合一联系起来了，我觉得就是这样的，格物就是知行合一。王阳明时代的讨论，有一个时代背景，你看王阳明的思想，里面既有佛的东西，也有禅的东西、道的东西、儒的东西，但是他口头上却一边用人家的东西，一边又回过头来骂人家，比如引用了佛的东西又贬佛，引用了禅的东西又贬禅，我想其中有一个原因，就是他想努力将佛、道、禅等这些东西的思想精髓融入儒家思想里，提高学生的理解深度，同时又不妨碍学生科举考试。科举考试不能说错话，必须按照儒家那套话语体系。所以我想，王阳明将知行合一当作自己的核心思想，把它融入格物的解释当中，这样可能就可以理解格物是儒家的概念，如果科举考试中出现考格物这样的话题，无论怎样发挥，都脱不开儒家的话语体系。当年宋明心学就有这样的背景。

关于座右铭，其实不是每一个人都有座右铭，从我自己现在这一瞬间来归纳，我活在这个世上，我的座右铭就是履行责任。人类是群居动物，履行责任也是一种修行。刚才我们说了格物致知、诚意正心、修身齐家治国平天下，这是《大学》里的“八纲”，第一就是格物。刚才我说了王阳明对此的理解，应当是和他的知行合一联系起来。人作为群居动物，要诚意、正心、修行。关于修行，在佛教史上有小乘佛教、大乘佛教。小乘佛教就是说，通过苦修，可以在这一生当中有一个了断。而大乘佛教与前者的最大区别就是你要入世，入世就是要履行你在人群中的责任，人类是群居动物。要问我的座右铭是什么，我想用“履行责任”可能更好，我用它来教育我的后代，而且我也相信因果，相信人来到这个世上绝不是平白无故的。世间万事万物，最大的难题、最大的迷惑、最应该费心来解答的，就是“我是谁”。欧洲思想和东方思想在这一点上有很大差距，欧洲下手做功夫的第一件事就是宇宙是怎么来的、是谁创造的，而东方哲学根本不涉及这件事，一开始就问我是怎么来的？每一个我，我是谁？如果我父母没有结合，会不会有我？这就是禅宗所谓的疑情。禅宗有句话，大疑大悟，小疑小悟，禅宗修作是要发疑情的，不是疑问，而是疑情，就是你带着疑情而不要用逻辑去解释我是怎么来的？我是谁？如果你能发出疑情、咬住疑情，你就是在修行。如果说有什么座右铭，我想就是履行责任。

现场提问 3：我是来自外国语学院的一名研究生。您刚才在讲座过程中讲到我们国家的教育，说是理性教育，缺乏灵性教育。如果我们学文学，文学创作需要讲究的是灵感，灵感是文学创作的源泉，但是灵性教育因为没有理论和知识可言，请问如果真的要开展灵性教育应该怎样开展比较好?

王五一:我们现在都用“教育”这个词,灵性的教育。理性是很容易教育的,因为在课堂上、黑板上、书本上就可以。而佛教、道教的教育,寺庙就是教育机构,就是老师教学生的机构,现在将和尚们称为法师,也是继承了这样的本源概念。确实灵性教育和理性教育有很大不同。佛教里面说人的业是怎么形成的呢?人是因祸造业、因业得祸,这是我们五浊恶世里的人们的生活方式。业是怎么造的呢?佛教有一个词:熏习。其实如果要对人进行灵性方面的正面教育,也要通过这种熏陶的方法。我刚才说了,其实在影响人的行为方面,这个“感”要比那个“理”要大得多。你刚才说你是学文学的,你要有灵感,而灵感的源泉与你个人灵性的修行有很大关系。可以试验一下,比如你找一本像《菜根谭》这样的书,都是一些格言或者是警句,然后用半个小时简单地静一下心。中国灵性的修行是很实惠的,它不像天主教所说的你在这个世界上好好受苦,受完了苦将你的罪洗掉,然后到来世就可以上天堂。中国文化中的修习是很健康、很实惠、很正面的,你今天开始做,明天就会觉得睡得好一些、后天就会觉得吃饭吃得香一些,这是一点也不夸张的。现世和来世,这些都是有好处的事,而且对你的文学创作绝对有好处。刚才我们说了灵性的教育应当熏陶,每一个个人,既是教育者也是受教育者,我们作为受教育者要有一个目标,这就是王阳明的知行合一。我从自己每天的行为做起,然后我自己的胸怀、我整个的心灵会有一个净化的过程,“升华”这个词是咱们中国文化里的一个词。后来我看到弗洛依德的心理学有一个词,咱们中国人也把它翻译成升华,sublimation,就是通过暗示、诱导将你的能量走通了。中国人最懂得升华了,而且中国人的升华不需要通过什么催眠、暗示,不需要第二者来帮助,你自己就可以帮助你自己,而且是冷暖自知,除了你自己,谁都救不了你。今天大家对修行感兴趣,其实我不想在修行问题上说太多,我关心的是中国整个民族的精神状态。从个人修行来说,它在某种意义上属于隐学的东西,我非常反感显学的东西和隐学的东西搅在一块说，显学是显学，隐学是隐学，而且讲隐学我自己也没有资格，我和大家一样都是凡夫俗子，在这个事上我可不敢给人当老师，只有在显学上、在大道理上可以说一说，总之一句话，人要鼓劲，人的灵魂是可以训练的。记住这句话，灵魂是可以训练的，一个民族要想自新，我刚才说了《大学》的“八目”、“三纲”，大学之道在于明德、亲民、止于至善。亲民是什么意思？教育群众。我们的宣传工作就是教育群众，所以从这个意义上讲，我们要意识到人的感觉比理性要重要得多，什么时候我们有了民族自豪感，那么就我们什么事都解决了，人民群众自己会去创造历史，很多事都是水到渠成的。

现场提问 4：我是新闻传播学院的学生。您提到两个概念，一个是理性，一个是灵性。在灵性概念里涉及很多方面，包括认识论，是怎么理解这个世界的，也涉及情感和道德。所谓的灵性具体是指什么，听到这里我感觉很多好的东西都是灵性的，而理性有一点偏向负面。您觉得灵性有没有坏的方面？当我们完全注重灵性培养时，有没有跟理性一样的缺点？灵性也许有合理的一面，当我们用中医针灸时很合理，但是如果我们得病跳大神，这好像也是一种灵性，也有很强的负面效果。那么灵性是什么东西？如果我们遵循灵性的世界观或者灵性的思维方式，会不会比理性的思维方式缺点更多？

王五一：这位同学提出的实际是两个问题，一个是关于灵性和理性，我们能不能给它做一个辩证的一分为二的分析，而且这个同学提出的问题，好像是希望对灵性有一个更明确的界定。

一开始我就说得很明白，我不想用形式逻辑的方法来界定什么是灵性，而是想在理性和灵性的辩证、对立和统一当中来把握这个概念。我们很难绝对地说，比如我现在坐这里，这边是东边，那边是西边，如果我们往这边一挪，那这边就变成了西边，什么东西都是相对而言的。其实人的灵性活动和理性活动，是我们用人工概念的方法分离开的两个活动、两个概念。而人只有一个脑子,只有一个精神,它不是分裂的。我们今天在理论上分析它,是因为我们有我们的目的。我之所以要将理性配上对,然后来分析这个问题,是为了面对咱们中国现代的精神状态。我既没有必要,也没有这个愿望,追求在一场讲座中要讲得面面俱到,或者能够对理性和灵性有一个比较全面的评价。孟子在评价孔子的时候有一句话,他说孔子这个人是一个圣人,但是这个圣人是时代的圣人。什么意思?就是说,孔子他自己并没有想做万世师表,但他不知道自己后来,用鲁迅的话,取得了如此可怕的头衔,他只是为了解决那个时代的问题。那个时代有什么问题呢?礼崩乐坏,无论他是作春秋也罢,是演春秋也罢,他是针对当时的社会问题,建立起了自己的一套哲学体系和道德体系。今天咱们中国的问题是因为我们的教育制度本身是偏瘫的,只有理性没有灵性,所以我今天是想给理性配上对,用理性和灵性的辩证关系的方法,来看一看片面的理性能不能到达真理、能不能解决中国的问题。你刚才提到灵性也有一些糟粕,比如说跳大神,确实如此,理性的力量在于有公理,而灵性的东西是不可说的,没有公理。没有公理、不可说,这就容易弄虚作假,容易出骗子。

主持人:今天是一个很深邃的哲学命题。王老师用通俗易懂的话语帮助我们对理性和灵性作了非常全面的阐述,怎么理解今天晚上的讲座,我个人的意见就是你们都是有灵性的人,希望能理性看待今天晚上的讲座。

谢谢王老师!

孤独的守护与超越

林少华

林少华，著名文学翻译家，学者，亦从事文学创作。曾任教于暨南大学、日本长崎县立大学，并在东京大学从事学术研究，现为中国海洋大学外国语学院教授，兼任中国日本文学研究会副会长、青岛市作家协会副主席等职。著有《村上春树和他的作品》《落花之美》等。译有《挪威的森林》《海边的卡夫卡》《奇鸟行状录》等41部村上春树作品系列以及《心》《罗生门》《金阁寺》等日本名家之作70余部，广为流布，影响深远。

我是20世纪50年代初期出生的人，"50后"，特别靠前的"50后"，无论如何，年纪都不小了，已经进入一般意义上的老年了，可能大家看不出来。即使真的能长命百岁，我也度过了大半生，在大半生时间里，我做了许许多多、各种各样的事，好事也罢，坏事也罢，不好不坏的事也罢，其中百分之九十的事都像沙漠里的泉水，刚涌出来，就渗回沙子底下，但有一件事至今仍然处于工作之中，那就是我翻译的村上春树的作品。与此同时，我还体验了许许多多、各种各样的感情，正面的也好，负面的也好，不正不负的也好，但有一种感情，直到几年前，我几乎从未体验过，甚至从不知晓，那就是孤独。这孤独，碰巧和村上春树有密不可分的关系。所以今天，我将从孤独切入，谈谈村上春树，或者从村上春树切入谈谈孤独，谈谈孤独是怎样一种什么感情，谈谈孤独在村上的文学作品中得到了怎样的表达。重点谈谈孤独的守护与超越，进而捎带谈谈在大时代的社会担当。

在谈村上笔下的孤独之前，请先允许我说一下孤独之于我。古希腊哲学家、科学家亚里士多德曾经说过这样一句话："喜欢孤独的人不是野兽便是神灵。"亚里士多德诚然是一位不容怀疑的伟人，但我仍不赞成他的这一句话，因为我倾向于喜欢孤独，而我不论怎么看都不至于是野兽，神灵当然更谈不上。同时我也不大欣赏弗朗西斯·培根以下的说法，他说："有些人之所以喜欢永远孤独，是因为在没有友谊和仁爱的人群中生活，那种苦闷正犹如一句古代拉丁谚语所说的，一座城市如同一片旷野，人们的面目淡如一张图案，人们的语言则不过是一片噪音，使得人们宁可逃避也不愿进入了。"众所周知，培根和莎士比亚是同时代的，但他是在哲学史和科学史上具有划时代意义的人物，在人类思想史上也有其极其辉煌的地位。他的上述论断即使拿到四百年过后的今天也未尝不适用。我之所以不赞成，只是因为他的这句话不太适用于我在很长很长的人生阶段中对孤独的理解。此外，我还对中国本土哲学家、作家周国平关于孤独的标注表示怀疑，他说："一颗平庸的灵魂，并无值得别人理解的内涵，因而也不会感到真正的孤独。"他还说："孤独源于爱，不爱的人不会孤独。"按他的说法，我这个人不但平庸，而且无爱。平庸我愿意接受，也只能接受，但无爱，我可是坚决不承认。我觉得孤独这个东西是不是同遗传有关，或者说孤独源于遗传。我是在孤独的家庭中长大的，记忆中，爷爷就是这样孤独的人，他们极少与人交往，在漫长的冬日里，就自己一个人不知哼着什么歌谣，在煤油灯下编筐、编席子。父亲更是一个孤独的人，他在公社，现在都叫乡或者镇了，当了那么多年干部，而且当的是党委宣传委员，却几乎从未见过他往家里领过同事，我们家无人来访。至于我，如出一辙，习惯于独来独往，从来不知道什么叫孤独，说喜欢孤独、热爱孤独，未免有点矫情或者有玩酷之嫌，但反正我就是没有和谁亲近的愿望，即使长大后，对邻居、邻院漂亮的姑娘，也没有多少想亲近的愿望。不过请大家别误解，我在所有意义上都是一个再正常不过的男人。听我母亲说，我从小就喜欢自己一个人玩，上学后也不跟同学一块嬉闹，一个人屁颠屁颠地背书包出门，再一个人屁颠屁颠地背书包回来，这么着就只剩下一项活动——看书。因为看书是最孤独的活动,不需要任何其他人参与,不需要任何人配合。或许上天眷顾,许多年后我当了大学老师,大家知道,相对说来,大学老师是最能忍受孤独的职业。一个学期,哪怕不跟领导、院长、系主任说一句话,不跟同事打一声招呼,也基本上照样正常度过,无非是一个人进教室讲课,下课后再一个人回家、备课、看书、写字罢了。

窗外一轮孤月,案前一盏孤灯,手中一杯清茶,简直是神仙过的日子。给俺国务院副总理,给俺翻译院院长,俺都不做。当然了,集体活动总还是有的。而大部分集体活动都没有给我留下多么温馨美好的回忆。记得16年前,我在暨南大学广州本部工作的时候,期末学校组织一次集体旅游,不知什么缘故,几乎所有领导和同事都声情并茂甚至声泪俱下地动员我努力参加一次,我也并非老是孤独,老是那么不通情达理,于是跟着大家一起搭旅游大巴去旅游了。记得是去揭西,一路青山绿水、蓝天白云、鸟语花香、阳光海滩,车移景换,心旷神怡。只是不巧的是,我和领导坐在一起。一个劲儿地歪头盯视窗外毕竟有些失礼,也有些累,而歪过头来又不知跟他说什么好。讲课、写文章、演讲,诸位或许也多少听出一点儿,我时不时可以来点妙语连珠什么的,而那个时候硬是搜刮不出词来。下午集体烧烤,之后集体转去娱乐厅卡拉 OK 狂欢、跳舞,我看机不可失,悄然溜走了。独自沿着田间小路缓步前行,晚风、稻田、远村、归鸟,知了和青蛙时起时伏的叫声,脚下泥土和荒草亲切的感触,我爬上一座小山岗,在草丛中躬身坐下,脚前有两三株黄色的山百合,二三十里开外有一小截残缺古旧的青砖墙,墙角长着几丛茅草,白色的草穗随风摇曳,寂寥、空灵、安谧,放眼望去,夕阳已经衔山,几朵晚霞贴在天际,一缕夕阳从晚霞间闪闪泄下,把山岚、百合、茅草镀上了一层金黄色的光。在注视这些风景的时间里,倏然,一股巨大的悲悯和慈爱如潮水一般把我整个拥裹起来,我觉得自己有可能是天地间最幸福和最不孤独的人。

而今,我陷入了孤独之中。不到两年的时间里,我失去了母亲,又失去了父亲,父母的去世让我陡然明白过来,多少年来自己之所以不知道孤独,那是因为父母在。父母在,自己哪怕跑得再远也不觉得形单影只,年老的父母就像远方天际那缕夕阳,陪伴和温暖着自己,或者自己如同一只风筝,即使飞得再高,线儿也牵在父母手里。如今,父母走了,我就成了断了线的风筝,孤独地飞在没有夕阳的高空,飞向暮色苍茫的天际,寻找归宿?那种感觉是难以言说的。是的,从今往后,再没有人因为我而为日本列岛哪怕轻微的地震牵肠挂肚,再没有人因为我而特别关心广州那座城市的天气预报,再没有人因为我而对央视《新闻联播》中偶尔闪现的青岛海岸紧紧盯住不放。没有了,那样的人,世间(再也)没有了,人生从此孤独。也许大家问:那你老婆孩子呢?爱人呢?我个人觉得,就配偶而言,老公也好,老婆也好,固然不能说他们不爱我们,但是和父母的爱完全不是一回事。父母的爱是无条件的,你明天早上变成青蛙,他(她)也会爱你。你的老婆,你明天早上变成青蛙,她还会爱你吗?这就是区别,要命的区别。

说完我的孤独,再说说文学中别人的孤独。孤独,比如爱情和死亡,是作家、文人,尤其诗人笔下一个永恒的主题。举几个常识性的例子,这谁都知道。“路曼曼其修远兮,吾将上下而求索。”“国无人莫我知兮,又何怀乎故都。”这是屈原的孤独,屈原是古代文学史上最孤独的诗人。大约两千三百年前一个五月初五,屈原孤独地自投汨罗江而死,身后留下一个腐败不堪的楚国和端午节这个传统节日。“前不见古人,后不见来者。念天地之悠悠,独怆然而涕下。”大家都知道,这是初唐杰出诗人陈子昂的孤独,这种怀才不遇而又积极进取的气势恢宏、震惊千古的孤独。“大道如青天,我独不得出。”“金樽清酒斗十千,玉盘珍羞直万钱。停杯投箸不能食,拔剑四顾心茫然。”这是李白的孤独——笑傲王侯、愤世嫉俗的孤独。“亲朋无一字,老病有孤舟。戎马关山北,凭轩涕泗流。”这是晚年杜甫的孤独——一种身心俱孤的孤独。颠沛流离,居无定所,亲朋信断,病卧孤舟,再加上他心忧社稷,于是凭栏北望,泪下如雨。你说,这是何等不堪而又感人的孤独。“落日楼头，断鸿声里，江南游子。把吴钩看了，栏杆拍遍，无人会，登临意。”这是宋代大词人辛弃疾的孤独——一种壮志难酬、忧国忧民的孤独。说一下近现代的：“在我的后园可以看见墙外有两株树，一株是枣树，还有一株也是枣树。”这是鲁迅的孤独。我以为，如果说屈原是古代最孤独的诗人，鲁迅则是中国现代最孤独的作家和战士，而孤独也应了他的先知先觉，应了他的不合俗流，应了他的使命感，这无疑是他自身的写照，除了鲁迅，还是鲁迅，别无第二。现在关于鲁迅的研究多元化了，还原鲁迅为“人间鲁迅”的研究也很有影响，比如广东林贤治的《人间鲁迅》，里边就有独特的表达。但是不管有多少种研究、多少种观点，有一点我们必须承认，我们这些读书人，我们这些知识分子，恐怕还没有哪一个人的骨头达到鲁迅的硬度，他仍让我们仰视，这也正是他的价值所在。我要说的下一个人大家未必很熟悉。“一生负气成今日，四海无人对夕阳。”这是在广东度过最后二十年，一代史学大师、中大教授陈寅恪孤独的豪叹。陈寅恪被誉为中国 1949 年以后唯一的知识分子，不同任何党派合作，不向任何权威低头。也有人举出三个半知识分子或四个半知识分子的名字，比如说马寅初、梁漱溟、顾准，说法不大一样，但如果说找出一个来，那就会众口一词——陈寅恪，他是我心目中最可敬佩的教授。人家是教授，我当年在暨南大学也混了个教授，这教授和教授之间相隔了多么遥远的开阔地带，无法相比较。所以，陈寅恪在 1949 年以前就被称为“教授的教授”，他讲课，教授去听，老师们恐怕都知道陈寅恪有“三不讲”——外国人讲过的我不讲，中国古人讲过的我不讲，我自己以前讲过的我不讲。但即使那么出类拔萃，他也照样孤独，或者越出类拔萃的人越孤独。古希腊编剧家也是这样的。人不是因为他的缺点，而是因为他的优点导致悲剧。陈寅恪的孤独不仅仅是他一个人的孤独，也可以说是那一代几十万知识分子的孤独，因而也是历史的孤独，共和国的孤独，这太沉重了。“悄悄地我走了，正如我悄悄地来，我挥一挥衣袖，不带走一片云彩。”谁都知道，这是徐志摩的名诗，也是疯狂追过风华绝代的民国才女林徽因的他的孤独,林徽因当然没有嫁给他,她和梁思成早就订婚了。但是,看文学史料,徐志摩因飞机失事而逝世的时候,林徽因差不多一个星期没吃没喝;看林徽因《最是人间四月天》那本集子,可以看到有徐志摩的诗,那也不是什么摆不上桌面的事,男女之间,说不清楚。都说村上春树很小资,其实徐志摩也是,刚才念的这首诗就相当小资。

最后看一下当代人,活着的人,当代作家的孤独。比如莫言,看看这位 2012 年诺贝尔文学奖第 109 位获得者的孤独。莫言小学五年级就辍学回家放牛了。实话告诉你们,我初一辍学回家放猪了,“文革”发生后,读不成书了,所以,今天我能出现在这里的最大意义在于——看见我,你们应该觉得:初一,甚至初一都没念完的人都能混到今天这个地步,何况我呢,毫无悲观失望的理由。再看莫言,那更是莫大的鼓舞,小学五年级就辍学回家放牛,但拿了诺贝尔文学奖。莫言说:“我知道牛的喜怒哀乐,懂得牛的表情,知道牛的心里想什么,就那样,就在那样一片在一个孩子眼里几乎是无边无际的原野里只有我和几头牛在一起。牛,很香地吃草,眼睛蓝得像大海里的水,我想跟牛谈谈,但是牛只顾吃草,根本不理我;我仰面朝天躺在草地上,看着天上的白云缓缓地移动,好像是一群懒洋洋的大汉,我想跟白云谈谈,白云也不理我;天上有许多鸟,有云雀、有百灵,还有一些我认识但叫不出名字的鸟,它们叫得实在太动人了,我经常被鸟的叫声感动得热泪盈眶。”我从这句话里面发现了他日后获得诺贝尔文学奖的缘由,一般农村孩子听鸟叫不会感动得热泪盈眶,而莫言会,能够成为伟大的人小时候总会显示出有一点不同。我呢,初一就去放猪了,而我放完猪,或者从地里干活收工回来,一般农村孩子会扛着锄头赶快回家吃饭,因为肚子早就饿了,但我有时候就会坐在小山岗上,望着西边天际的火烧云,有的时候极其地欢快,有的时候黯然神伤,回到家里会写成所谓的诗,写在日记本上。而我的左邻右舍的农村孩子们不会,比如比我小不了多少的弟弟他就不会这样,他们想的只是更现实的比如吃喝玩乐那些东西。所以我从平凡的世界里爬出来了,他们没有爬出来。这多少会给我们提供某一种启示。莫言感动得热泪盈眶,他想和鸟儿们交流,莫言说:“它们也很忙,也不理我。”这是莫言2000年在美国斯坦福大学演讲的时候说的,题目就叫:饥饿和孤独是我创作的财富。并且说,这笔财富积累的最辉煌的结果就是2012年的诺贝尔文学奖。那么得奖之后的莫言是不是就不孤独了呢?未必。同年12月7日,他在斯德哥尔摩瑞典学院以“讲故事的人”为题演讲时说:“我获得诺贝尔文学奖后引发了一些争议,我如同一个看戏的人,看着众人的表演,我看到那个得奖的人身上长满了花朵、也被投上了石块、泼上了污水。”言外之意,无论是小时候在荒草上放牛,还是后来头戴诺贝尔文学奖桂冠和身穿燕尾服领奖,孤独都照样存在着。前天我去浙江,他们让我去乌镇看看,我先参观了木心故居,接着看了茅盾故居。看茅盾故居的时候,那个年轻导游面对游客们讲解,说:“别看莫言得了个诺贝尔文学奖,那和茅盾无法相比,茅盾是真正的文学巨匠,莫言的作品中写黑暗面啦,还写……”我是散客,本来与我无关,我听了就按捺不住,我说:“姑娘,这么说是不是不大合适呀?”她说:“我说的怎么不合适呀?”我说:“在你家客厅里你愿意怎么说怎么说,可是你现在是导游,你以导游身份如此误导大家不大合适,只不过,你看过莫言的作品吗?”那个小姑娘怎么看也不像会看过莫言的作品,我说:“不可以这样信口开河。中国人好不容易有人赢得诺贝尔文学奖了,那我们中国人说他不好,这合适吗?再说,他和茅盾也没有什么可比性啊。”莫言得诺贝尔文学奖其实不在于他在文学史上有多大的意义,文无第一,你说谁写得好或者谁写得不好争个一百年也没个结果。莫言得诺奖的意义在于:中国在诺奖这块阵地上有了零的突破,吸引了世界许多人的目光。所以中国人应该为此感到自豪,别再往他身上扔石块、泼脏水了。

以上就孤独讲了这么多,无非是想证明人世间没有人不孤独,古人也罢,今人也罢,普通人也罢,出类拔萃的人也罢,孤独大体都如影随形,区别或许仅仅在于有人将孤独当作一种财富,成就一番事业;有人将孤独当作无聊而用聊天、打麻将加以排遣。但不管怎样,孤独都和喜怒哀乐一样,是人世间最普遍、最普通的一种情感、一种生命体验。在某些情况下,孤独可以同人数、环境无关,即使身在车水马龙、繁华喧嚣的闹市,身在掌声四起的会场,你也未必会不孤独,甚至和恋人花前月下时,你也不能保证自己就一定不孤独。可能不孤单,未必不孤独。

日本当代文学家村上春树笔下所影射的,很多时候就是这样的孤独,这种当代人,尤其当代都市人微不足道而又刻骨铭心的孤独。孤独、无奈、疏离、失落与寻找的周而复始应该说是“村上文学”的主题之一。村上在 1979 年,即其 30 岁的时候发表处女作《且听风吟》,今年是他出道的第 37 个年头,如果姑且记以整数,把他迄今为止的文学创作活动分为前十五年和后二十年两个阶段,那前十五年主要是表达孤独,不断叩问现代以及后现代都市上空游离的孤独的灵魂所能达到的可能性,并在叩问过程中传达置身于高度信息化、程序化和物质化的现代都市中的人的虚无感、疏离感,以及命运的不确定性、荒谬性。用中国特有的说法就是他作为软性的、暖色的小资作家的一面。这方面的代表作有:《且听风吟》《一九七三年的弹子球》《寻羊冒险记》以及《世界尽头与冷酷仙境》《挪威的森林》《舞! 舞! 舞!》。那么后二十年呢? 后二十年村上逐渐走出孤独,用不无诗意的个人心灵后花园开始审视和批判体制与暴力,笔锋指向日本暴力性集权主义、权威主义体制的源头,村上指出:暴力是理解日本的钥匙。因此,他要追究这种暴力的源头在哪? 表现形式是什么? 在当下还有哪些残留? 也就是探索面对体制这堵高墙的时候,作为鸡蛋的个体灵魂所能达到的可能性。他演讲“high, solid wall and an egg”的时候,把英语翻译过来时是——墙与蛋,后来我用日语翻译的时候就想,这“墙与蛋”有点不合适,这个“蛋”在中国的语境里面有一点容易被误解,日本人说的“蛋”就是鸡蛋,因为日本人不吃别的蛋,“high , solid wall and an egg”不能翻译成“高墙与蛋”,这样翻译家不太弄得明白。作为他刚性的、冷色的斗士的一面的这个转折点是 1994、1995 年的《奇鸟行状录》,类似的相关的主要作品有《地下》《海边的卡夫卡》《边境 · 近境》《天黑以后》。如果说前十五年村上是一个文人意义上的作家,那么后二十年则是一位西方意义上的人文知识分子,有作家品质的知识分子。如果说他前十五年痴迷于纯粹意义上的都市人的孤独,后二十年则执着于高墙与鸡蛋中从鸡蛋的角度的都市人的孤独——鸡蛋的孤独。2003 年初,我见到他两次。2003 年初我见到他的时候,我讲到孤独和沟通的关系,他以一段相当独特的表述作了回答,让我用中文翻译一下,村上说:“是,我是认为人生基本是孤独的,人们总要进入自己一个人的世界,而且进得很深很深,而在进得最深的地方就会产生‘连带感’,(而用日语说就是:れんたいかん ,这个我觉得不太好翻译),产生‘连带感’就是说在人人都是孤独的这一层面上产生人人相连的‘连带感’,只要明确认识到自己是孤独的,那么就能与别人分享这一认识,也就是说,只要我把它作为故事完整地写出来,就能在自己的主角之间产生连带感,其实这也是创作。不错,人人都是孤独的,但是不能因为孤独而切断同众人的联系,彻底把自己孤立起来,而应该深深地挖洞,只要一个劲儿往下深挖,就会在某处碰见人连带在一起,一味沉浸于孤独之中,用墙把自己围起来是不行的,这是我的基本想法。概而言之,孤独是连接的纽带,为此必须深深挖洞。”自 1979 年《且听风吟》问世以来,前后三十五年间,尤其前十五年村上一直在挖这样的洞,将挖洞的过程、辛劳、感受和思索通过小说创作倾诉出来,换句话说,“村上文学”是“挖洞文学”,始终在孤独与连接、疏离与介入之间保持一种张力。但如何挖和挖的程度在不同的作品中有所不同,《挪威的森林》之前的《且听风吟》《一九七三年的弹子球》《寻羊冒险记》倾向于放任孤独,把玩孤独,也就是挖洞挖得不深。而从《挪威的森林》开始,则致力于连接与沟通的追求,也就是挖洞挖得深了,这是因为木月死于孤独,直子的姐姐和直子死于孤独,但不能让主人公处于把自己围起来的自闭状态下。而在 15 年后的《奇鸟行状录》《海边的卡夫卡》《1Q84》(第一部和第二部)中,村上甚至将连接与之介入的对象扩大到个体之外,开始发掘日本黑暗的,人人讳莫如深的历史步轨和新兴宗教,即我们一般称之为“邪教”这一现代社会病灶，表现出追随孤独的个体同强大的体制之间的关联性的勇气。不过如果再说得准确一点的话，到了《1Q84》的第三部，村上又将笔锋渐渐地收回。而到了《没有色彩的多崎作和他的巡礼之年》和最近刚出的《没有女人的男人们》已经彻底回归挖洞专业，并想深深挖洞，通过深深挖洞而祈求同别人的某处连带在一起。所以“村上文学”的准确说法是呈现出一个不规则的“U”型——前十五年挖洞，也就是通过诗意开拓个人的心灵处境及如何抚慰和放逐孤独；后十五年开始追究个人和体制之间的关联性，也就是鸡蛋的故事；最后，也就是最近两三年又开始折回原来的通过深深挖洞确认个体的自正性、个人生命的认证。但大体还是可以分为两个阶段。

于是出现这样一个疑问：挖洞达到连在一起的目的了吗？我这里想举一个大家未必都有留意的短篇作例子，这篇小说叫作《眠》，收在《电视人》这部短篇集中，虽然题目叫作“眠”，但是其实写的是关于失眠的故事。失眠谁都体验过，而小说中的失眠不是这样的，小说的失眠的主人公是一个全职家庭主妇，丈夫是高收入牙科医师。大家都知道，日本人有三个器官不是很好——牙、眼睛、耳朵。日本人嗜吃甜食，日本糕点，不管它叫什么名儿，有什么花样，反正除了甜没有别的了，甜得发苦，所以日本人牙都不好。你看东京有东京齿科大学，专门以牙齿为专科成立的大学，在世界其他地方可能都不大容易找，难考的程度几乎不亚于东京大学。中医说吃的东西太甜的话，不但影响牙齿而且影响视力，日本男人基本上没有不戴眼镜的，像我这样看了大半辈子的书还能既不近视也不老花，再小的字都如同雪地上的乌鸦——历历在目的日本绝无仅有。再看头发，这肯定也与吃甜食有关，日本的男的一到四十岁，头发溢脂性很厉害，一过四十五岁，大面积秃脑瓜子。当然村上作品中绝不会出现秃脑瓜子这一回事，因为那种说法叫作歧视，他们把那叫作头发俭约者。不管叫什么吧，基本上是一回事。所以当年我们的“章光 301”，包括在北京和在东京都骗了不少男人口袋里的钞票，其实头发一旦掉了再想长出来是不大可能了,好在女性没有这回事。再看我,我的头发虽然没掉,但已经白了,白得不那么彻底。我算明白了,啥叫孤独,啥叫最孤独,我以前也说过,就是一个老男人深更半夜在卫生间里独自对着镜子染头发,多孤独啊,多凄凉啊,那才是刻骨铭心的孤独。不过我的朋友鼓励我,他头发全都掉了,他说:"你看看你呀,白发也是有啊,你看就像我,想染都染不成了。"总有各种各样的解释,世界也因此变得有趣。像小说里面的女主人公,十七个昼夜没合眼,整整十七个昼夜,但是呢,一点也不困,所以她说:"我的人生因为失眠而扩大了三分之一。"失眠的时候她喝着白兰地,嚼着巧克力,看《安娜·卡列尼娜》。安娜·卡列尼娜本质上也是一个孤独的人。她有的时候深更半夜开车兜风,她没有把失眠的事告诉周围的人,而周围的人居然也丝毫没有觉察。她说:"谁也没有注意到我的变化,我彻底睡不着觉也好,夜以继日地看书也好,都没有人注意到。"有一次她想把丈夫的脸画到纸上,但是死活想不起丈夫长着一副怎样的脸,她照镜子的时候觉得自己的脸正在离开自己。作为同时存在的东西,脸,她最后总介绍道:"自己记不得他人,他人也意识不到自己,甚至自己记不得自己。"小说最后以三个"哪里"作为关键词述说这种无可救药的孤独感:"看书的我究竟跑去哪里了呢?我的人生究竟去哪里了?我的人生岂非哪里也觅不到归宿?"

无独有偶,《国境以南,太阳以西》《挪威的森林》结尾几乎同样强调"哪里"。比如说《挪威的森林》,"我现在在哪里?我们不知道自己在哪里,不知道自己要去哪里,更不知道别人要去哪里,我们就这样活着,在哪里都不是的场所的正中央呼唤着、叹息着、寻找着"。村上就是以这种冷静而诡异的笔触,对游走在现代都市夜幕下的孤独的灵魂进行了步步紧逼的审视和跟踪,精确地扫描出普通个体生命的尴尬处境和失重状态,用断接性和不确定性的后现代荒诞情节,表达现代社会的本质性认识。村上的小说比现实还真实,现实的生活未必表达本质性认识,小说却表达本质性认识,以虚假的砖块砌就真实的墙壁。自己对他人的隔绝,他人对自己的隔绝，自己与自己的隔绝，异性与肉体的隔绝，这意味着村上通过“挖洞”希求和别人连接的努力并没有获得成功，仍然止于对孤独的确认、安抚与守护。村上的作品告诉我们，孤独既是人这一存在的本质和常态，又是现代人的某种精神欠缺，尤其现代都市社会的运作模式造成的心灵漏洞，甚至性，都无法填满这个漏洞。看过村上作品的人都知道，“性”在村上作品中并不具有化解孤独的特殊功效，那不过是两个开着漏洞的心灵对各自孤独的确认和共济的一种形式，从中感受不到身心交融的美妙和一时放纵的欢畅，而更多的是感伤、凄冷、悲凉以及叹息和泪水。村上的作品没有描写过真正的性，没有描写过真正的爱。

不错，从形式上看，村上比较的孤独，避离社会主流的边缘人的孤独，然而奇异的是，在本质上，那种孤独又似乎公平而平均地属于每一个人，那不全是刻骨铭心的近乎绝望的孤独，不少情况下也是安静、平和、有质感而又近乎虚无的孤独。

有一位上海读者在来信中写的恐怕比较接近这样的感觉。他写道：“在一个春季和秋天的午后，休息日晴天，我一个人坐在离家不远的图书馆里，坐在靠窗的位置，有不太张扬的太阳照进来，我喝着咖啡，一页页细细品读。”我的感觉好极了，细腻的笔触，孤独的生活似乎就像在写我自己。

当然也不是所有村上小说的读者都这么孤独，都这么温情脉脉。我记得成都的一位高中生在给我的来信中写道：“周围的人几乎没有我能说得上话的，他们大概只关心时尚、篮球、徒有虚名的爱情以及自身利益是否最大化。”看得我吃了一惊啊，高中生就在考虑自身利益最大化？这位来信者还写道：“有时候我真希望来一颗原子弹，将这些人毁灭，留下一个纯净的世界。”此外，深圳一位高二女生在来信中表达的孤独也似乎超出了她的年龄，她写道：“作为90后，我当然爱互联网，爱看时间推动快的东西，但有一种渴望，恨不得跑去无人的、安宁的深山老林里，仿佛那才是我该待的地方。”

尽管如此，他们都是村上作品足够热心的读者，也能从村上的作品中发现了自己想找的东西，发现了村上作品中不同流俗的孤独者形象、孤独样式。那些孤独者大多酷酷地坐在若明若暗的酒吧里，似喝非喝地举着威士忌酒杯，似看非看地看向墙上的名画纺织品，似听非听地听着老式音箱流淌出来的爵士乐，从不愁眉不展，从不唉声叹气，从不怨天尤人，从不找人倾诉，更不自暴自弃。在这里，孤独甚至不需要慰藉，因为孤独本身即是慰藉，即是升华，即是格调，即是美。

而村上的作品的一个特殊之处还在于，在如此孤独的情境中不动声色地提醒我们：你的自我果真是你自己的吗？或者说你的心灵果真属于你自己吗？里面的内容和观念没有被置换过吗？你的自我没有被铺天盖地的商业信息所俘虏吗？用村上的话说，你真的需要开奔驰吗？东京这样的街道上开奔驰跟开夏利有什么区别吗？你真的需要穿皮尔·卡丹吗？你真的需要戴劳力士吗？那不是被商家广告所忽悠了吗？进一步说，你有没有为了某种利益或主动或被动地出卖自我？出卖自己的灵魂？你的心灵，你的灵魂是自由的吗？尤其难得的是，村上的作品还提供了这种呵护技术，从而使我们在自我与孤独这一现代悖论的夹缝中勉强呼吸自如。从根本上说，恐怕正是这点，让中国读者从中读出了自己，救赎了自我。这是村上作品如此风行的一个深层原因。

总之，在普通中国读者眼里，村上的作品没有铁马冰河、气势如虹的宏大叙事，没有横空出世、雄伟壮丽的主题雕塑，没有一气呵成、无懈可击的情节安排，也没有指点自己走向终极幸福的暗示和承诺。但是他有生命深处刻骨铭心的体悟，有对个体灵魂细致入微的关怀，有时刻警醒本初自我的高度敏感，还有避免精神空间全面陷落的悲怆和实用的技术指南，而这一切都可以归结为四个字：守护孤独。

上面讲的是守护孤独，下面就简单讲讲如何超越孤独。

不用说，在当今浮躁的世风世况下，能够守护一份孤独就已经相当难能可贵，至少这样可以使我们洁身自好，质本洁来还洁去。于是我在毕业生典礼上作为教师代表作了个讲话，同事们叫我对即将走向未来的年轻人、青年学生讲几点期望，我讲了两点，用三分钟时间讲了两点。第一点是“拒绝平庸”。我告诉毕业生，你们到我这个年纪，至少有三十年时间，三十年时间完全可以使你们成为著作等身、名扬一方的学者，成为带甲百万、决胜千里的将军，成为奉命于危难之际的商业界、企业界的精英，但也可以使你们庸庸碌碌、默默无闻，百分之九十九的世人难免如此，我们要做百分之一。一个没有佼佼者、没有精神贵族的民族，哪怕再有票、房、车子，也是永远站不起来的民族。讲的第二点是“拒绝庸俗，拒绝俗流”。和平庸不是一回事，庸俗比平庸可怕得多。《红楼梦》里边，宝钗之所以始终没有赢得宝玉的爱情，最根本的原因就是宝玉嫌她小小年纪便入了俗流。作为老师，我不希望你们在社会这个庸俗场，转眼就学得趋炎附势，八面玲珑，投机取巧。诚然，很难要求你们人人都像史学大师陈寅恪那样，即使在“黑色十年”，也敢于坚持独立之精神、自由之思想，也很难像古代屈原那样具有举世皆浊而我独清、悲壮而高贵的思想，但是至少你们可以在心中给自己保留一点未被世俗浸染的园地，一份纯真，一份圣洁。人真正的幸福绝不取决于灯红酒绿、西装革履、前呼后拥，而取决于是否拥有安顿灵魂的心中净土，一份慈悲与温情。这三分钟的演讲是我历来最短的一次演讲，也是得到掌声最多的一次演讲。

有人说不是同代人交流会有代沟，我觉得并不存在代沟。和年轻人不同，我的代沟倒存在于同代人之间，他们说我幼稚，长不大，我说他们老成，老奸巨猾。但是任何东西都有正负两个方面，孤独也不例外，如果过于孤独自守，过于追求自尊、自重、自我，弄得不好，有时候就会陷入病态的孤芳自赏、顾影自怜、自满自恋甚至自闭的状态中。在某种意义上，爱情可能引发谦卑，孤独其实跟傲慢无关，或者说是一种精神优越感，而如果过于欣赏这种优越感，孤独就有可能成为逃避现实困难、逃避社会责任的精神避难所。不用说，这是消极的、颓唐的、卑微的、渺小的孤独。换句话说，我们不能永远像村上作品中的主人公那样半喝不喝地举着威士忌酒杯，半看不看地看着墙壁上的名画纺织品如何如何，不能够对各种不公正的社会现象熟视无睹、安之若素、逆来顺受，不能沦为鲁迅所深恶痛绝的那种人，那就是从奴隶生活中寻出美来赞扬、陶醉，那可真是万劫不复的奴才啊！咱们得站起来，得捂着胸口站起来，还有很多事要做，我们未必能够告别孤独，但完全可以把孤独升华为孤高、清高以至于崇高，升华为直面现实、扑向未来的勇气和家国情怀。正因如此，孤独的屈原才“虽九死而其犹未悔”，再昂然抬起头来发出“天问”，问天问地问社会问人生，从而将悲怆的孤独感化为质问世界的责任感，将个人的孤独衍生出对无限存在的感慨和向往。正因如此，杜甫才没有在“一览众山小”的孤独感和精神优越感中沾沾自喜，而最终发出“安得广厦千万间，大庇天下寒士俱欢颜”的伟大呼喊；正因如此，鲁迅才没有只看后院里的两棵枣树，最终心事浩茫连广宇，“感到无穷的远方、无数的人们都和我有关”；正因如此，陈寅恪在传统文化风雨飘摇之际甘愿为其付出一切，他就是想为中华文化复兴之际保留几颗读书人的种子，不至于文化的脉流被中断，接不起来。你看，他们是什么样的境界？什么样的情怀？现在中华文化不是开始走向复兴了吗？如果没有几颗读书人的种子，我们怎么承上启下？那是一种超越自身痛苦、自身命运的悲壮、豪迈，那是国事，人人自视的孤独。对于范曾，很多人都说范曾不好，我不那么认为。我虽不懂画，不懂字，但是范曾的文稿顶级，他的文章写得“不可一世”。我最佩服的是他提倡一种大丈夫精神，而他认为大丈夫精神的代表是辛弃疾。反过来，他说，现在青年中渐渐流行一种玩弄小智慧、小聪明、哗众取宠的俏皮，时时刻刻地挖掘小名小利的迂腐。他在南开大学演讲的时候这样说：这些都是丈夫不为的小动作。还有一次在武汉大学演讲时，他告诫青年学生要懂得八个字：感激，恻隐，敬畏，知耻。他特别欣赏苏东坡“一点浩然气，千里快哉风”，鼓励年轻人要做大丈夫，要有大丈夫精神，“为天地立心，为生民立命，为往圣继绝学，为万世开太平”。

我个人觉得，人从小没有一点激情，没有一点胸怀和抱负，很难成长起来。应该有一种莫名其妙的激情,哪怕是虚无缥缈的豪情壮志。日后你是什么样的人,就是你年轻的时候心目中描绘的图像。而在这一点上,年轻人不能缺乏抱负。

同这种大丈夫精神境界相比,村上作品诠释的那种把玩孤独,把玩寂寞和无奈就显得消极。比如《窃听风云》里边的某某主人公记录:1969 年 8 月 15 日至 2012 年 4 月 3 日之间,性交 54 次,吸烟 6921 支。这就显得滑稽可笑。甚至守护孤独也已经变得不那么重要,毕竟守护仍是把玩,不是超越。而孤独的真正价值在于对孤独本身的否定与超越,也只有这样,小资的孤独才能升华为大丈夫的孤独,星巴克里的孤独才能变成悠悠天地间的孤独,鸵鸟的孤独才能化为鲲鹏的孤独。一句话:独善其身的小孤独才能化为兼济天下的大孤独。

不过,有一点值得我们去思考和注意,那就是中国古往今来的读书人,并不缺少兼济天下的宏伟抱负,不缺少致君舜尧的雄心壮志,不缺少迂回天地的济世热肠,甚至不缺少马革裹尸的大无畏献身精神。但我们恐怕不能不承认,绝大部分读书人明显缺少自觉的社会批判意识,就连孔夫子也认为“不在其位,不谋其政”,也说世人“邦有道,则仕;邦无道,则可卷而怀之”。或者是“采菊东篱下”,“种豆南山下”。这未尝不是对社会的冷漠和对周遭体制的姑息,这一点即使在当代也依然如故,甚至于今为烈。

缺乏批判意识,往往会导致理想人格的迷失,文化和文化创造力的萎缩。在各个民族当中,我很佩服犹太人。犹太民族绝对不幸运,一两千人流离失所,到处被围追堵截,纳粹时期更不用说了,即便那样,里里外外加起来现在也不过六七百万人,只占世界总人口的 0.3%。但就近现代科学成就来说,到 2008 年为止,犹太人获得的诺贝尔奖占 21.7%。3%的人口拿了 21.7%的诺贝尔奖。而我们国家呢,人口占世界总人口超过 20%,获得诺贝尔奖的有没有 0.3%?当然,仅仅用这个来衡量是不对的,但至少值得我们深思,值得我们警醒。

以色列人一年平均每人才读4本书，而日本人是7本，中国人是4.5本，这两年多一点，5.01、5.02本，这还包括化妆品、瘦身减肥之类的书。你说我们看不看书？日本人有个叫大前研一的，几年前，他大致说过这么一段话："我在中国大学里面走，满街都是饭店、洗脚店，看不到书店，书店的数量只有我们的十几分之一，这样的国家，这样的中国人，我们有什么可担忧的呢？又有什么可怕的呢？"这说的或许极端一点，百分比也不一定那么准确，但都不重要，这是基本事实。要说孤独，这才是孤独，噩梦般的孤独，耻辱般的孤独。所以我觉得无论是社会整体还是公民个体，都应该有一份清醒，在物欲横流、泥沙俱下的大潮中，守护孤独诚然难能可贵，但不能洋洋自得地就此止步，更不应该为此自命不凡，而应该鼓足勇气超越孤独，进入社会关怀和社会批判的大丈夫精神境界。

大丈夫少，男子汉少，结果呢？"女汉子"就多了，因为女性实在看不过去了，只好自己充当汉子，这是对我们男人的嘲讽啊，我们怎么还无动于衷，也跟着说"女汉子"，"女汉子"。这个世界风云变幻，危机四伏，不知道什么时候会发生什么事。没有大丈夫，没有阳刚之气，没有真正的男子汉，可想而知，关键时候，我们何以能让"女汉子"冲上去啊？当然，我所说的大丈夫实际上是一种精神性别，女性有此境界，那就真的是大丈夫。但不管怎么说，男人应该考虑一下自己的责任，男孩危机，人生危机，男人危机。歌舞升平，我们想的是什么，你看日本人所说的："这样的民族有什么可怕的？"他还在想谁更可怕，那意味着什么？

后　记

《闻道》第五辑顺利付梓，我们的心终于释然了。

一则是我们对本书非常重视。本书收录的讲座嘉宾都是各领域的翘楚，他们富于智慧的声音和思想的光芒指引着青年学子前行的方向，他们的人格魅力和精神风尚为青年人的读书和为人提供了参照和榜样。所以，在整理嘉宾的演讲内容时，我们诚惶诚恐，生怕文稿未能完全表达讲演者的思想。我们几易其稿，尽量使文稿忠实于演讲者的原意。同时，我们也尽量做到整理后的文稿既有正式出版物的严谨，保证阅读的流畅性，又能保留讲座的口语化特点，增强可读性。在出版社编辑好初稿后，我们还将稿件一一发给嘉宾审定。他们的审定与修改使本书的质量得到有效的保证，也使文章内容最大程度上忠实于作者的思想。

二则是众多名家的思想终于可以和读者分享了。讲演者作一场讲座，受众毕竟有限。将讲座变成书籍一直是我们的愿望，希望讲演者的思想能嘉惠更多的人。现在，这个愿望终于实现了。本书融学术性、思想性、前沿性于一体，讲求前瞻眼光，注重学术视野，体现人文关怀。我们希望通过本书，不仅使读者获得知识的收获，更能感受到思想对心灵的启蒙与震撼。

本书的出版是集体努力的结果。

首先要感谢做客"百年暨南文化素质教育讲堂"的诸多嘉宾，是他们带来了精彩的演讲，是他们带来了足以传承的思想。他们的人生阅历和学术思想是本书的精神内核。同时也感谢他们授权给我们出版，并亲自修改文稿。

其次要感谢暨南大学文化素质教育办公室及党委宣传部的各位同仁。他们在完成自己本职工作的同时,承担讲座的很多相关工作。各位同仁的辛勤付出成就了本书的厚度和高度。

同时也要感谢广西师范大学出版社的编辑刘艳、高东辉、黎永娥为此书付出的时间和精力,你们的专业水准和精益求精的态度使本书的质量更上一层楼。

由于本书的文稿源于讲座音频或视频的整理,音频或视频受质量所限以及整理后书面语与口语之间存在差异,难免会造成一些错漏,还望读者海涵并批评指正。

编者

2016 年 10 月